Kenneth Jon Rose:
Die menschliche Uhr
Von der Geburt bis zum Tod –
die Abläufe in unserem Körper

Mit 14 Schwarzweißabbildungen
Aus dem Amerikanischen von
Ernst Peter Fischer

D1984348

Deutscher
Taschenbuch
Verlag

dtv

For Mom,
doctor, lawyer, chef
and hired gun

Im Text ungekürzte Ausgabe
Juli 1994
Deutscher Taschenbuch Verlag GmbH & Co. KG,
München
© 1988, 1989 Kenneth Jon Rose
Titel der amerikanischen Originalausgabe:
The Body in Time
Wiley Science Editions, John Wiley & Sons, Inc., New York
© der deutschsprachigen Ausgabe:
1991 Rasch und Röhring Verlag, Hamburg
unter dem Titel: Die menschliche Uhr
Die Rolle der Zeit in unserem Körper
ISBN 3-89136-426-1
Umschlaggestaltung: Klaus Meyer
Umschlagfoto Rückseite: Rasch und Röhring
Gesamtherstellung: C.H. Beck'sche Buchdruckerei,
Nördlingen
Printed in Germany · ISBN 3-423-30421-9

Das Buch

Wie lange benötigt das Koffein aus unserem Frühstückskaffee, um in das Gehirn zu gelangen? Warum sind Zahnschmerzen in den frühen Morgenstunden besonders quälend? Woher »weiß« der Körper, wann es Zeit ist, die Pubertät einzuleiten? Warum werden Menschen nicht zweihundert Jahre alt? Wie lange dauert es, bis sich eine Wunde schließt, bis der Magen verdaut, bis das Gehirn denkt? Jedes Ereignis, vom einfachen Niesen bis zur komplizierten Geburt, findet zu einer bestimmten Zeit statt und hat seine meßbare Dauer. Kenneth Jon Rose nimmt uns mit auf eine faszinierende Reise durch den menschlichen Körper und erkundet das raffinierte und komplexe Wechselspiel zwischen seinen Funktionen und der Zeit. Das fängt mit dem Schlagen der Zeitmaschine Herz im Fötus an und endet mit dem Zerfall der sterblichen Überreste nach dem Tod. »Locker geschrieben, bereichert durch Fakten aus der Geschichte, der Musik und anderen Gebieten, ist das Buch nicht nur informativ, sondern auch vergnüglich zu lesen. Auch kompliziertere Sachverhalte werden durchsichtig und leicht verständlich dargestellt.« (dpa-Wissenschaftsdienst)

Der Autor

Kenneth Jon Rose, Biologe, ist Mitglied der New York Academy of Science und lehrt Physiologie an der Universität New York. Als Wissenschaftsautor hat er zahlreiche Auszeichnungen erhalten.

Inhalt

»Alles hat seine bestimmte Stunde,
jedes Ding unter dem Himmel hat seine Zeit.
Geboren werden hat seine Zeit,
und Sterben hat seine Zeit.
Pflanzen hat seine Zeit,
und Ausreißen hat seine Zeit.
Töten hat seine Zeit,
und Heilen hat seine Zeit ...«

Prediger 3: 1–8

Kapitel 1:
Auf das Timing kommt es an

Es gab zu allen Zeiten Menschen, die dazu verdammt waren, mit einem unglaublich schlechten Timing* auszukommen. Man konnte sie stets sehr leicht erkennen.

In einem Faustkampf waren sie es, die zum Schlag ausholten, nicht trafen und prompt von einer mächtigen rechten Geraden ihres Gegners umgeworfen wurden. In einer Schlacht mit Schwert und Lanze waren sie diejenigen, die immer an der falschen Stelle standen und deshalb als »linkisch« und »einäugig« charakterisiert wurden. Und in Duellen mit Pistolen zogen sie den kürzeren und mußten sterben.

Wie jede menschliche Gruppe hat auch diese berühmte Mitglieder: Goliath war einer von ihnen (er duckte sich nicht rechtzeitig) – und Alexander Hamilton, einer der Gründungsväter der USA, gehörte ebenfalls zu ihnen.

Am frühen Morgen des 11. Juli 1804 trafen sich der ehemalige Finanzminister Hamilton und der beim Volk nicht sehr angesehene Vizepräsident Aaron Burr auf den Hügeln von Weehawken in New Jersey an derselben Stelle, an der drei Jahre zuvor Hamiltons ältester Sohn Phillip in einem Duell getötet worden war. Hamilton und Burr wollten einen Streit beenden, der drei Monate zuvor begonnen hatte, als der populäre Minister a. D. jedem, der es hören wollte, seine verächtliche Meinung über Burrs Charakter kundtat. Nun verlangte der Vizepräsident Satisfaktion für die beleidigenden Äußerungen, und Hamil-

* »Timing« wird vom Duden als Fremdwort der deutschen Sprache aufgeführt. Es wird daher nicht übersetzt. Der Duden erläutert: »Bestimmung und Wahl des für einen beabsichtigten Effekt günstigsten Zeitpunktes zum Beginn eines Handlungsablaufs«; oder: die »synchrone Abstimmung verschiedener Handlungen aufeinander«. (Anmerkung des Übersetzers)

ton sah sich als Mann von Ehre gezwungen, Burrs Herausforderung anzunehmen. Das war keine gute Idee.

Burr war gut trainiert, was die Handhabung von Duellpistolen anging, wohingegen Hamilton, der verständlicherweise eine Aversion gegen Duelle hatte, sich eher außer Form befand. So standen sich dann an jenem schicksalsreichen Morgen im Juli Burr und Hamilton gegenüber, hoben ihre Pistolen und feuerten. Zum Leidwesen für das ganze Land schoß Aaron Burr schneller und genauer. Seine Kugel fand ihr Ziel, und Hamilton fiel zu Boden. »Diese Wunde ist tödlich«, hauchte der Staatsmann dem ihn begleitenden Arzt zu. Er starb am folgenden Tag.

Nur etwas mehr als hundert Jahre später wurden viele Duelle am Himmel Europas ausgetragen. 1914, als es noch keine Maschinengewehre gab, die auf Flugzeugen montiert waren, beschossen sich die Piloten gegenseitig mit Gewehren und Pistolen. Doch erwies es sich in den vibrierenden Flugzeugen als schwierig, genau zu zielen, die meisten Schüsse gingen daneben.

Dann kam jemand auf die Idee, daß eine gegnerische Maschine in der Luft zerstört werden könnte, wenn man aus einem höher fliegenden Flugzeug Granaten auf sie abwerfen würde. Für diese Aufgabe mußte allerdings das Timing der Piloten außerordentlich gut sein. Ließ ein Pilot die Granate zu früh los, explodierte sie weit weg von dem feindlichen Flugzeug. Andererseits, hielt der Pilot seine tickende Bombe auch nur ein klein wenig zu lange fest, konnte es passieren, daß er sich selbst mit seiner Maschine in die Luft jagte. Ein teuflischer Eignungstest: Wer vom Feindflug mit lächelndem Gesicht zurückkehrte, bewies für diese Aufgabe das richtige Timing; die anderen kamen gar nicht wieder.

Heutzutage kann man überall Leute mit schlechtem Timing beobachten. Es sind diejenigen, die zu spät nach einem Tennisball ausholen und ihn über den Zaun schlagen, oder diejenigen, die einen Witz erzählen und die Pointe verpassen. Es sind diejenigen, die zu spät auf die

Bremse treten und auf den Wagen vor ihnen auffahren. Und es sind diejenigen, die in Examen mit Multiple-choice-Fragen schlecht abschneiden, weil sie nie mit der Zeit zurechtkommen, um alle Fragen zu beantworten.

Was stimmt mit diesen Menschen nicht?

Der Kern der Sache

Die Antwort auf diese Frage hängt davon ab, wen man fragt. Für einen Psychologen bedeutet Timing zum Teil das Bewußtsein der vergehenden Zeit. Der erfolgreiche Granatenwerfer in der Luft zum Beispiel »wußte« unbewußt, wann die richtige Zeit gekommen war, um das explosive Ding in seiner Hand loszulassen. Psychologen würden sagen, daß ihm dies gelang, indem er irgendwie in seinem Kopf die Dauer der Zeit abzählte.

Wir alle haben ebenfalls diese unbewußte Fähigkeit, das Verrinnen der Zeit zu messen. Mit dieser Gabe können wir schon Augenblicke vor dem Losschrillen des Weckers aufwachen, oder wir gehen zu unserer Waschmaschine, Sekunden bevor der Waschvorgang beendet ist. Ich werde mir dieser Fähigkeit jedesmal bewußt, wenn ich einen tropfenden Wasserhahn höre. Daher kann es einen auch so verrückt machen, auf den nächsten Laut zu warten, nachdem es eine ganze Zeit schon platsch ... platsch ... platsch ... platsch ... gemacht hat. Die Vorwegnahme ist die Konsequenz des Timings im Kopf.

Auch wenn die Psychologen das Timing derart definieren, die Biologen sehen das anders. Für sie bedeutet Timing Aktivität, Bewegung, Entwicklung, Geschwindigkeit und Wachstum. Für einen Biologen vollführt jedes Organ im Körper, jedes Gewebe, jede Zelle und sogar jedes Molekül seine Aufgabe in einer meßbaren Zeiteinheit. Jede der Aktivitäten eines Körpers, so meinen sie, habe einen spürbaren und fast vorhersagbaren Anfang und ein ebensolches Ende.

Biologen erwarten zum Beispiel, daß sich eine Zelle, die auf der Innenseite des Darms liegt, alle drei Tage teilt. Sie haben dazu die Lebensdauer von Hunderten dieser Zellen gemessen und können folglich voraussagen, daß ein rotes Blutkörperchen, das im Knochenmark im Januar geboren worden ist, irgendwann im April abstirbt; denn sie wissen: Diese Blutzellen leben im Durchschnitt 120 Tage. Und da sie Dutzende von Studien an verschiedenen Menschen unternommen haben, können sie auch mit einiger Genauigkeit abschätzen, daß jeder, der auf einen Reißnagel tritt, den Schmerz in weniger als einer Sekunde spürt.

Dennoch stimmen Psychologen und Biologen in einer Hinsicht überein: Sie wissen, daß es sowohl für den Körper als auch für den Geist auf das Timing ankommt. Die Zeitspanne jedes mentalen oder biologischen Ereignisses, die Dauer jeder Aktion hat eine vitale Bedeutung für das Überleben des menschlichen Körpers. Sie wissen auch, daß der Körper unterliegen wird, wenn das Timing eines dieser Ereignisse danebengeht.

Das Herz als Zeitmaschine

Sehen wir uns zum Beispiel das Timing des Herzens an. Für diejenigen, deren Erinnerung an die Schulbiologie blasser geworden ist, sei erwähnt, daß das menschliche Herz ein faustgroßer Muskel mit vier Kammern ist, der hinter dem Brustbein liegt und sich kontrahieren kann. Dabei drückt er Blut in den übrigen Körper. Zu seinen vier Kammern gehören zwei Vorhöfe (Atrium) im oberen Teil, die das von den Venen einlaufende Blut sammeln, und zwei Ventrikel im unteren Teil, die das Blut durch die großen Arterien zurückpumpen.

Das sauerstoffarme Blut in den Kammern auf der rechten Seite des Herzens tritt nie direkt in Kontakt mit dem sauerstoffreichen Blut in seinen fast spiegelbildlichen Ebenbildern auf der linken Seite. Es gibt eine dicke Gewebeschicht, die beide trennt. Jeder Vorhof und jedes Ventrikel hat jedoch eine dünne Klappe, die sich öffnet und beide verbindet. Die Klappe ermöglicht dem Blut, von den Arterien in die Ventrikel zu fließen, und sie schließt sich anschließend, wenn sich die Ventrikel kontrahieren. Auf diese Weise fließt das Blut nur aus dem Herzen heraus, und es strömt nicht wieder in die Vorhöfe zurück.

Das Herz schlägt rhythmisch. Es gibt eine Gruppe von besonderen Muskelzellen, sogenannten Schrittmacherzellen, die jeden Herzschlag einleiten und so die Grundgeschwindigkeit für die Herzfrequenz festlegen. Die Schrittmacherzellen liegen innerhalb der Wand des rechten Vorhofs. Sie drücken ihre Rhythmen durch periodische Fluktuationen von elektrischer Aktivität aus; sie oszillieren zwischen »ein« und »aus«. Wenn sie »ein« sind, fließt wellenförmig elektrischer Strom durch sie und den ganzen Herzmuskel hindurch. Der breite Strom bewegt sich dabei über das ganze Herz vom rechten Vorhof nach unten, erregt die Muskeln und sorgt dafür, daß sie sich kontrahieren.

Das ganze Herz kontrahiert sich dabei aber nicht auf einen Schlag. Wenn es dies täte, würden nämlich ziemliche Probleme entstehen. Damit das Herz seinen Job erfüllen kann, Blut nicht nur einzusammeln, sondern auch hinauszudrücken, muß die Kontraktion auf folgende Weise funktionieren: Zu den Zeiten, in denen sich die Ventrikel zusammenziehen, müssen die Vorhöfe entspannt sein. Wenn sich die Atria danach kontrahieren, müssen die Ventrikel entspannt sein. Warum? Die Vorhöfe müssen das hereingeholte Blut in die Ventrikel pressen, bevor sich diese beiden größeren Kammern kontrahieren. Sonst pressen die Ventrikel nur einen Fingerhut

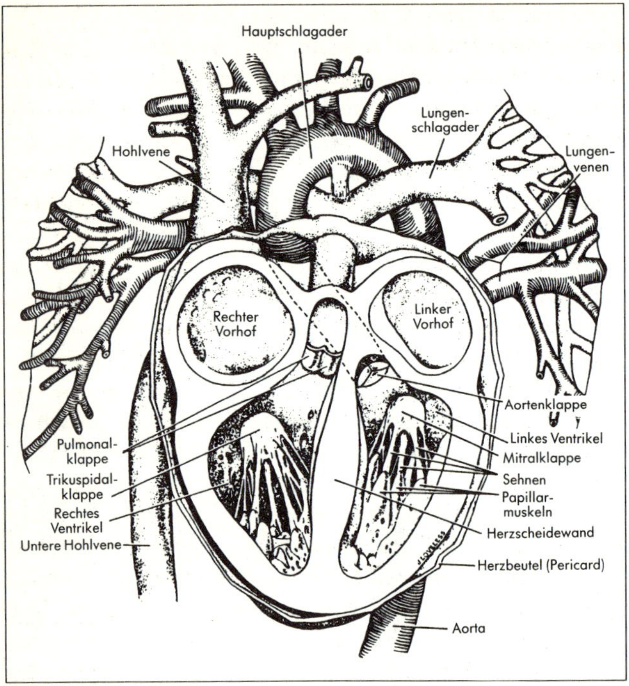

Das menschliche Herz, die unübertroffene Zeitmaschine

voll Blut in den Körper, was nicht sehr effizient ist. Wie koordiniert das Herz nun die Kontraktionen seiner vier Kammern mit nur einem Stromfluß vom rechten Atrium her bei jedem Schlag?

Es tut dies auf die folgende Weise: Wenn der Strom über die Schrittmacherzellen zum Rest des Herzens mit einer Geschwindigkeit von etwa 60 cm pro Sekunde fließt, aktiviert er die zwei Vorhöfe, die sich gemeinsam kontrahieren. Kurz bevor nun der Strom in die Muskeln der Ventrikel fließt, wird er durch einen speziellen fadenförmigen Muskel gebremst, der an der Wand aus Muskelgewebe zwischen dem rechten Vorhof und der rechten

Ventrikel an dem Ort sitzt, der als atrioventrikulärer Knoten bekannt ist. Diese Fasern leiten den Strom von den Schrittmacherzellen extrem langsam weiter – etwa 20 cm pro Sekunde –, und dabei sorgen sie für die Verlangsamung, die gerade ausreicht, um den beiden Vorhöfen die Kontraktion zu ermöglichen, bevor die beiden Ventrikel damit anfangen.

Das Problem besteht darin, daß jede der beiden dickwandigen Ventrikel so pumpen muß, daß der obere Teil jeder dieser Hohlräume sich zur selben Zeit kontrahiert, zu der auch der untere Teil dies tut. Das funktioniert wie bei einer Tube mit Zahnpasta, aus der ebenfalls fast nichts herauskommt, wenn man sie nur an der Spitze eindrückt.

Es ist natürlich kein Wunder, daß das Herz auch dieses Dilemma gelöst hat. Innerhalb der Wand der Herzmuskeln zwischen den beiden Ventrikeln beherbergt es spezielle Herzmuskelzellen, die als Purkinje-Fasern bekannt sind. Diese großen Zellen leiten die Impulse viel schneller als jede andere Muskelzelle des Herzens weiter, nämlich etwa drei Meter pro Sekunde, und so gelingt es, den Strom von dem atrioventrikulären Knoten in etwa zwei Zehntelsekunden zu den Ventrikeln fließen zu lassen. Dies ist schnell genug, damit sich der Herzmuskel, der die Ventrikel umfaßt, zusammenziehen kann und die beiden Kammern Blut in die Blutgefäße der Lungen und des übrigen Körpers pumpen können.

Das Herz ist eine Zeitmaschine aus Teilen, die durch sorgfältiges Manipulieren des Pressens und Öffnens seiner vier Kammern funktionieren. Sein rhythmisches »Bum-ba« ist regelmäßig und vorhersagbar. Der Herzschlag ist tatsächlich so regelmäßig, daß Galilei ihn ausnutzte, um die stete Schwingung eines Pendels zu analysieren. Im Jahre 1581, als er 17 Jahre alt war, beobachtete Galilei die Schwingung des großen Leuchters in der Kathedrale, und als er seinen eigenen Puls ausnutzte, um die Zeit dafür zu messen, entdeckte er, daß die Periode der Lampenschwingung konstant blieb, als die Schwingung

- Es dauert ungefähr 60 Sekunden, bis das Blut durch einen ruhenden Körper zirkuliert. Bei körperlichen Übungen oder Anstrengungen geht es schneller.

- In jeder Minute fließt etwa ein Liter Blut durch das Gehirn.

- Die Blutmenge, die durch die das Herz versorgenden Arterien (Koronararterien) tritt, mißt rund zwei Zehntel Liter pro Minute, das heißt also rund vier oder fünf Prozent des gesamten Blutes, das vom Herzen gepumpt wird.

- Im menschlichen Körper gibt es zehn Milliarden Kapillaren. In diesen Gefäßen geben die roten Blutzellen den Sauerstoff ab, den sie transportieren. Eine rote Blutzelle bleibt zwischen einer und drei Sekunden in einer Kapillare, bevor sie wieder zum Herzen aufbricht.

- Die Lebensdauer einer roten Blutzelle beträgt bei Männern ungefähr 120 Tage. Weibliche rote Blutzellen leben im Schnitt elf Tage länger.

- Kleine Arterien – Arteriolen – kontrahieren und entspannen sich alle zwei bis acht Sekunden.

- Weiße Blutzellen, die sich wie Amöben bewegen, krabbeln in Blutgefäßen und im Gewebe umher mit einer Geschwindigkeit, die dem Zurücklegen ihrer dreifachen Länge in jeder Minute entspricht.

- Blut, das aus dem Körper entfernt worden ist, gerinnt in etwa sechs Minuten.

selbst kleiner wurde. »Tausendmal habe ich vor allem in Kirchen Vibrationen beobachtet, wenn Lampen, die an langen Kordeln hingen, unweigerlich in Bewegung gesetzt wurden«, schrieb er später, »aber ich habe nie davon geträumt, daß sie alle dieselbe Zeit für einen Durchgang aufwenden würden.« Es heißt, daß aus diesen Beobachtungen die Pendeluhr geboren worden sein soll.

Trotz dieser exakten Beobachtung körperlicher Vorgänge war Galilei jedoch kein Student der Anatomie. Heute wissen sowohl die Physiker als auch die Biologen, daß die raffinierte Zeitmaschine Herz chaotische Züge annimmt und ihre Kontraktionen unkoordiniert werden, wenn ein Teil des Gewebes verletzt ist, etwa durch einen elektrischen Schock oder durch unzureichende Sauerstoffzufuhr in Teilen des Herzmuskels (was häufig zu einem Herzinfarkt führt). Unter dieser Bedingung, die als ventrikuläre Fibrillation bekannt ist, schlägt das Herz zum Beispiel sehr rasch, aber die Kontraktionen sind desorganisiert und durcheinander. Zahlreiche Wellen von Strömen breiten sich in allen Richtungen durch den Herzmuskel aus, so daß sich das Herz nicht als Ganzes kontrahieren kann. Dies führt dazu, daß das Herz kein Blut in die Arterien pumpen kann. Die Zeitmaschine kann ihren normalen Rhythmus nicht wiederherstellen. Der Betroffene stirbt, er ist das Opfer eines Herzens mit schlechtem Timing geworden.

Ist Timing gut für Sex?

Das Schlagen des Herzens ist offensichtlich eine Manifestation der Art, wie der Körper Gebrauch von Timing macht. Vielleicht noch raffinierter und unendlich viel wichtiger als der Herzschlag ist (zumindest für die Spezies Mensch) die ergreifende Art und Weise, mit der Körper und Geist das Timing des Sex im Griff haben.

Schon im Mittelalter spielte das sexuelle Timing nicht nur im Kopf von einigen wenigen christlichen Theologen eine Rolle. Damals war es die Aufgabe der mittelalterlichen Theologen, die Worte zu deuten, die der heilige Paulus an die Menschen in Korinth geschrieben hatte: »Da es so viele Unmoral gibt, soll jeder Mann sein eigenes Weib und jedes Weib ihren eigenen Ehemann haben. Der Ehemann muß dem Weib geben, was des Weibes ist, und das Weib muß ebenso dem Mann geben, was des Mannes ist.« Indem sie diesen Text sehr wörtlich nahmen, setzten die Theologen das Konzept der Schuld in das Zentrum des Geschlechtslebens von verheirateten Paaren.

Da die Schuld»zahlung« eines sexuellen Partners an den anderen ein wichtiges Thema in der Lehre von Paulus war, traten in den mittelalterlichen Ehebetten verschiedene moralische Probleme auf. Sollte der Ehemann, so fragten die Theologen, die Kopulation fortsetzen, bis auch die Ehefrau ihren »Samen« beitragen konnte? (Man meinte damals, die Frau würde beim Orgasmus eine Flüssigkeit abscheiden.) – Ja, lautete die Antwort, und die römische Kirche »erlaubte« dem Ehemann, dies zu tun. Sollen Mann und Frau ihre »Emission« gleichzeitig machen? so fragten die Theologen weiter. – Ja, lautete wieder die Antwort, und man stimmte überein, daß jede Anstrengung unternommen werden sollte, um dies zu erreichen; denn – so glaubte man – die Gleichzeitigkeit erhöht die Chance der Zeugung und die Aussichten auf ein schönes Kind. Mußte die Frau, so wurde weiter überlegt, ihren »Samen« überhaupt während der Kopulation abgeben? – Die geschichtlichen Unterlagen zeigen, daß acht von den fünfzehn Mitgliedern der Kirche, die sich diese Frage vorlegten, dafür stimmten, daß das Weib, das sich bewußt von einem Orgasmus fernhielt, eine verzeihliche Sünde beging. Dieses Thema beschäftigt uns heute zum Glück nicht mehr.

Wir wissen nicht, ob irgendeiner der Theologen versucht hat, seine Antworten auf diese Fragen in einem Schlafzimmer zu erhalten. Heutzutage scheinen Wissenschaftler ähnliche Fragen zum Timing beim Sex zu stellen, und ihre Antworten sind – anders als die der Theologen – faszinierend. Eine der Fragen im Hinblick auf das sexuelle Timing haben Gordon Gallop und Susan Suarez gestellt, zwei Psychologen von der State University in New York:

Menschen sind Wesen, die auf zwei Beinen laufen. Diese Eigenschaft hat es unseren Vorfahren erlaubt, sich aufrecht hinzustellen, über die hohen Gräser der afrikanischen Savannen zu schauen und die Umgebung nach Raubtieren und Beute abzusuchen. Die Zweibeinigkeit hat auch unsere Hände befreit, die nun Werkzeuge und Nahrung tragen konnten.

Die Zweibeinigkeit hat uns aber zugleich ein wichtiges Problem beschert. Wenn eine Frau steht, weisen ihre reproduktiven Organe nach unten. In dieser Lage ist es für sie sehr schwierig, den Samen des Mannes festzuhalten, der eine notwendige Beigabe der Reproduktion ist. Damit stellt sich die Frage, mit welchen Mechanismen der Körper dieser Schwierigkeit begegnet.

Gallop und Suarez spekulieren, daß einer der Tricks, den die Natur anwendet, um den Samen festzuhalten, in einer Art »Stopfen« besteht. Tatsächlich sondern die Männchen in einigen Primatenarten eine schleimartige Masse ab, kurz bevor sie sich zurückziehen. Dadurch wird nicht nur der Reproduktionstrakt verstopft und der Verlust des Samens vermieden, es wird auch verhindert, daß das Weibchen von einem anderen Männchen befruchtet wird.

Wir Menschen produzieren solch einen Stopfen nicht mehr, wenn es zur Ejakulation kommt. In der Samenflüssigkeit der Männer bleiben aber einige schleimige Bestandteile zurück, die als Spuren solch eines Stopfens gedeutet werden können. Seltsamerweise sorgen diese Bestandteile dafür, daß das Ejakulat etwa eine Minute nach seinem Eintreffen in der Vagina koaguliert und dann fünfzehn Minuten in einem gelatineartigen Zustand bleibt. Das Timing in der Bildung dieses Pseudo-Stopfens innerhalb des Vermehrungskanals kann, so wird vermutet, dem Samen lange genug helfen, damit er seinen Weg zum Ei weiter oben findet.

Es gibt aber noch einen zweiten Mechanismus, um den Samen innerhalb der Vagina zu halten, und der hat mit dem Stoßen des Mannes zu tun. Anders als wir Menschen machen zum Beispiel die Schimpansen und andere Affen nicht lange »aneinander rum«, wenn sie kopulieren. Im Gegenteil. Das Männchen springt gewöhnlich schnell von hinten auf das Weibchen, führt seinen Penis ein, macht ein paar rasche Bewegungen mit dem Becken, ejakuliert und trennt sich wieder. Gewöhnlich dauert die ganze Begegnung nur ein paar Sekunden. Baboon-Affen unternehmen etwa fünfzehn Stöße, was sieben Sekunden in Anspruch nimmt. Rhesus-Affen schaffen das komplette Ritual sogar in weniger als vier Sekunden.

Anders als die Affen verbringen Menschen viel mehr Zeit mit der Kopulation, gewöhnlich einige Minuten länger als ihre haarigen Verwandten. Der Grund dafür liegt darin, daß Frauen im Gegensatz zu Affenweibchen einen sexuellen Höhepunkt erfahren können, nur dauert es schon zehn bis zwanzig Minuten, bis es soweit ist. Schließlich erreichen der Mann und hoffentlich auch die Frau den Orgasmus.

Das Timing eines Orgasmus ist, vom Standpunkt der sexuellen Befriedigung aus betrachtet, natürlich wünschenswert. Vom Standpunkt des Samenfesthaltens ist es sogar lebenswichtig. Nach Auskunft des Physiologen Julian Davidson von der Stanford-Universität tritt ein Orgasmus dann ein, wenn die sexuellen Reize aus dem Gehirn und den Genitalien eine »kritische Schwelle« überschreiten. Wenn sie diese Grenze passieren, werden Signale aus tieferen (primitiveren) Regionen des Gehirns gleichzeitig in zwei verschiedene Richtungen ausgesendet: Eines dieser Signale jagt in die höheren Regionen des Gehirns, um hier die intensiven Lustgefühle eines Orgasmus auszulösen. Das andere Signal feuert nach unten in das Rückenmark, um die physiologischen Reaktionen im Bereich der Geschlechtsorgane hervorzubringen.

Es gibt zwei Gründe, weshalb das Timing des Orgasmus so wichtig für das Festhalten des Samens ist. Während des Orgasmus und der Ejakulation hört das Stoßen des Penis auf, wenn dieser seine tiefste Position in der Vagina erreicht hat. Damit gewinnen die Samenzellen einen weiteren Vorteil – der letzte tiefe Stoß des Penis bringt die Samenzellen ganz in die Nähe der zervikalen Öffnung, des Eingangs zum inneren Geburtstrakt und zu der wartenden Eizelle. Jede weitere Stoßbewegung wäre eine schlechte Anpassung (»maladaptiv«) und ein sicheres Zeichen für ein mangelhaftes Timing. Sie würde nur dazu führen, den Samen wieder aus der Vagina zu ziehen. Glücklicherweise bringt der für das Timing des weiblichen Orgasmus verantwortliche Organismus eine Reihe von Kontraktionen in den Muskeln mit sich, die das äußere Drittel der Vagina umgeben, und dadurch kommt ein stoppender Effekt zustande, der den Samen einbehält.

Viel interessanter als die primitiven Bewegungen, die weit unten in der Beckengegend auftreten, sind die psychologischen Reaktionen, zu denen es während oder nach dem Orgasmus kommt. Sowohl beim Mann als auch bei der Frau endet der Geschlechtsverkehr häufig damit, daß Gefühle der sexuellen Befriedigung und der Beruhigung auftreten, die zwischen drei oder sieben Minuten dauern.

Das Timing dieser kurzen Pause ist wichtig für die Frau. Es ist darauf angelegt, sie in der waagerechten Position zu halten, bis der Samen sicher im reproduktiven Trakt gelandet ist. Einige Wissenschaftler sind sogar der Ansicht, der mehrfache Orgasmus von Frauen erhöhe die Wahrscheinlichkeit, daß die Frau zurückgelehnt bleibt, wenn die Samenzellen noch in der Vagina umherschwimmen.

Unter Menschen ist eine Kopulation ohne vorhergehende Umwerbung des Partners im Normalfall ausgeschlossen. Dieses Werben schließt einige besonders trickreiche Arten des Timings ein. Die Dauer der Berührung zum Beispiel spielt dabei eine große Rolle. Zunächst besteht sie nur aus einem kurzen Klaps auf die Hand oder einem raschen Händedruck zwischen zwei Fremden. Wenn die beiden dann aber sich gegenseitig angezogen fühlen, werden sie intensiver miteinander Händchen halten. Nach und nach dauern die Berührungen länger, und sie werden intimer. Schließlich ergibt sich die zärtliche Umarmung, der die sexuelle Vereinigung folgt.

Auch der soziale Augenkontakt spielt eine große Rolle. Die früheste Form dieser Kontaktaufnahme beginnt, wenn das Männchen (oder das Weibchen) ein anderes Weibchen (oder Männchen) mit einer Reihe schneller Blicke ansieht. Im Bruchteil einer Sekunde werden dabei alle physikalischen und manchmal auch emotionalen Charakteristika des anvisierten Individuums zusammengefaßt und bedacht. Wenn dann alle subjektiven Zeichen darauf hinweisen, daß die Person mit dem anderen Geschlecht attraktiv ist, beginnt die nächste Sequenz.

Der Augenkontakt ist zunächst kurz. Die normale Reaktion besteht darin, rasch zur Seite zu schauen, um dem Blick auszuweichen und die vorübergehende Invasion der Privatsphäre zu vermeiden. Wenn tatsächlich einer der Beteiligten den anderen zu lange anstarrt, wird ihm dies sofort auffallen, und er wird sich von den suchenden Augen entfernen. Zu diesem Zeitpunkt des Verhältnisses stellt ein längeres Anstarren einen aggressiven Akt unter nicht miteinander vertrauten Erwachsenen dar. Man sieht sich nicht gegenseitig in die Augen, sondern beobachtet sich im Wechsel. Man schaut weg, wenn man sieht, daß der andere schaut. Schließlich wird aber der Blick-Kontakt länger und intimer, und beide beginnen zu lächeln.

Wie sicher längst vermutet wird, enthält auch dieses Verhalten ein Element der Zeit. Ein Lächeln beginnt, wenn sich der Mund weitet und die Ecken nach oben wandern. Wenn die Oberlippe angehoben ist, werden die Zähne teilweise entblößt und zugleich die beiden Furchen gesenkt, die sich von beiden Nasenlöchern bis zu den Ecken des Mundes erstrecken. Dadurch wiederum wird ein Ausstülpen oder Abrunden der Backen oberhalb der Furchen bewirkt. Im gleichen Augenblick bilden sich Kringel unter den Augen (bei älteren Menschen kann man auch »Lachlinien« am Rand der Augen oder darunter erkennen). Darüber hinaus ändern sich die Augen selbst, die hell und glänzend werden. Ihr Glitzern kommt dabei mit Hilfe einer Feuchtigkeit zustande, die aus den Tränendrüsen stammt.

Eine Zeituhr im Gehirn?

Die Länge eines Blicks, die Dauer einer Berührung, das Intervall eines Lächelns und jeder andere Ausdruck können zeitlich abgestimmt (»getimt«) und gemessen werden, und dies ist natürlich auch gemacht worden. Dies alleine muß bedeuten, daß uns zum Teil das Vergehen der Zeit bei diesen sozialen Signalen geistig bewußt ist, da wir mental in der Lage sind, ihre Dauer zu beeinflussen. Und dies wiederum bedeutet, daß wir in unserem Gehirn eine innere Uhr ticken haben, die die Zeit ermittelt.

Bislang hat noch niemand diese Uhr gefunden, die im Gehirn sitzt und für unsere Fähigkeit verantwortlich ist, das Vergehen der Zeit zu messen. Die vergebliche Suche nach dieser Uhr hat oft zu Frustrationen geführt. »Soweit wir wissen«, schrieb einmal Alfred Kristofferson, ein führender Psychologe der McMaster-Universität, »kann das System, mit dem wir es zu tun haben, aus vielen Uhren bestehen, und keine Uhr kann es auch sein.«

Bei Experimenten mit Ratten haben Wissenschaftler einen Teil des Gehirns entfernt und anschließend die Fähigkeit der Tiere geprüft, das Zeitintervall zwischen zwei aufeinanderfolgenden Tönen zu messen. Dann wurden andere Bereiche des Gehirns entfernt. Aber bis heute hat man nichts entdecken können, was darauf hinweist, daß die Uhr, die die geistige Zeit mißt, tatsächlich im Kopf sitzt. Einige Forscher spekulieren, daß eine Uhr, falls es sie denn gibt, in jeder Zelle des Körpers anzutreffen sei.

Dennoch gibt es eine Menge professioneller Spaßmacher, Athleten, Fotografen und eben auch die bereits erwähnten Granatenwerfer, die von der Genauigkeit der erst noch zu entdeckenden Uhr abhängen. Für sie ist es eine Gabe, einen ausgeprägten Sinn für Timing zu haben. Schlechtes Timing ist ein Fluch. (»In diesem Geschäft ist schlechtes Timing wie schlechter Atem«, hat ein Komödiant einmal gesagt. »Früher oder später merkt man, daß etwas nicht in Ordnung ist.«) Jack Benny war ein Experte in der Kunst, Lacher durch eine wohlkalkulierte Pause zu erzielen. Es gibt da einen klassischen Sketch, der mit Bennys bekannter Geizigkeit zu tun hat: In der Szene verlangt ein Räuber »Geld oder Leben« von Jack, der daraufhin ins Publikum schaut, und zwar gerade lange genug, um einiges Gekicher auszulösen. Inzwischen verlangt der ungeduldige Räuber eine Antwort: »Nun, was ist?« fragt er. Woraufhin Benny antwortet: »Ich überlege noch, ich überlege noch!«

Warum die Zeit rast und sich dahinschleppt

Wenn Wissenschaftler es doch einmal schaffen sollten, diese »Uhr« in unserem Gehirn zu lokalisieren, dann werden sie vielleicht nur finden, was andere schon längst vermutet haben: Die Uhr scheint verantwortlich dafür zu sein, daß wir uns vornehmlich mit völlig verschiedenen

Zeiten beschäftigen – die Zeit schleppt sich dahin oder sie rast. Tatsächlich kann eine bestimmte Zeitspanne bei uns den Eindruck hinterlassen, daß sie schnell oder langsam vergeht, wobei dies von unseren Emotionen abhängt. In der Dunkelheit oder in banger Erwartung scheinen Minuten oder Stunden viel länger zu dauern, und im Gefühl des Glücks und der Freude vergeht die Zeit viel zu schnell.

Im Jahre 1932, als seine Frau mit einer fiebrigen Grippe krank im Bett lag, fragte sich der Physiologe Hudson Hoagland zum erstenmal, warum die Zeit dazu tendiert, zu rasen oder zu kriechen. Mrs. Hoagland hatte ihren Mann gebeten, aus der Apotheke ein Medikament zu holen. Als er zurückkehrte, war sie ärgerlich. »Obwohl ich nur zwanzig Minuten weg gewesen war«, so beschrieb er die Situation, »bestand sie darauf, daß es viel länger gedauert hätte.« Hoagland war verwirrt und fasziniert. »Da meine Frau normalerweise ein geduldiges Wesen ist, fing ich an, über diese Sache nachzudenken.« Als Wissenschaftler hatte Hoagland gelesen, was der französische Physiologe Henri Pieron 1923 für den Fall vermutet hatte, daß unsere physiologischen Prozesse tatsächlich von der Temperatur abhängen und mit ihr zunehmen: Es müßte dann auch eine entsprechende Änderung der mentalen Zeit eintreten. Pierons Annahme ermunterte seinen Schüler François zu verblüffend einfachen Versuchen. Er bat seine Studenten zum Beispiel, ihre Schlüssel dreimal pro Sekunde am Tisch aufzutippen. Dann erhöhte François die Temperatur mittels Heizdecken, die um den Körper der jungen Leute gewickelt wurden, und stellte fest, daß das Tippen schneller wurde. Pieron folgerte nun, daß genauso, wie eine Uhr langsam zu gehen scheint, wenn die Körpertemperatur hoch ist, andersrum die Uhrzeit schnell zu vergehen scheint, wenn die Temperatur niedrig ist.

Der Grund dafür liegt darin, daß die Hitze die chemischen Reaktionen beschleunigt. Und in der Tat erhöhen sich auch der Herzschlag von Schaben und die Zirp-Frequenz von Zikaden in Abhängigkeit von der Temperatur.

Wenn also die Zeit von chemischen Geschwindigkeiten bestimmt wird, dann würde eine erhöhte Körpertemperatur die Reaktionen beschleunigen. Die rascheren Reaktionen würden mehr chemische Änderungen herbeiführen und also die physiologische Zeit in einem gegebenen Intervall schneller als gewöhnlich vergehen lassen. Eine Senkung der Körpertemperatur hingegen würde den umgekehrten Effekt haben, die Uhrzeit scheint schneller zu vergehen. Wenn wir Fieber haben, so argumentierte Hoagland, dann würden wir zu einer Verabredung zu früh kommen. Wenn unsere Körpertemperatur gesunken ist, würden wir zu spät erscheinen.

Hudson Hoagland glaubte nun, er hätte dasselbe Phänomen entdeckt, das irgendwo im Kopf seiner Frau in Erscheinung trat. Er suchte, während sie noch im Bett lag, nach einer Stoppuhr und kehrte in das Schlafzimmer zurück. Er bat seine kranke Frau, laut bis sechzig zu zählen, und zwar in einer Geschwindigkeit, die sie als eine Zahl pro Sekunde abschätzte. Als sie einige Tage später wieder gesund war, wiederholte Hoagland den Versuch, und er erhielt ein frappierendes Ergebnis: Seine Frau zählte langsamer als an jenen Tagen, da sie mit hoher Temperatur im Bett gelegen hatte.

Daß unser Sinn für Zeit vollständig von den Geschwindigkeiten unserer biologischen Reaktionen abhängt, scheint auf den ersten Blick ziemlich weit hergeholt zu sein. Es ist aber von Interesse, daß bestimmte Krankheiten wie zum Beispiel der Hyperthyreoidismus, der durch eine Überproduktion des Schilddrüsenhormons gekennzeichnet ist und die Stoffwechselvorgänge in den Zellen vermehrt, auch unsere Wahrnehmung der Zeit verändern kann.

Auch einige Drogen – wie »Meskalin« –, die Fieber hervorrufen, beschleunigen die Stoffwechselraten der

Zellen. Meskalin hebt nicht nur die Körpertemperatur, es ruft zudem eine Überschätzung der Uhrzeit hervor. Handschriftliche Proben von Freiwilligen, die die Droge genommen hatten, sehen nachlässig und in die Breite gezogen aus. Leute, denen »Pysilocybin« – ebenfalls eine gefährliche und Fieber auslösende Droge – gegeben wurde, erhöhten bei entsprechenden Experimenten ihre Klopfrate, was bewies, daß die Zeit für sie langsamer floß.

Vielleicht ist es ja nur eine Täuschung, aber viele Menschen, die die mittleren Lebensjahre erreicht haben, bekommen das Gefühl, daß die Jahre schneller vergehen als in der Zeit ihrer Kindheit, als die Sommer noch ewig dauerten. Der Anthropologe Edward Hall hat in seinem Buch ›Der Tanz des Lebens‹ dargelegt, daß einer der Gründe dafür ganz einfach in der Mathematik zu finden sei: Für einen Fünfjährigen mache ein Jahr zwanzig Prozent seines Lebens aus, für einen Fünfzigjährigen hingegen nur noch zwei Prozent. Da wir unser Leben als Ganzes leben, so Hall, ändert sich unsere Wahrnehmung von der Dauer eines Jahres im Laufe der Zeit.

Andere Biologen geben aber andere Erklärungen. Schon in den fünfziger Jahren stellte Semour Kety fest, daß es von der Jugend bis zum Erwachsenwerden zu einer starken Reduzierung sowohl im Kreislauf-Rhythmus als auch im Sauerstoffverbrauch kommt. Dieser Phase folgt dann noch eine weitere, aber langsamere Abnahme zum Alter hin. Seiner Theorie zufolge sorgt die Reduzierung des Sauerstoffverbrauchs im Gehirn mit einer Verlangsamung des zellulären Stoffwechsels dafür, daß die Zeit schneller zu vergehen scheint, wenn wir älter werden.

Im Jahre 1982 versuchte der Physiologe Benjamin Libit von der Universität von Kalifornien herauszufinden, wie das Timing von Ereignissen im Gehirn vor sich geht. Er wollte wissen, was im Kopf zu der Zeit passiert, zu der man sich entscheidet, eine motorische Handlung vorzunehmen. Libit wies nach, daß es einen Bruchteil einer Sekunde gibt, der zwischen dem Bewußtsein einer kommenden Aktion – wie dem Wunsch, seinen Finger zu beugen – und ihrem tatsächlichen Stattfinden – dem Beugen des Fingers – liegt.

Unbewußte Akte, so Libit, gehen immer der tatsächlichen Bewegung eines Fingers oder eines Körperglieds voraus. In einem Versuch bat Libit sechs Studenten, ihr Armgelenk oder ihren Finger zu bewegen, wann immer sie sich danach fühlten. Zuvor hatte er Elektroden an den Köpfen seiner Probanden angebracht, so daß er in der Lage war, ihr »Bereitschaftspotential« zu registrieren – also eine plötzliche Änderung der elektrischen Aktivität, die im Gehirn auftritt, kurz bevor es zu einer Handlung kommt.

Bei den Studenten traten die elektrischen Potentiale etwa acht Zehntelsekunden vor der Beugung der Muskeln auf, während sie sich etwa drei Zehntelsekunden später ihrer Absicht dazu bewußt wurden.

Libit glaubt, daß der Sekundenbruchteil zwischen dem Bewußtwerden einer Absicht und der tatsächlichen Bewegung der Muskeln den Menschen die Gelegenheit bietet, ihre Aktionen bewußt zu kontrollieren. Als Libit seine Versuchsteilnehmer bat, erst daran zu denken, ihre Muskeln zu bewegen, und dann zu versuchen, die Bewegung der Glieder Sekundenbruchteile vor dem Einsetzen bewußt zu verhindern, wurde das »Bereitschaftspotential« etwa eine volle Sekunde vor der Zeit registriert, zu der die Muskeln bewegt werden sollten. Die elektrische Aktivität des Gehirns setzte also etwa zwei Zehntelsekunden vor der Zeit ein, zu der die Bewegung ausgeführt worden wäre.

Irgendwie verwendet das Gehirn diese bewußte mentale Vetofähigkeit dazu, mit der letzten Entwicklung dieser Potentiale zu interferieren. Dies könnte erklären, warum und wie wir in der Lage sind, schnell die Selbstkontrolle zu gewinnen und über unser Verlangen zu handeln.

Libit würde sofort zugeben, daß schnelle Gedanken die übliche Währung im Gehirn sind. Aber aus dem gleichen Grund würde er auch bestätigen, daß – wenn man es nicht allzu eng sieht – Geschwindigkeit relativ ist. Nach Auffassung einiger Forscher – unter ihnen der Psychologe Robert Sternberg von der Yale-Universität – haben intelligentere Leute schnellere Gehirne als weniger intelligente. Sie sind die rascheren Verarbeiter von Information im Vergleich zu ihren weniger schlauen Nachbarn. Ihnen gelingt es schneller als den anderen, Informationen zu finden und zu speichern. Sie kommen leicht durch die Prüfungsverfahren, ihnen fliegen die Vokabeln so zu wie anderen Leuten irgendwelche Fussel, und in der Schule sind sie immer rascher mit der richtigen Antwort als ihre Klassenkameraden. Wie machen sie das bloß?

Psychologen wie Sternberg haben den Verdacht, daß diese begabten Individuen viel Zeit damit verbringen, die Information zu kodieren, um sie reichlich und im Detail verarbeiten zu können. Sie vermeiden daher die Situation, diesen Kode später einmal ändern zu müssen. Die Kodierung umfaßt die Übertragung eines Wortes wie »Liebe« oder »Frankreich« in eine mentale Repräsentation.

Nehmen wir ein Problem, in dem es um die Analogie von Wörtern geht: WASHINGTON verhält sich zu EINS wie LINCOLN zu (a) FÜNF, (b) ZEHN, (c) FÜNFZEHN oder (d) ZWANZIG. Um mit einer Antwort zu beginnen, könnten die meisten Leute die Information kodieren, daß Washington Präsident der USA war (und zwar der erste). Ein helles Köpfchen – zumindest in Amerika – würde aber noch weitergehen und auch festhalten, daß Washingtons Gesicht auf einem Geldschein (der Ein-Dollar-Note) erscheint und daß er ein

Kriegsheld war. Diese kurze zusätzliche Zeit zur Kodierung würde das schlaue Individuum dazu bringen, Washington mit dem Ein-Dollar-Schein und Lincoln mit dem Fünf-Dollar-Schein in Verbindung zu bringen (und somit wäre die korrekte Antwort FÜNF). Die normal talentierten Klassenkameraden würden in der Zwischenzeit versuchen herauszufinden, ob Lincoln möglicherweise der zehnte oder fünfzehnte Präsident der USA gewesen ist (er war der sechzehnte, was als Antwort nicht vorgesehen war).

Es folgt fast schon aus der Definition der Begriffe »Informationsverarbeitung« und »Informationszugriff«, daß dabei Veränderungen im Gehirn stattfinden und daß diese in den Nervenzellen gespeichert werden müssen. Wie diese organischen Vorgänge vor sich gehen, bleibt weitgehend ein Geheimnis. Das menschliche Nervensystem ist äußerst komplex. Neurowissenschaftler vermuten, daß sich die neuronalen Schaltkreise von außergewöhnlich intelligenten Menschen deutlich von den Schaltkreisen in unseren Köpfen unterscheiden. Wie könnte man sonst die Fähigkeit eines Albert Einstein und eines Truman Henry Safford erklären?

Safford wurde am 6. Januar 1836 in Royalton, Vermont, geboren. Er war ein Wunderkind und wurde als »blitzartiger Rechner« gerühmt. Seine Spielkameraden nahmen den Kleinen mit auf die Wiesen und Felder, um ihn zu fragen, »wie viele Latten in dem langen Zaun dort drüben« wären. Safford ließ seine Augen kurz über den Zaun schweifen und antwortete ohne Zögern, daß es 147 seien, was schließlich nachgezählt und bestätigt wurde. Die Jungs gingen zu einem anderen Zaun, wieder kam die Frage, wieder ließ Safford seine Augen schweifen, und wieder stimmte seine Antwort: 252.

Als Safford zehn war, bat ihn der Pfarrer Henry Adams, dem die extremen mentalen und rechnerischen Fähigkeiten des Knaben aufgefallen waren, im Kopf die achtzehnstellige Zahl 365.365.365.365.365.365 mit sich

selbst zu multiplizieren. »Er flog im Zimmer wie ein Kreisel umher«, schrieb Adams, »zog seine Hosen über die Stiefel, biß sich in die Hände, rollte mit seinen Augen, lächelte manchmal verlegen, schien sich zu quälen, aber es dauerte nicht länger als eine Minute, und dann gab er die Antwort:
›133.491.350.208.566.925.016.658.299.941.583.225.‹
Danach sah der Knabe blaß aus und sagte, er sei müde. Dies sei die größte Summe gewesen, die er jemals ausgerechnet habe.«

Als Elfjähriger fertigte Safford Almanache für Boston und Philadelphia an, das College absolvierte er in nur zwei Jahren, und die Harvard-Universität schloß der knapp Achtzehnjährige mit Auszeichnung ab. Er entdeckte mehrere Gestirne und Nebel am Himmel (weil er die Position aller Sterne im Kopf hatte und daher sah, was nicht an seinem Platz war). 1901 starb das Genie im Alter von 65 Jahren in Boston.

Saffords mentale Geschwindigkeit war außergewöhnlich groß, und es ist immer noch schwierig, sie zu erklären. Einige Neurobiologen hegen den Verdacht, daß mentale Geschwindigkeit dadurch zustande kommt, daß bestimmte grundlegende neuronale Schaltkreise nicht konstruiert werden, sondern von Anfang an fest im Gehirn verankert sind. Andere Forscher sind der Ansicht, daß begabte Individuen Gehirne mit höherer Energie besitzen. Ihre Nervenzellen seien immer voller Energie, wie die vibrierenden Räder eines Rennwagens an der Startlinie. Man braucht nur ein kleines Signal zu geben und eine neuronale Bremse zu lockern, um ihre Energie freizusetzen.

Dieselben Vorgänge können auch in den Gehirnen von professionellen Athleten eine Rolle spielen, die eine Fülle von schnellen Bewegungen vollführen müssen: Sie schlagen, treffen, greifen, fangen, treten Bälle schneller als andere, und sie tun dies noch genauer als wir. Doch können wir dies nur vermuten, niemand kennt sich hier näher aus.

Ungeachtet dessen haben diejenigen unter uns, die unter einem mäßigen Timing leiden, stets Respekt vor denjenigen, die fix im Kopf sind und das Timing in Sekundenbruchteilen beherrschen. Der britische Staatsmann Winston Churchill besaß in hohem Maße dieses Talent der Schlagfertigkeit. Man erzählt sich die Geschichte, daß er einmal während einer Rede vor dem Unterhaus von Nancy Astor, der ersten weiblichen Parlamentsabgeordneten in England, die – wie wir alle – zu den Leuten mit einem schlechten Timing gehörte, empört unterbrochen wurde. »Winston«, rief sie erregt, »wenn Sie mein Mann wären, würde ich Ihnen Gift in den Tee tun.« Churchill besann sich nur einen kurzen Moment und antwortete: »Gnädige Frau, wenn ich Ihr Mann wäre, würde ich ihn sogar trinken.«

Kapitel 2: Der Körper in Millisekunden

G. Gordon Liddy zeigte auf Parties in Washington gerne einen hübschen Trick. Der ehemalige CIA-Beamte und Mitschuldige im Watergate-Skandal konnte seine Hand über eine brennende Kerze halten, bis sein Fleisch brannte. Während die Gäste verwundert zuschauten, blieb Liddy ruhig stehen, bis er sicher war, daß alle sahen, wie die Flamme seine Hand leckte. Danach zog er sie zurück und verließ den Raum, einen üblen Geruch von verbrannter Haut zurücklassend.

Liddy war zwar kein Professor für Biologie, aber er wußte geschickt zu demonstrieren, wie man eine gewisse Zeit lang die normale Funktion des Körpers, sich selbst vor Schaden zu bewahren, verzögern kann. Diese Demonstration gelingt jedoch nur, wenn man keine Haare auf der Haut hat oder sie vorher wegrasiert. Die Haut allein meldet nämlich den Schmerz nur langsam. Und das war das ganze Geheimnis von Liddys »Trick« – er konnte auf diese simple Weise den Schmerzreflex für mehrere Sekunden bewußt unterdrücken.

Alle menschlichen Reflexe sind ungelernt, unwillentlich, jedoch vollständig vorhersagbar. Angelegt, um den Körper vor schmerzhaften und oft schädlichen Einflüssen zu schützen, treten sie als Reaktionen auf Sinnesreizungen auf. René Descartes, der französische Philosoph und Mathematiker des 17. Jahrhunderts, war einer der ersten, der einen Reflex beschrieben hat. Beeinflußt von dem Denken seiner Zeit, glaubte er, daß die animalischen Geister aus dem Gehirn, dem Sitz der menschlichen Seele, in die Muskeln abgelenkt (reflektiert – daher die Bezeichnung »Reflex«) würden.

Descartes' Ideen von den Vorgängen im menschlichen Körper klingen romantisch, doch sie sind vollständig falsch. Reflexe werden von einfachen Nervenschaltkreisen aufgebaut, die meist zwischen Muskeln und Rückenmark verlaufen, wobei auch das Gehirn beteiligt sein kann. Sinnesempfänger in der Haut leiten Nervensignale zum Rückenmark. Die Impulse feuern durch spezielle motorische Nervenzellen zurück zu den Muskeln, die die Bewegung der Hand kontrollieren. Die Muskeln ziehen sich zusammen, und die Hand zuckt weg. Einen Sekundenbruchteil später spüren wir den Schmerz, aber die Hand ist nun sicher.

Reflexe treten in allen Formen auf. Es gibt Reflexe, die mit der Anpassung der Durchmesser von Blutgefäßen zu tun haben, und Reflexe, die die Aktivität des Stuhlgangs und des Atmens betreffen. Einige Reflexe sind komplex und umfassen mehrere Nervenverbindungen, andere sind einfach. Allen gemeinsam ist die Geschwindigkeit. Drei der am besten vertrauten Reflexe – Niesen, Schluckauf und Augenblinzeln – sind auch die schnellsten. Wie kommt das?

Das Blinzeln mit den Augen ist für den Körper lebenswichtig, da hierdurch die Augen mit Feuchtigkeit versorgt und geschützt werden. Früher wurden als Mittel der Folter oftmals die Augenlider abgeschnitten. Wer unter dieser grausamen Bestrafung zu leiden hatte, wurde bald blind, da die Kornea, die transparente Hülle der Augen, austrocknete und undurchsichtig wurde.

Es gibt, genau besehen, drei Arten von Blinzeln. Das Reflexblinzeln ist eine Schutzreaktion, die zum Beispiel von einem lauten und plötzlichen Geräusch ausgelöst werden kann, von einem Antippen der Stirn oder von einem Ball, der plötzlich aus dem Nichts auf einen zugeflogen kommt. Wir können auch willentlich blinzeln. Es dauert länger als das reflexartige Blinzeln, und es wird verwendet, um irgendwelche Staubpartikel, Grieß oder Körner wegzuwischen, die auf die Kornea gekommen sind. Und dann gibt es noch das spontane Augenblinzeln, das am häufigsten vorkommt und seinen eigenen inneren Schaltkreis hat.

Das spontane Augenblinzeln wäscht und mischt die Tränenflüssigkeit und breitet sie aus. Die Tränenflüssigkeit ist ein komplexer Film aus Ölen (die als Schmiermittel dienen), zuckerhaltigen Proteinen (die für die Feuchtigkeit sorgen) sowie Salzen und bakterienverschlingenden Enzymen und hält den Augapfel sauber. Das Blinzeln wirkt als Antriebskraft, um zum einen durch eine Form des Saugens aus den Tränendrüsen frische Tränenflüssigkeit (sie wird kontinuierlich mit einer Rate von einem Millionstel eines Liters ausgeschieden) herbeizuschaffen und um zum anderen die »verbrauchte« Flüssigkeit in die Nasenhöhlen zu leiten. Tränen gelangen sogar dann in unseren Hals, wenn unser Körper mit dem Kopf nach unten hängt.

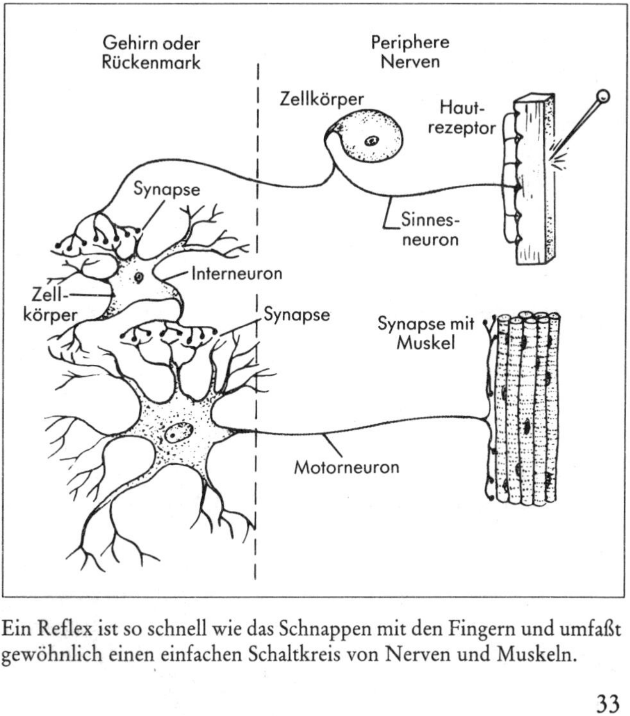

Ein Reflex ist so schnell wie das Schnappen mit den Fingern und umfaßt gewöhnlich einen einfachen Schaltkreis von Nerven und Muskeln.

Das obere Lid übernimmt die Rolle eines Scheibenwischers en miniature, indem es über die offenliegende Kornea gleitet und jeden »Abfall« am Rand entlang zum unteren Lid schafft, wo er schließlich weggewaschen wird. Der Kontakt zwischen dem oberen Lid und dem Auge ist sehr eng und fest. Der Augapfel wird sogar bei jedem Blinzeln etwas mehr als einen Millimeter niedergedrückt, wobei diese Bewegung so schnell ist, daß sie nur mit Hilfe einer besonderen Fototechnik beobachtet werden kann.

Während die Hauptaufgabe des Blinzelns darin besteht, die Oberfläche des Auges zu schützen, sind die Wissenschaftler inzwischen auf Hinweise gestoßen, daß seine Funktion viel weiter als die Reinigung reichen könnte. Wenn die Augen das Fenster der Seele sind, dann sind die an ihrem Eingang plazierten Augenlider die Leinwand, die die Aktivität des Gehirns selbst widerspiegelt.

Menschen blinzeln im Durchschnitt 24mal pro Minute (Hunde und Katzen – zum Vergleich – blinzeln etwa zweimal pro Minute), wobei diese Zahl allerdings täuscht. Die Frequenz mit der wir blinzeln, ändert sich mit unserer Stimmung. Wenn uns langweilig ist oder wir müde werden, blinzeln wir häufiger. Wenn wir ein Auto fahren, kann es sein, daß wir zuerst im Schnitt 15mal pro Minute blinzeln, wobei jedes Blinzeln bis zu 200 Millisekunden dauern kann (also zwei Zehntelsekunden). Eine Stunde später – wir befinden uns auf einer langen, geraden Autobahn – können wir mit erhöhter Frequenz – etwa 40mal pro Minute – blinzeln, wobei jeder Lidschlag etwa dreimal so lange dauert wie zu der Zeit, als unsere Fahrt begann.

Menschen blinzeln häufiger, wenn sie verärgert sind oder wenn sie mit Fremden oder dem Boß (nicht aber mit Freunden) sprechen. Vor Gericht blinzeln Zeugen stärker, wenn sie sich im Kreuzverhör befinden. Dieses emotionale Blinzeln in schwierigen Situationen – so deuten es die Wissenschaftler – mag defensiv oder unterwürfig sein, es ist ein augenblickliches Abwenden der Aufmerksamkeit von der Ursache, die sich in unserer unmittelbaren Nähe befindet.

Blinzeln tritt auf, wenn wir unseren Blick wenden, und es initiiert eine Augenbewegung. Lesen vermindert das Blinzeln eindeutig (obwohl wir jedesmal blinzeln, wenn wir zu einem Punkt am Ende eines Satzes kommen), und je schwieriger ein Text ist, desto weniger häufig blinzeln wir. Wenn wir bewußt versuchen, das Blinzeln einige Minuten zu unterbrechen (vier sind dabei die Grenze), dann blinzeln wir um so häufiger danach, um das Versäumte nachzuholen – man spricht dabei von einem Abpralleffekt.

1981 ließen Craig Karson und seine Mitarbeiter vom National Institute of Mental Health in Washington D. C. ihre Probanden lesen oder, still dasitzend, Kaugummi kauen. Sie stellten dabei fest, daß Sprechen oder auswendiges Vortragen eines Gedichts die Blinzelrate der Probanden erhöhte. Als die Studenten aber das Gedicht interpretieren sollten, blinzelten sie weniger. Das Kaugummikauen hatte keine Wirkung. Offenbar wirkt sich die mentale Anstrengung des Lesens aus dem Gedächtnis auf die Blinzelrate aus, nicht aber die Bewegung des Mundes. Die Forscher stellten auch fest, daß Männer bewußt ihre Blinzelrate schneller steigern können als Frauen, obwohl sich die Wissenschaftler darauf keinen Reim machen konnten.

Daß Blinzeln die Funktion des Gehirns reflektiert, wird noch besser deutlich, wenn man sich ansieht, wie diese Eigenschaft in Kindern heranreift. Sehr kleine Kinder – im Alter bis zu zwei Monaten – blinzeln gerade etwa einmal pro Minute; wenn sie fünf oder sechs Jahre alt sind, blinzeln sie ungefähr sechsmal in einer Minute. Die Blinzelrate beschleunigt sich nun und erreicht ihren Höhepunkt im Alter von zwanzig Jahren mit 24 Schlägen pro Minute. Bei dieser Rate bleibt es bis ins hohe Alter. Da Kinder nicht weniger Staub und Dreck in ihre Augen bekommen als wir Älteren, muß das Blinzeln mehr Aufgaben als den Schutz des Auges erfüllen.

In der Vergangenheit glaubten die mit dieser Frage befaßten Forscher, daß das obere Augenlid den wesentlichen Blinzelmechanismus ausmache – ähnlich dem Verschluß einer Kamera. Dies trifft aber nicht zu. Die Bewegung des unteren Augenlids ist ebenfalls am Blinzeln beteiligt, und beide zusammen bilden ein komplexes und interessantes Muster.

1964 verbrachten David Kennard und Gilbert Glaser, die beide an der Yale-Universität arbeiteten, viele Monate damit, die verschiedenen Phasen eines Blinzelvorgangs zu analysieren, und sie stellten fest, daß es dabei sehr kompliziert zugeht. Indem sie ein System von winzigen Hebeln an die Lider ihrer Probanden – einer Gruppe von Studenten – anbrachten, konnten sie die verschiedenen Phasen in der Dynamik des Blinzelns studieren, die noch nie zuvor beschrieben worden waren: Kennard und Glaser beobachteten, daß es nicht eine, sondern drei unterschiedliche Phasen in der anfänglichen Schließbewegung gibt, also dem Teil des Blinzelns, bei dem sich das Lid über die Augen senkt. Diese Schließbewegung ist der Fahrbewegung eines Autos verwandt. Um das Auto in Schwung zu bringen, müssen wir es erst von Null auf ein hohes Tempo beschleunigen. Haben wir schließlich flotte Fahrt erreicht, bedienen wir leicht die Bremse, bis wir uns auf eine gleichmäßige Reisegeschwindigkeit eingependelt haben.

Auch die Augenlider beginnen ihre Reise über das Auge aus dem Stand heraus. In den ersten 10 bis 20 Millisekunden beschleunigen die Lider von ihrer offenen Ruheposition aus. Dies macht die erste langsame Phase des Blinzelns aus. Wenn sie volles Tempo erreicht haben, bewegen sich die Lider rasch auf die Augenmitte zu. Diese sogenannte schnelle Phase dauert zwischen 20 und 50 Millisekunden. Die dritte Phase, die ebensolange dauert, beginnt, wenn die Lider sich nun in »Reisegeschwindigkeit« in der Mitte des Auges aufeinander zubewegen. Die Reise endet damit, daß sich beide treffen und dabei das Auge schließen.

Dies ist eigentlich nur die Hälfte der Geschichte. Die anfängliche Schließbewegung beginnt zunächst mit dem unteren Lid, das sich etwa 20 Millisekunden vor dem oberen Lid auf den Weg macht. Warum dies so ist, bleibt noch unklar. Eine Vermutung geht dahin, daß das untere Lid leichter als das obere ist und sich deshalb eher bewegen kann. Ein anderer Erklärungsversuch meint, das untere Lid reagiert schneller, weil die Hornhaut des Augenballes auf seiner Seite glatter ist, wodurch die Reibungskräfte geringer werden. Und eine dritte Annahme beruht auf der Beobachtung, daß der Nerv, der zum unteren Augenlid zieht, kürzer ist als der Nerv, der zum oberen Lid reicht. Das Signal aus dem Gehirn kommt dann unten ein paar Tausendstelsekunden eher als oben an, und das entsprechende Lid steigt früher auf. Wie auch immer die Dynamik aussieht, die Zeit vom Anfang der Lidbewegung bis zum Schließen der Augen ist kurz und dauert nur etwa 50 bis 145 Millisekunden.

Wenn die beiden Lider in der Mitte des Auges aufeinanderstoßen und dabei die Pupille verdecken, bleiben sie nur eine kurze Zeit zusammen, nämlich ungefähr 50 Millisekunden. Diese Dauer verlängert sich auf rund 80 Millisekunden, wenn wir uns schläfrig fühlen.

Nachdem sie die Schließbewegung des Blinzelns gemessen hatten, erkundeten Kennard und Glaser die erneute Öffnung des Auges und stellten fest, daß auch dieser Teil des Blinzelns komplex ist. Er besteht aus zwei Phasen: Zuerst lösen sich die Lider voneinander und federn rasch zurück. Danach folgt eine zunehmend langsamer werdende Bewegung, wenn die Lider abbremsen und in die Position zurückkehren, in der die Augen ganz geöffnet sind. Die Zeit zur Wiederöffnung dauert relativ lange, nämlich zwischen 100 und 200 Millisekunden, sie ist also wesentlich länger als die anfängliche Schließbewegung. Dies macht Sinn, da es sich um einen Reflex handelt. Es ist nämlich wichtiger, schnell einen Schutzwall zu errichten, der dann in Ruhe langsam wieder abgebaut werden kann.

In jüngster Zeit haben sich Wissenschaftler auch die elektrische Aktivität des Gehirns für die Zeit des Blinzelns angesehen und dabei einen der seltsamsten Aspekte dieser Tätigkeit aufgespürt. Es ist offensichtlich, daß wir nichts sehen können, wenn die Lider geschlossen sind. Nicht ganz so offensichtlich ist die Tatsache, daß das visuelle System des Gehirns schon 50 Millisekunden *vor* der Zeit dichtmacht, zu der die Lider ihre Ausgangsposition verlassen. Warum ist dies so? Vermutlich feuert das Gehirn gleichzeitig ein Signal an die Lidmuskeln und an seinen visuellen Bereich. Damit teilt es dieser Zone mit, daß in den nächsten Sekundenbruchteilen keine Information kommen wird, so daß keine Verarbeitung von Signalen zu erfolgen braucht.

Welche Gründe auch immer es für dieses Abschalten gibt, dieses mit dem Blinzeln gekoppelte Ereignis, das nicht weniger als 200 Millisekunden (und im Schnitt 400 msec) dauert, sorgt für einen signifikanten Abschnitt, in dem unser Sehen entweder blockiert oder reduziert ist. Überraschend daran ist noch die Tatsache, daß wir diese Lücke nicht bewußt erleben, obwohl wir selbst wesentlich kürzere Augenblicke wahrnehmen können, in denen zum Beispiel Licht in einem Zimmer ein- oder ausgeschaltet wird.

Es mag auf den ersten Blick esoterisch erscheinen, all die unterschiedlichen Phasen des Blinzelns auseinanderzuhalten. Doch die Bedeutung dieser Untersuchungen leuchtet ein, wenn man erfährt, daß unter anderem die amerikanische Armee diese Forschung mitfinanziert. Ihr Interesse daran hat einen vitalen Grund: Wenn ein ermüdeter Kampfflieger vierzigmal pro Sekunde blinzelt und wenn die Lider dabei das Sehen für etwa drei Zehntel einer Sekunde unterbrechen (dazu gehört auch die Zeit, in der das visuelle System des Gehirns ausgeschaltet ist), dann würde ein solcher Pilot in jeder Minute zwölf Sekunden lang seine Umgebung nicht wahrnehmen. Bei zweifacher Schallgeschwindigkeit würde er über sechs Kilometer mit geschlossenen Augen fliegen.

Es ist auch aus anderen Gründen wichtig, die Geschwindigkeit eines normalen Blinzelns mit den Augen zu verstehen. Wer sich mit Psychiatrie und Neurologie beschäftigt, für den liefert die Kenntnis von der Dynamik des Blinzelns ein präzises und nützliches Instrument, um Erkrankungen des Gehirns zu studieren. Blinzelraten nehmen zum Beispiel überdurchschnittlich zu bei Patienten mit Schizophrenie, bei Patienten mit dem Tourette-Syndrom (Muskelkrämpfe und Zuckungen) und bei Patienten mit einer Dyskinesie (bei der im Gehirn die chemische Substanz Dopamin sehr aktiv ist). Die Blinzelfrequenz nimmt andererseits bei Patienten ab, die unter der Parkinsonschen Krankheit oder ähnlichen Syndromen leiden. Interessanterweise findet man in diesen Fällen niedrigere Mengen von Dopamin im Gehirn, woraus der Schluß gezogen werden kann, daß Dopamin eine Rolle beim spontanen Blinzeln spielt.

Das Gehirn kontrolliert die Blinzelrate, und einige Forscher haben entdeckt, daß das Blinzeln selbst das Gehirn aktivieren kann. Jüngste Studien zeigen, daß mit Hilfe des Blinzelns Lichtimpulse transformiert werden, die auf der Netzhaut eintreffen. Diese Lichtimpulse aktivieren bestimmte Nervenzellen im Gehirn, die spezifisch auf diese Blitze reagieren. Die Nerven selbst wiederum feuern ihre eigenen Signale in andere Hirnregionen ab.

Ein Blinzelausbruch kann positive Wirkungen haben, indem er zum Beispiel unser Auge vor einer Auspuffwolke oder vor gleißendem Sonnenlicht schützt. Für einige jedoch, die unter Blepharospasmus (unwillkürlicher, krampfhafter Lidschluß) leiden, nimmt die Intensität des Blinzelns derart stark zu, daß die Bewegungen der Augenlider in flatterhafte Anfälle übergehen. Sie können so ernst werden, daß man funktional blind wird. Dieser Zustand tritt ohne Warnung auf, und er ist mit einer Krankheit des Gehirns verbunden. Er kann auch vererbt werden und am häufigsten während der Kindheit auftreten. Wer darunter leidet, für den ergeben sich auch psychologisch schwierige Probleme – er hört auf zu lesen, kann nicht mehr fernsehen und vermeidet soziale Kontakte.

Für die meisten von uns ist das Blinzeln des Auges nur ein vorübergehender Moment, der halt soundso oft auftritt. Wir verbringen die meiste Zeit unseres Lebens damit, ohne weiter darauf zu achten. Vielleicht ist es seine Geschwindigkeit, die dafür verantwortlich ist, daß wir uns so lange nicht auf seine Spur gesetzt haben. Heute ist das rasche Blinzeln allerdings mehr als nur ein seltsames Ereignis.

Das Auge, das der Umgebung direkt gegenübertritt, benötigt einen Weg, eben das Blinzeln, um sich selbst zu schützen. Doch es ist nicht das einzige Organ, das nackt mit der Welt in Berührung kommt. Die Lunge gehört auch dazu. Luft, die voll von Bakterien, Viren, Staub, Schmutz, Insektenabfällen etc. ist, wird alle paar Sekunden in die zwei Säcke gesaugt, die in unserem Körper dem Gasaustausch dienen. Glücklicherweise werden die meisten dieser Teilchen in der Nase oder im Schleim (Mucus) festgehalten, der sich in unserem Hals befindet, und »ihr Schicksal« besteht nun darin, in einen säurehaltigen Magen zu rutschen oder in ein Papiertaschentuch geschnupft zu werden. Die Lungen selbst werden auch durch einen mächtigen und raschen Reflex geschützt, das Niesen nämlich.

Das Niesen ist ein seltsamer Vorgang – so schnell wie das Schnippen mit den Fingern, oftmals so laut wie ein Kracher und dabei peinlich entstellend –, der immer noch geheimnisvoll bleibt. Es handelt sich um einen schützenden Reflex, der durch Irritationen in der Nase ausgelöst wird. Dennoch kommt der bei weitem größte Luftstrom aus dem Mund – sehr zum Mißvergnügen desjenigen, der

- Eine Belichtung von etwa 10 Millisekunden ist erforderlich, um ein gutes Bild auf der Retina zu erzielen. Bewegte Bilder werden mit einer Geschwindigkeit von 24 Aufnahmen pro Sekunde gezeigt, was zu schnell für das menschliche Auge ist, um einzelne Bilder zu erkennen. Sie verschwimmen ineinander, und wir bekommen die Illusion einer Bewegung auf der Leinwand.

- Einige Nerven senden Schmerzsignale mit einer Geschwindigkeit von weniger als einem Kilometer pro Stunde aus. Wenn ein Impuls mit diesem Tempo unterwegs ist, kommt die Nachricht, daß wir unseren Zeh gestoßen haben, erst eine ganze Sekunde später am Rückenmark an.

- Die Regeneration von Nerven dauert zwischen vier und sechs Wochen.

- Die Zellen an der Oberfläche der Atemwege und der Lungen sind mit kleinen härchenartigen Cilien bedeckt, die sich wie Ruder hin und her bewegen und Schleim sowie Staub- und Schmutzpartikel, die sich hier verfangen haben, zum Hals hin transportieren – und zwar mit einer Geschwindigkeit von etwas mehr als einem Zentimeter pro Minute.

- Wenn eine Person ein Glas Wasser getrunken hat, dauert es zwischen einer halben und einer Stunde, bevor das Wasser aus dem Darm vom Körper aufgenommen worden ist.

- Hunger führt zwischen 12 und 24 Stunden nach der letzten Mahlzeit zu ersten Schmerzen im Magen. Wer weiterhungert, spürt die Schmerzen nach drei bis vier Tagen am stärksten. Dann lassen sie allmählich nach.

- Wenn ein Magen leer ist, kommt es zu Kontraktionen, die zwischen zwei und drei Minuten dauern.

vor einem steht. Niesen gehört zu den grundlegenden Reflexen der Säugetiere, wobei es sehr selektiv unter Menschen gehandhabt wird. Kaukasier niesen häufiger als Schwarze, Männer eher als Frauen. Verknüpft mit dem Niesen ist ein anderer Schutzreflex, das automatische Schließen der Augen. Selbst das Husten, sein engster Verwandter, passiert mit offenen Augen.

Durch die Jahrhunderte hindurch ist das Niesen ein Thema von Diskussionen und Aberglauben gewesen. Die etablierte Kirche glaubte einmal, daß sein Zweck darin bestehen würde, das Gehirn zu reinigen. Selbst Dr. Oliver Wendell Holmes, der amerikanische Dichter, Humorist und Arzt des 19. Jahrhunderts, meinte, daß es gesund sei, wenn Neugeborene niesen müssen.

Der griechischen Mythologie zufolge war es Prometheus, der als erster das Niesen bei uns Sterblichen einführte. Eine Sage erzählt davon, daß er eine Statue aus Stein errichtete, dann aber seine Pläne änderte und sich dafür entschied, ihr Leben zu geben. Um dies zu bewerkstelligen, stahl er das Sonnenlicht aus den Kammern des Apoll und versteckte es in seiner Schnupftabaksdose. Nach ein paar Tagen, als er nicht mehr ganz bei der Sache war, nahm er eine Prise Sonnenstrahl, hielt seine Nase in die Höhe und nieste.

Einige ältere griechische Wissenschaftler hatten ihre eigenen Ansichten zum Thema Niesen. Hippokrates hielt es für gefährlich bei Lungenkrankheiten. Er war allerdings auch der Meinung, daß das Niesen den Schluckauf heilen könnte (was es manchmal auch tatsächlich tut).

Die allgemein übliche Reaktion, »Gesundheit« zu sagen, wenn jemand niest, ist nahezu überall auf der Welt verbreitet. Die meisten Historiker nehmen an, daß diese Sitte auf Papst Gregor (540–604) zurückgeht, und zwar in einer Zeit, da die Pest herrschte. Der Papst führte einen Segensspruch ein, der nur benutzt werden sollte, wenn jemand niest, weil das Niesen damals mit dem Tod assoziiert wurde. Bald danach sagten die Leute nur noch »Gesundheit«, wenn jemand nieste, wobei sie meinten, »Gott gebe dir Gesundheit«.

Vielleicht liegt es an der historischen Entwicklung, vielleicht auch an der Schnelligkeit und Heftigkeit, mit der man niest, aber der Vorgang selbst ist lange Zeit hindurch schwer zu messen gewesen. Seit dem Aufkommen moderner Techniken wie der Röntgenfotografie, mit der die Bewegungen von Körperteilen sichtbar gemacht werden können, und seit der Konstruktion spezieller Apparate, die den Luftstrom in die Lunge hinein und wieder heraus registrieren können, bleiben die Vorgänge des Niesens nicht mehr so geheimnisvoll, wie sie es einstmals waren.

Für viele ist das Niesen gerade das, was man hört, nämlich »haatschii«. Dies ist aber nur eine Phase des Niesens, und zwar diejenige, die die Wissenschaftler als respiratorischen Abschnitt bezeichnen. Dieser am stärksten extrovertierte Teil des Vorgangs resultiert einfach aus der Tatsache, daß Luft in die Lungen gesogen (das) »Haaaaa ...« des Niesens) und dann rasch in die Umgebung entlassen wird, und zwar mit einem nassen und mächtigen »... tschiiii«. Doch Töne können einen verwirren, und das Niesen ist komplizierter, als es sich anhört.

Zunächst muß es etwas geben, das das Niesen auslöst. Für dieses »Etwas« kommen eine Menge Möglichkeiten in Frage. Die häufigsten Ursachen des Niesens rühren von lokalen Reizungen und allergischen Faktoren her. Einige der wirkungsvollsten Auslöser sind Pollen, Federn, Tierhaare, Bakterien, Pfeffer und in einigen Fällen auch Eiweiß. Das Niesen kann aber auch durch eine Reihe anderer Faktoren ausgelöst werden: helles Sonnenlicht zum Beispiel oder Kälte, sexuelle Erregung, Menstruation und Schwangerschaft wie auch Abneigung, Furcht und Frustration – sie alle können einen Nieser hervorrufen oder auch zwei.

Daß Licht Niesen auslösen kann, ist schon seit Jahrhunderten bekannt. Dieser photische Reflex, wie man auch sagt, tritt unmittelbar ein, sobald jemand in helles

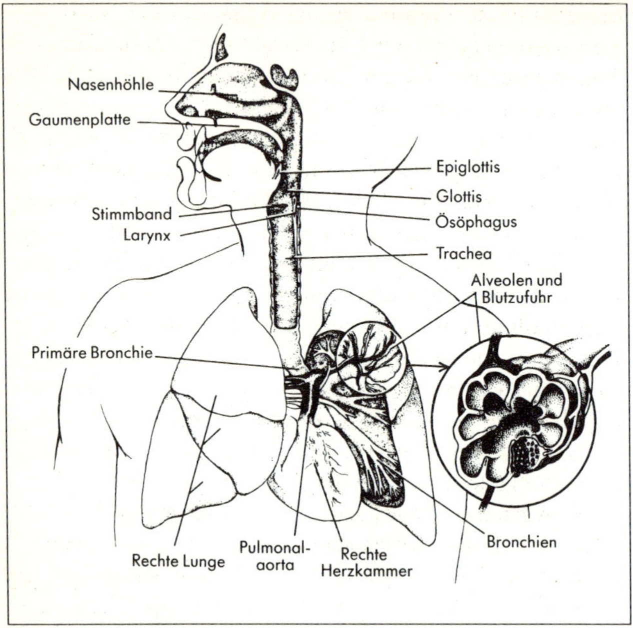

Am Niesen sind vor allem die Lungen, die Luftröhre (Trachea) und die Stimmritze (Glottis) beteiligt.

Sonnenlicht blickt. Wenn die Nase einmal kribbelt, ohne daß sich das Niesen selbst einstellt, hilft es oft, einfach in die Sonne zu sehen. Da niemand den genauen Mechanismus dieses Effektes kennt, nimmt man an, daß das Licht mit Hilfe eines gewundenen Nervennetzwerkes Rezeptoren in der Nase aktiviert, die für das »Haatschii« sorgen. Die enge Verbindung zwischen dem Niesen und den Augen kann durch das Verhalten demonstriert werden. Helles Licht löst ebenso ein Blinzeln aus wie das Niesen.

Normalerweise niesen nur etwa zwanzig Prozent aller Leute jedesmal, wenn sie in helles Sonnenlicht treten. Einige Wissenschaftler vermuten, daß diese »Niesart«

vererbt und als dominante Eigenschaft an die Nachkommen weitergegeben wird, so, wie es auch mit den braunen Augen geschieht, die ein Kind erbt, dessen Mutter braune und dessen Vater blaue Augen hat. Die Forscher haben sogar einen Ausdruck für diese genetische Eigenschaft, sie nennen sie ACHOO, und das steht für »autosomale dominant compelling helioophthalmic outburst«. Warum sollte solch ein Zug dominant sein? Man erhält einen selektiven Vorteil, wenn man ein überempfindlicher Nieser ist. In arktischen und anderen kalten Zonen, in denen die Bewohner besonders stark Infektionen der Atemwege ausgesetzt sind, werden diejenigen weniger häufig krank, die viel niesen. Sie stoßen die Keime aus, bevor diese eine Chance haben, in den Körper zu gelangen.

Was auch immer der Grund für das Niesen ist, wenn es einmal eingeleitet ist, bleibt einem nichts anderes übrig, als zu warten, bis alles seinen Weg genommen hat. Und so sucht sich das Niesen seine Bahn:

Das erste Ereignis besteht gewöhnlich darin, daß ein Haar oder ein Pollenkorn plötzlich durch die Nase eingeatmet wird. Für einen kurzen Augenblick passiert nichts. Dann – ohne daß wir davon auch nur das Geringste wissen – sorgt ihre Anwesenheit für Aktivität bei bestimmten Zellen, die sich im Inneren der Nase entlangziehen. Sie senden Nervensignale in die Medulla (Mark), die an der Basis des Gehirns sitzt. Bis hierhin sind erst rund ein Dutzend Millisekunden vergangen.

Nachdem sie nun an der Aktion beteiligt ist, feuert die Medulla ihrerseits Signale an die Nase zurück, wobei diese in einen speziellen Haufen von Neuronen gelangen, die nahe bei den Zellschichten der Nasenflügel liegen. Ein paar Millisekunden später stimulieren Impulse dieses Nervenganglions die Schweißdrüsen in der Nase, die eine klare und leicht zähe Flüssigkeit absondern. Sie sorgen auch dafür, daß die winzigen Blutgefäße anschwellen, die in die weiche Membran der Nase eingebettet liegen.

Zur gleichen Zeit feuern Nerven aus der Nase ihre Batterie von Impulsen in die sensorische Region des Gehirns ab. Nach und nach beginnen wir ein besonders angenehmes Kribbeln oder Jucken zu spüren, das von dem Schleim in der Nase ausgelöst wird. Dieses Gefühl dauert irgendwo zwischen 2 und 15 Sekunden. Die Länge der Zeit hängt von der Menge oder sogar von der Art des Reizstoffes ab, der in der Nase ist, und von der Geschwindigkeit, mit der er produziert wird. Schließlich wird das Kribbeln oder Jucken so intensiv, daß wir uns danach sehnen zu niesen.

Um den Prozeß zu beschleunigen, starren wir auf das Licht an der Zimmerdecke. Dies sorgt dafür, daß sich der innere Zellsaum der Nase noch mehr anfüllt als sonst. Die Verbreitung und Ausschüttung des Schleims in der Nase reizen den Nerv mit Namen Trigeminus, und dessen Fasern feuern eine rasche Folge von Impulsen zurück zur Medulla.

»Haaaaa ...«

Nun, da sie wieder zur Aktion gerufen worden ist, beschleunigt die Medulla ihren langsamen Strom der Signale auf lässige 300 bis 400 Impulse pro Sekunde. Diese Nervenreize erreichen die Muskeln der Lunge, die sich kontrahieren. Vier bis sieben Sekunden lang saugen wir Luft ein und füllen dabei unsere Lungen mit etwa 2,5 Liter Gas. Im Inneren der Lungen steigt der Druck. Der Ballon wird aufgeblasen. Dann – klick – schließt sich die Glottis (Stimmritze am oberen Luftweg), und die Stimmbänder machen ebenfalls dicht. 200 Millisekunden lang bleibt die Luft in den Lungen gefangen. Während dieser Zeit laufen andere Ereignisse ab. Die Medulla wechselt dabei das Lager. Die Signale, die die einatmenden Muskeln in Bewegung gebracht hatten, verlangsamen sich, und die Lungen hören auf, Luft einzuatmen.

Die Medulla feuert nun eine Ladung von Impulsen an die Muskeln für die Ausatmung, die sie mächtig zusammenziehen und dabei gegen den Diaphragma-Muskel (Zwerchfell) und den Brustkorb drücken. Die noch in den Lungen gefangene Luft wird hinausgequetscht, wobei der Luftdruck gefährlich hohe Werte erreicht. Der Ballon steht kurz vor dem Platzen. Die zwei Zehntelsekunden gehen zu Ende. Und – »... tschii«.

Das Stimmband und die Glottis springen plötzlich auf. Der hintere Teil der Zunge erhebt sich, und zweieinhalb Liter Luft explodieren nach außen, wobei sie von der schnellen Kontraktion der Muskeln im Bauchraum und bei den Rippen getrieben werden. Die Luft braust innerhalb einer halben Sekunde aus den Lungen heraus. Automatisch schließen sich die Lider, um die Augen vor der möglicherweise infektiösen Luft zu schützen, und die kleinen Muskeln des Mittelohrs kontrahieren sich, um die feinen Knöchelchen vor dem Krach zu bewahren. Die warme und feuchte Luft gelangt in die Umgebung und trägt all den Schmutz und all die Bakterien mit sich, die sich gerade auf dem Saum der Luftröhre befunden haben.

Wie schnell bewegt sich die Luft durch den Körper, wenn wir niesen? Im Jahre 1955 stellten B. B. Ross und seine Kollegen an der Universität von Rochester in New York dieselbe Frage, und sie machten dabei eine faszinierende Entdeckung. Als Ross den Hustenmechanismus untersuchte, der dieselben Grundschritte durchläuft wie das Niesen und auch ungefähr dieselbe Funktion erfüllt – das Niesen ist als ein höheres respiratorisches Husten beschrieben worden –, stellte er fest, daß die Luft aus den Lungen mit fast der gleichen Geschwindigkeit entweicht, die den Schall charakterisiert. Später konnte dies auch für den Fall des Niesens bestätigt werden. Wie ist das möglich?

Während eines normalen, sanften Ausatmens (was wir die ganze Zeit über tun) zieht die Luft durch unsere inneren Röhren mit einer Geschwindigkeit von rund 25 Kilometern pro Stunde. Wenn die Luft in den Lungen jedoch kräftig durch die beschriebene Kontraktion der Bauch- und Rippenmuskeln herausgetrieben wird, erhöht sich die Geschwindigkeit auf rund 150 Kilometer pro Stunde. Damit werden zwar Hurrikan-Stärken erreicht – aber wie erklärt sich diese kolossale Steigerung der Geschwindigkeit beim Niesen?

Ross und seine Mitarbeiter kamen auf die Lösung, als sie Röntgenbilder untersuchten, die während eines aktiven Hustens aufgenommen worden waren. Während des Hustens – und ebenso während des Niesens –, kurz bevor die Luft die Lungen verläßt, kollabiert die hohle Luftröhre wie der Schlauch eines Gummireifens. Wenn die Glottis sich öffnet, wird die Luft buchstäblich aus den Lungen und durch die kollabierte Luftröhre gequetscht, und zwar gerade so, wie Wasser unter Druck aus einem Schlauch mit kleinem Durchmesser geblasen wird. Die Luft bewegt sich durch die Luftröhre mit rund 85 Prozent der Schallgeschwindigkeit, und dies reicht aus, um die Teilchen oder Bakterien, die dumm genug sind, sich in der Nähe aufzuhalten, mitzureißen und in die Außenwelt zu schleudern.

Die meisten der mit Bakterien infizierten Wassertröpfchen, die der durch das Niesen produzierte Wind in die Welt hinausträgt, legen zwischen 50 und 200 Zentimeter zurück – und zwar mit einer Geschwindigkeit von rund 30 Metern pro Sekunde –, bevor sie dann nach etwa einer Minute langsam zu Boden schweben. Ein kleiner Prozentsatz der Bakterien hält sich aber noch nach mehr als vierzig Minuten in der Luft auf. Da sehr viele Tröpfchen ausgestoßen werden, bedeutet selbst diese kleine Zahl der weiterschwebenden Bakterienhäufchen, daß in den ersten Minuten die Zahl der Erreger in kleinen Räumen beträchtlich ansteigt. Wir können uns also noch von einem Niesen anstecken, das schon vor einer halben Stunde stattgefunden hat.

Wenn man einmal niest, ist das schon schlimm genug. Wenn man viele Male hintereinander niesen muß, wird es ärgerlich. Wenn man dies schließlich hundertmal und mehr hintereinander tun muß, wird die Sache gefährlich und wächst sich zur Qual aus.

Im Januar 1977 wurde in das Krankenhaus der Universität von Neu-Mexiko ein elf Jahre altes Mädchen eingeliefert, das seit drei Wochen ununterbrochen niesen mußte, und zwar etwa zwanzigmal pro Minute. Als man sie endlich zum Arzt brachte, hatte sie große Schmerzen (in der Brust) und war hungrig und müde.

Das Mädchen litt unter der zum Glück seltenen, aber schwer zu behandelnden Krankheit (in den letzten 35 Jahren ist von einem Dutzend solcher Fälle berichtet worden), die zeigt, was passiert, wenn sich ein Reflex loslöst und verrückt spielt. Die Neuroanatomie des Niesens ist mit anderen Regionen des Gehirns verknüpft, die alles vom Ärger bis zur sexuellen Erregung etwa kontrollieren. Dies erklärt, warum Aufregungen oder sexuelle Aktivitäten Niesen auslösen können. Der Beginn eines solchen Ausbruchs hat meist etwas mit Psychologie zu tun. Ein Mädchen, das schon wochenlang geniest und auf diese Weise die Aufmerksamkeit der Medien auf sich gelenkt hatte, hörte in dem Augenblick auf, als die Kameras abgeschaltet wurden. Ein anderes Mädchen begann pausenlos zu niesen, als es an einem neuen Arbeitsplatz antreten mußte.

Was das kleine Mädchen in Neu-Mexiko angeht, so konnte es das Krankenhaus verlassen, nachdem man die Mutter überredet hatte, einen Psychiater aufzusuchen. Die Mutter hatte sich zu sehr um das Kind, das sich allzu bereitwillig unterwarf, gekümmert und es mit ihrer Fürsorge schier erdrückt. Als die Mutter die Therapie mit Erfolg beendet hatte, ließen die Niesanfälle ihrer Tochter ebenso geheimnisvoll nach, wie sie gekommen waren. Schließlich hörten sie nach drei Monaten ganz auf.

Das Niesen und das Blinzeln haben, wie wir erfahren haben, einen Zweck. Als Reflexe sind beide Reaktionen auf Schutz hin angelegt. Sie verteidigen blitzschnell den Körper gegen das Eindringen von Fremdmaterial. Der Grund für ihre Geschwindigkeit ist klar und augenscheinlich. Schneller noch als beide ist allerdings der

Schluckauf. Dennoch, trotz seiner Schnelligkeit – oder gerade deswegen – weiß niemand so recht, wozu dieser Reflex eigentlich da ist.

Jeder Schluckauf dauert weniger als eine Sekunde. Er wäre nur ein kurzes Ärgernis, wenn er sich nur einmal meldete, was er aber nicht tut. Ein Schluckauf kommt in rhythmischen Ausbrüchen, die einen verrückt machen können. Gewöhnlich überfällt er einen ungebeten am Ende eines ausführlichen Essens oder nach einem Glas Wein, er »schleicht« sich bei kleinen Zwischenmahlzeiten und manchmal auch ohne jeden Grund im Stakkato an. Anfälle dieser Art können Stunden, Tage oder gar Monate dauern. Wenn man dem ›Guiness-Buch der Rekorde‹ glauben will, dauerte die längste Schluckauf-Attacke 57 Jahre.

Nachgedacht über den Schluckauf hat man seit dem Beginn der Geschichtsschreibung. Der griechische Mediziner Aetius (500 v. Chr.) führte Schluckauf etwas diffus »auf scharfen Humor« in einem entzündeten Bauch zurück. Im Jahre 25 v. Chr. schrieb ein gewisser Celsus in Rom, daß ein solch quälender Anfall durch eine Leberentzündung zustande komme. Und hundert Jahre später diagnostizierte der griechische Arzt Galen, daß besondere Aufregungen den Magen zu heftigen Emotionen provozieren und den Schluckauf herbeiführen.

Im Mittelalter wurden alle möglichen Behandlungen versucht, um diese lästigen Störungen loszuwerden. Dies reichte von der Empfehlung, sich zu übergeben, eine grüne Ginger-Suppe zu löffeln oder sich die Ohren einfach mit den Fingern zu verstopfen, bis hin zu einer »Reue mit Wein«, was immer darunter zu verstehen ist. Im neunzehnten Jahrhundert war der schottische Arzt Dr. Shortt davon überzeugt, daß ein Schluckauf durch einen ungeregelten Nerv zustande komme. Er schlug für die Heilung die Verwendung eines heißen Gegenstandes vor, mit dem man im Nacken und am Hals Brandblasen erzeuge, bis der Schluckauf gestoppt sei. Die Literatur verrät nicht, ob jemand seinen Empfehlungen gefolgt ist.

Weder Kontemplation noch mystische Heilungen haben irgendeinen Hinweis auf die Funktion des Schluckaufs ergeben. Da mehrere Wirbeltiere und die meisten Säugetiere ebenso unter ihm zu leiden haben, könnte der Schluckauf das Rudiment eines primitiven Reflexes sein, eine Art neurologischer Blinddarm des Körpers, etwas, für das unsere Vorfahren einmal eine Verwendung hatten, die aber inzwischen längst verlorengegangen ist. Da eine engere Verwandtschaft zum Brechreflex als zum Husten besteht, könnte es sein, daß sein Zweck vielleicht darin einmal bestanden hat, Nahrung zu bewegen, die auf dem Weg in den Magen hängengeblieben ist. Demgegenüber steht indes die Tatsache, daß auch ein übervoller Magen oder ein Glas Wein einen Schluckauf-Anfall provozieren kann.

Wenn die Wissenschaft auch längst noch nicht herausgefunden hat, warum es einen Schluckauf gibt – wie und wann er auftritt, das ist wohlbekannt. Ein Schluckauf ist eine nicht dem Willen unterworfene, unkoordinierte und nahezu chaotische, krampfartige Kontraktion des Diaphragmas, also des Zwerchfell-Muskels, der auf diese Weise Luft in die Lungen holt (woran natürlich auch noch andere Muskeln beteiligt sind). Wenn der Nerv, der mit dem Diaphragma-Muskel verbunden ist – der phrenische Nerv –, gereizt wird, zieht sich ein Teil des Diaphragmas heftig zusammen (in seltenen Fällen auch der ganze Muskel). Ein übervoller Magen löst deshalb einen Anfall von Schluckauf aus, weil der Nerv, der seine Bewegungen kontrolliert (der gastrische Nerv), gegen den phrenischen Nerv stößt und somit eine Art Kurzschluß herbeiführt. Beim Aufstoßen wird ein Schluckauf ausgelöst, weil der Magen gegen das Diaphragma stößt oder es reizt.

Die Anatomie des Schluckaufs wurde 1970 von dem Neurologen John N. Davis in London erforscht. Mit Hilfe raffinierter elektronischer Geräte und mit etwas Glück konnte Davis die Dauer eines Schluckaufs messen. Dabei läuft in etwa folgender Vorgang ab: Ein Schluckauf fängt nur an, wenn wir ruhig einatmen (und kaum, wenn wir ausatmen; der Reflex hemmt zunächst sogar die Nerven, die für ein aktives Ausatmen verantwortlich sind). Er ist besonders spezifisch und taucht nur dann auf, wenn der tiefste Punkt des Atmens erreicht ist, wenn also die Lungen am stärksten mit Luft gefüllt sind.

Ob er nun gereizt oder gestört ist, der phrenische Nerv feuert ein Bündel von Signalen zum Hirnstamm und zur Medulla ab. Dadurch in Aufregung versetzt, sendet das Gehirn seine eigenen Signale durch den phrenischen Nerv. 50 bis 100 Millisekunden später zupft es im Diaphragma (ebenso in den Muskeln, die mit den Rippen verbunden sind und von ihren eigenen Nerven aktiviert werden). Wir schnappen nach Luft und saugen sie ein. Nach 35 Millisekunden Einatmen springt der obere Luftweg – die Glottis – zu und verschließt die Lungen. Es ist dieser Vorgang, der jenen rülpsenden Laut produziert, der für den Schluckauf so charakteristisch ist.

Wir sind nun 60 Millisekunden nach der Zeit, in der sich die Glottis geschlossen hat. Das Diaphragma zieht sich immer noch stark zusammen, obwohl das Schluckauf-Geräusch längst vorüber ist. 400 Millisekunden später kontrahiert sich das Diaphragma immer noch, nun aber schwächer als vorher, und es müht sich fruchtlos ab, Luft in die blockierten Lungen zu saugen. Erst eine halbe Sekunde danach entspannt sich das Diaphragma. Die Glottis öffnet sich. Wir atmen aus und entspannen uns, aber nur für einen kurzen Augenblick. Ein oder zwei Sekunden später, nachdem wir tief eingeatmet haben, fängt der ganze Kreislauf wieder von vorne an – »hick!«.

Das primitive, rhythmische und stereotype Verhalten des Kreislaufs kann tatsächlich gegen den Schluckauf eingesetzt werden. Was auch immer den Kreislauf unterbricht, kann genutzt werden, um einen Anfall zu unterbinden. Eine Atempause kann dies bewerkstelligen. Plötzliche Angst oder Schmerz kann einen Seufzer provozieren, Niesen oder Husten, die ein plötzliches Ausatmen mit sich bringen, kommt auch in Frage. Irgendeine von diesen Störungen kann den Kreislauf unterbrechen und damit den Schluckauf beseitigen.

Ein Schluckauf taucht mit einer normalen Rate von 5- bis 25mal pro Minute auf. Manchmal geschieht dies auch häufiger. Es gibt Leute, die ein- bis zweimal pro Sekunde einen Schluckauf haben. Wenn ein entsprechender Anfall länger als gewöhnlich dauert und nicht unterbrochen werden kann, dann muß etwas Schwerwiegendes nicht in Ordnung sein.

Ein Schluckauf ist nicht wie irgendein anderer Reflex. Seine Anatomie ist sehr flach ausgebreitet. Seine bizarre Natur wird dadurch illustriert, daß selbst das Gehirn einen Schluckauf-Anfall auslösen kann. Da es versucht, den Reflex mit einer Fülle hemmender Signale zu zügeln, löst jede Änderung, die diese »Polizisten-Funktion« beeinträchtigt, eine Schluckauf-Kaskade aus. Kopfverletzungen oder Hirntumoren haben schon Schluckauf-Anfälle ausgelöst. Auch exzessiver Alkoholgenuß kann dazu führen, da in diesem Zustand die hemmende Wirkung des Großhirns gedämpft wird. Wenn das Gehirn ihn nicht festhält, rollt der Reflex auf und davon. Ein Schluckauf kann auch auftreten, wenn der Nervus vagus (»herumschweifender Nerv«) gereizt wird, der viele Verzweigungen hat und damit das Herz, die Kehle, die Luftröhre, den Darm und die Ohren erreicht (deswegen können ein Kratzen im Hals oder die winzigen Kristalle eines Zukkerstücks einen Schluckauf anstoßen).

Einen solchen Fall hatten die beiden kalifornischen Ärzte Mark Wagner und J. Stephan Stapczynski vor sich, als sich ein 27jähriger Mann bei ihnen meldete, der seit vier Tagen ununterbrochen unter Schluckauf litt. Der Mann erzählte ihnen, der Reflex käme vier- bis sechsmal pro Minute und höre auch nicht auf, wenn er versuche zu schlafen. Nun sei er müde und ängstlich.

Die beiden Ärzte untersuchten den jungen Mann und fanden zunächst keine Ursache für den Dauer-Schluckauf. Der Patient sah auf den ersten Blick gesund aus. Dann aber entdeckten sie, was nicht in Ordnung war. Tief in seinem rechten Ohr fand sich ein winziger Haarschnipsel, der das Trommelfell berührte und so den Nervus vagus reizte. Die Ärzte entfernten das Härchen, und der Schluckauf hörte sofort auf.

Descartes würde das sicher irgendwie verstanden haben.

Kapitel 3: Der Körper in Sekunden

Gegen 14.30 Uhr am Nachmittag des 30. März 1981 betrat der Präsident der Vereinigten Staaten durch den Eingang für Notaufnahmen das Krankenhaus der George-Washington-Universität und drückte dabei seine Hände auf die linke Brust. Ronald Reagan sah blaß aus, so wird berichtet, und er schien Schmerzen zu haben. Einer der Beobachter erinnerte sich, daß der Präsident erst zu stolpern anfing und dann zusammenbrach. Jemand hatte kurz zuvor einen Schuß auf ihn abgefeuert.

Die Mitarbeiter des Präsidenten stürzten herbei, um ihm zu helfen, und legten ihn auf eine Bahre. Inzwischen atmete Reagan sehr schnell, er holte mit raschen und kurzen Zügen Luft. Er klagte über einen scharfen Schmerz in der Brust. Seine linke Lunge war kollabiert.

Die Mannschaft des Krankenhauses fuhr ihn in den Operationssaal der Notfallstation. Dort rissen die Ärzte seinen Anzug und das blutgetränkte Hemd darunter auf. Sie legten schnell mit einem Skalpell einen fünfzehn Zentimeter langen Schnitt unter der linken Brustwarze und führten vorsichtig zwei Plastikröhren in den Raum zwischen den Lungen und dem Brustkasten. Sie bemerkten innere Blutungen, aber alle anderen vitalen Zeichen standen auf normal. Der Blutdruck des Präsidenten war stabil. Sein Puls schlug zwar schnell, aber kräftig.

Die Ärzte saugten das Blut aus dem Brustraum und bliesen die kollabierte linke Lunge wieder auf. Während Krankenschwestern die übrige Kleidung entfernten, suchten die Ärzte den Körper nach der Einschußwunde ab, die die Kugel bei ihrem Eintritt in die Brust gerissen hatte.

Am anderen Ende der Eingangshalle wurden all die dramatischen Ereignisse auf dem Fernsehschirm gezeigt, die im Verlauf der ersten 60 Sekunden des Attentats passiert waren. Immer wieder konnte man das Videoband mit den Szenen sehen: Der Präsident winkt in die Kamera. Neben ihm, an einem Bordstein, steht seine schwarze Limousine, deren hintere Tür geöffnet ist. Dann fallen Schüsse.

Ein Mann des Geheimdienstes, ein Polizist und der Pressesprecher fallen mit ihm verwundet zur Seite. Der Präsident wird auf den Rücksitz seines Wagens geschoben, der sofort davonrast. Alles geht blitzschnell.

Die Kamera hat natürlich nicht die andere Seite der Geschichte erfaßt. Sie zeigte uns nicht, was innerhalb des Körpers des Präsidenten passierte. Dabei hing die Tatsache, daß Reagan das Attentat überlebte und nicht verblutete oder durch eine Infektion starb, zum großen Teil von den biologischen Vorgängen ab, die sich im Inneren seines Körpers abspielten. Diese Geschichte wollen wir erzählen, die »60 kritischen Sekunden« im Leben des Präsidenten.

Die erste Sekunde

Als John Hinkley seine Pistole unter der Jacke hervorholt, ist der Präsident der USA nur etwa sechs Meter von ihm entfernt. Der Schütze steht in einer Gruppe von Reportern und Kameraleuten. Er zielt auf Reagan und schießt.

Mit einer Geschwindigkeit von über 800 km/h trifft eine Kugel vom Kaliber .22 auf die Kante der schwarzen Limousine, prallt dort ab und dringt in den Körper des Präsidenten ein. Das Geschoß tritt etwas unterhalb der linken Achselhöhle in den Körper ein, prallt von der siebten Rippe ab und findet schließlich seinen Weg in den linken Lungenflügel, der daraufhin kollabiert.

Auf ihrem Weg dringt die heiße Kugel durch Haut, Muskeln, Lungengewebe, sie zerreißt Zellen und zerstückelt Tausende von mikroskopisch kleinen Blutgefäßen. Durch den Aufprall strömt Blut von den zerrissenen Arterien zum Rippenfell des Präsidenten.

Von dem Augenblick an, in dem das Geschoß abgefeuert worden ist, bis zu der Zeit, da es in den Körper eindringt, sind etwa 30 Millisekunden vergangen.

Der menschliche Körper ist überraschend hart. Er kann Schläge auf den Rumpf und den Kopf aushalten. Er kann überfahren, gerädert, verprügelt, angebrannt und gequetscht werden. Er kann Stürze aus drei oder sogar sechs Metern überleben. Und er kann geschnitten werden. Die Reaktion des Körpers auf diese Angriffe tritt allerdings nicht sofort ein.

Als auf den Präsidenten geschossen wurde, regte der Schock innerhalb von Sekunden Nerven und eine Gruppe von »Reparatursystemen« für den Körper an. Chemisch wurden weiße Blutzellen in die betroffene Zone entsandt, um Infektionen zu bekämpfen. Zerstörtes Gewebe aktivierte den Entzündungsvorgang, der aus einer komplexen lokalen Abwehrreaktion der Haut und anderer Gewebe besteht und bei Verletzungen zum Einsatz kommt. Auch das Gehirn wurde in Alarmbereitschaft versetzt, und die endokrinen Drüsen sendeten eine Armee von chemischen Botenstoffen (Hormonen) auf die Reise durch das Blut, um die Aktivitäten des Körpers zu koordinieren. Das Gehirn wurde über das Ausmaß und den Ort des Schadens informiert – ein Phänomen, das wir Schmerz nennen. Der Schmerz wurde lokal ausgelöst, als die Zellen, die am Schadensort durch die Wucht des Aufpralls zerfetzt worden waren, ihren Inhalt an die Umgebung abgaben. Die plötzliche Zunahme an Säuregehalt in dieser Region und die Freisetzung bestimmter Proteine durch die beschädigten Zellen aktivierten in der Nachbarschaft ein Enzym, das Kallikrein heißt.

Kallikrein ist ein neuer Mitspieler in der Schmerzgeschichte. Es wurde in anderem Zusammenhang vor rund fünfundzwanzig Jahren entdeckt und zieht die Aufmerksamkeit der Forscher nicht nur auf sich, weil es aktiv zum Einsetzen des Schmerzes beiträgt, sondern auch, weil es eine Rolle bei der ältesten menschlichen Krankheit spielt, der Gicht.

Im 17. Jahrhundert wurde ein Stock benutzt, sowohl, um einem unsicheren Körper Halt zu geben, als auch, um ihn von dem Druck zu entlasten, der durch die Schwellungen der Gicht erzeugt wurde. Die Gicht ist eine Erkrankung der Gelenke – besonders der Zehen, der Knöchel und der Knie –, die genetische Komponenten hat und vorwiegend Männer trifft. Der Schmerz ist höllisch: »Das Opfer geht zu Bett und schläft gesund ein«, schrieb der englische Arzt Thomas Sydenham (1624–1689) über die Gicht, unter der er selbst zu leiden hatte. »Doch in der Früh um zwei wird man durch starke Schmerzen im großen Zeh geweckt, manchmal auch im Knie, am Knöchel oder am Spann. Der Schmerz ist wie bei einer Ausrenkung, und doch fühlen sich die Teile an, als ob kaltes Wasser darüber geschüttet würde. Nach einer gewissen Zeit kommt ein nagender Schmerz und danach Druck und Spannung. Das Gefühl in den betroffenen Teilen ist so stark und heftig, daß man weder das Gewicht des Bettuchs ertragen kann noch das Knarren, das eine im Zimmer umherlaufende Person hervorruft.«

Die zur Gicht führende Entzündung wird ausgelöst, wenn sich Kristalle aus Harnsäure in der Flüssigkeit ansammeln, die in den Gelenken ist und um sie herumfließt. Die Harnsäure ist als Abbauprodukt von sogenannten Purinen entstanden, die zu den Substanzen gehören, aus denen das Erbmaterial (DNA) aufgebaut wird. Normalerweise wird die Harnsäure mit dem Urin ausgeschieden.

Bei denjenigen aber, die unter Gicht leiden, sammeln sich nicht nur die Kristalle aus Harnsäure in den Gelenken an, ihre Anwesenheit sorgt zusätzlich dafür, daß ein »Faktor« – ein Protein – ausgeschieden wird, der wie eine aufsteigende Duftwolke weiße Blutzellen anlockt, hierherzukommen und sich von den Kristallen zu ernähren. Diese weißen Blutzellen stömen in großer Zahl in die Gelenke und entzünden sie auf diese Weise. Als »Faktor«, der sie anlockt, konnte wieder das Kallikrein identifiziert werden. Derselbe molekulare Faktor bringt die weißen Blutzellen auch in die Nähe einer Wunde, wenn wir uns geschnitten, geschürft oder verbrannt haben.

Das Kallikrein-Enzym spielt natürlich noch eine andere Rolle, nämlich beim Beginn der Schmerzreaktion. Es tut dies, indem es in der durch die Wunde betroffenen Region ein weiteres Protein aktiviert, das die Wissenschaftler Bradykinin nennen.

Die bei dem Attentat auf Präsident Reagan verletzten Schmerznerven feuern ihre ersten Impulse an das Gehirn. Die Signale rasen an den Nervenenden entlang zum Rückenmark. Zur selben Zeit spalten Millionen von Kallikrein-Enzymen Proteinreste von den nahe gelegenen Bradykinin-Molekülen ab.

Nachdem sie von diesen Ketten befreit worden sind, strömen die Bradykinin-Moleküle zu den nackten Nervenenden in der Nachbarschaft, binden hier an und erregen die Nervenzellen weiter in dem Bemühen, das Gehirn über das Ausmaß der Zerstörung zu informieren.

Bereits etwa 50 Millisekunden sind bislang vergangen, seit die Kugel in seinen Körper eingedrungen ist, aber noch weiß der Präsident gar nicht, daß ihn ein Schuß getroffen hat, denn noch hat sich der Schmerz nicht bemerkbar gemacht.

Vor mehr als fünfzig Jahren kannte noch niemand die Rolle, die Bradykinin in der Schmerzauslösung spielte. Bei der Suche nach chemischen Komponenten im Blut gelang es deutschen Wissenschaftlern, das Molekül in den dreißiger Jahren zu isolieren. Aber sie entdeckten nicht, worin seine Aufgabe bestand. Ihre Arbeiten wurden dann durch den Zweiten Weltkrieg in eine andere Richtung gelenkt.

Im Jahre 1949 wurde Bradykinin erneut entdeckt. Diesmal in Brasilien, und die beiden beteiligten Wissenschaftler kamen durch reinen Zufall zu ihrem Ergebnis:

In ihrem Laboratorium an der Universität von São Paulo untersuchten der Pharmakologe Mauricio Rocha e Silva und sein Doktorand Wilson Beraldo das Gift einer brasilianischen Schlange mit Namen »Bothrops jararaca«. Sie wollten herausfinden, warum das Gift so schmerzhaft und so tödlich wirkte. Sie vermuteten, daß dies durch Histamin hervorgerufen werden könnte, ein Molekül, das häufig bei Giftschlangen gefunden wird.

Um zu prüfen, ob Histamin in der Giftprobe vorhanden war, benutzte Rocha e Silva eine Standardmethode. Er spritzte das Gift der »Bothrops jararaca« einem betäubten Hund ein, entnahm ihm anschließend eine Blutprobe, träufelte ein paar Tropfen auf einen frisch präparierten Streifen aus Darmmuskeln und wartete darauf, daß dieser sich nun heftig kontrahierte. Dies hätte passieren müssen, wenn Histamin vorhanden gewesen wäre. Aber der Muskel rührte sich nicht.

Der Versuch wurde mehrfach wiederholt, aber die Reaktion blieb immer aus, und Rocha e Silva ging enttäuscht nach Hause. Sein Student, den die Untersuchungstechnik neugierig gemacht hatte, versuchte es später noch einmal, und er ließ sich mehr Zeit. Er beobachtete, daß sich der präparierte Muskel nicht heftig (wie mit Histamin), sondern langsam zusammenzog. Er informierte seinen Mentor am nächsten Tag über seinen Versuch, und die beiden benannten die dafür verantwortliche, unbekannte Chemikalie mit einer Kombination aus den beiden griechischen Wörtern »bradys« und »kinein«, was wörtlich »langsam bewegen« heißt. Wie sich später herausstellte, enthielt das Gift der Jararaca-Schlange überhaupt kein Bradykinin, aber die beiden Forscher konnten nachweisen, daß die Wirkung des Giftes darin bestand, dafür zu sorgen, daß der vergiftete Körper Bradykinin ins Blut abgeben wird.

Seit seiner Entdeckung ist das Bradykinin immer wieder an den Stellen des Körpers beobachtet worden, an denen sich Schmerz einstellte. Schnittverletzungen, Verbrennungen, Sonnenbrand, Zahnweh, Kopfschmerzen, Halsweh, Allergien – sie alle haben mit einer raschen Aktivierung durch Bradykinin zu tun, wobei dieses Molekül nicht nur den Schmerz auslöst, sondern zugleich auch den Heilvorgang einleitet.

Noch aber ist Bradykinin vor allem für seine Rolle in der Auslösung des Schmerzes bekannt, und Bradykinin ist äußerst schmerzhaft. Wenn auch nur ein paar Millionstel Gramm unter die Haut gespritzt werden (das entspricht dem Bruchstück eines Kristalls), geht der Betroffene durch die Decke. Bradykinin ist dermaßen potent, daß der Körper mit Enzymen im Blut und in Geweben dafür sorgt, daß das Molekül schnellstens wieder inaktiviert wird, kaum daß es geformt worden ist. Seine Wirkung tritt so schnell ein, daß allein der Vorgang, eine Injektionsnadel unter die Haut zu führen, die Enzyme aktiviert, die Bradykinin bilden. Bradykinin löst Schmerz dirket aus, indem es die entsprechenden Nerven veranlaßt, Signale abzufeuern. Sie helfen, das Gehirn darüber zu informieren, daß eine Verletzung eingetreten ist.

Die ersten zehn Sekunden

Das Bradykinin, das im Körper von Präsident Reagan noch aktiv ist, setzt sich an den Wänden der kleinen Blutgefäße in der verletzten Region fest. Die Zellen, aus denen die Wände bestehen, werden bald auseinandertreten und klaffende Löcher zurücklassen. In etwa einer Stunde werden sich hungrige weiße Blutzellen aus dem Blutkreislauf durch diese Risse zwängen und auf das beschädigte Gewebe zueilen und das Kallikrein an diese Stelle locken. Sie werden sich von den Bakterien und den toten Teilen der anderen Zellen ernähren. Die Flüssigkeit und die vergrößerten Blutgefäße in dieser Zone werden dafür sorgen, daß die Haut anschwillt und sich rötet.

Erst jetzt spürt der Präsident den Schmerz in seiner Brust, obwohl er durch die Aufregung noch gar nicht wahrgenommen hat, daß er getroffen worden ist.

Die alten Ägypter wußten vor mehr als 4000 Jahren ebensowenig über die Rolle von Bradykinin in Entzündungen wie die alten Griechen. Ihre Gelehrten wußten aber schon etwas über die Reaktionen eines Körpers auf Verletzungen. Und Hippokrates erkannte um 400 v. Chr., daß einer Heilung und einer Wiederherstellung eine Entzündung vorausgehen muß.

Entzündungen wurden zuerst um 30 v. Chr. im Detail durch Aulus Cornelius beschrieben, einem römischen Wissenschaftsjournalisten – er war vielleicht der erste –, der die Kenntnisse der Griechen in Lektüre für das römische Publikum umwandelte. In einem seiner medizinischen Texte beschrieb er die klassischen Zeichen, die eine Entzündung begleiten: »rubor« (Rötung), »dolor« (Schmerz), »calor« (Wärme) und »tumor« (Schwellung).

Einhundert Jahre später sah der griechische Arzt Galen, der als Chirurg in römischen Arenen Dienst tat, genügend Verletzungen und Tötungen, um ein weiteres Charakteristikum von Entzündungen hinzuzufügen – die »functio laesa«, die veränderte Funktion.

Doch obwohl die alten Griechen und Römer die Zeichen einer Entzündung mit Verletzung und Infektion in Verbindung brachten, betrachteten sie den Prozeß einfach als Teil einer schmerzvollen Krankheit. Es dauerte noch bis zum Aufkommen des Mikroskops, und es bedurfte im späteren neunzehnten Jahrhundert noch vieler Studien am lebenden Gewebe, bevor die Wissenschaftler anfingen zu verstehen, daß die Entzündung die erste Stufe in der Abwehrreaktion des Körpers auf Verletzungen ist.

Rubor, calor, dolor und tumor – die Reaktion eines Körpers auf Verletzungen ist universell. Ob sie durch Eiseskälte, durch glühende Hitze, durch schädliche Röntgenstrahlen oder durch eine bakterielle Invasion zustande kommt – immer laufen dieselben Ereignisse ab, unabhängig auch davon, ob die Verletzung an der Oberfläche oder im Inneren des Körpers vorliegt.

Um zu demonstrieren, wie schnell und allgegenwärtig die Reaktion auf Entzündungen eintritt, ziehe man mit dem Fingernagel eine Spur entlang dem Unterarm und beobachte, was passiert. Zuerst erscheint eine weiße Linie. Dies kommt durch die Blutgefäße in der Gegend zustande, die sich zusammenziehen, weil sie damit rechnen, daß Blut verlorengeht.

Nach etwa 7 bis 10 Sekunden taucht ein roter Streifen auf (rubor), und zwar als Ergebnis einer Erweiterung derselben Blutgefäße, die damit mehr warmes Blut (calor) bereitstellen. Dabei spürt man einen leichten Schmerz (dolor). Sekunden später erkennt man eine leichte Erhöhung (tumor) entlang dem roten Striemen, und zwar dort, wo die Blutgefäße etwas Flüssigkeit in das umliegende Gewebe abgegeben haben.

In den vierziger Jahren unseres Jahrhunderts glaubte der englische Arzt Thomas Lewis, daß Rötung und Schwellung, die bei Entzündungen auftreten, durch eine Substanz aus dem Blut veranlaßt würden, die er »H-Substanz« nannte. Lewis bewies seine Ansicht mit einem einfachen Experiment: Er streckte seinen Arm zur Decke und wartete, bis das Blut daraus entwich. Kurz bevor er merkte, daß sein Arm durch den Blutverlust gefühllos wurde, band er den Oberarm mit einem Preßverband ab und senkte den Arm wieder. Dann kratzte er den blutleeren Unterarm mit dem Fingernagel.

Nichts passierte. Keine Rötung, keine Schwellung. Als er aber den Verband entfernte und das Blut wieder in den Unterarm fließen konnte, tauchte die rote Schwellung genau dort auf, wo er sich mit dem Fingernagel gekratzt hatte.

Lewis zog daraus den Schluß, daß, als er sich kratzte, eine inflammatorische »H-Substanz« ausgeschüttet worden war, daß aber das Blut benötigt wird, um ihre Wirkung auch tatsächlich zu zeigen. Da der rote Wall unmittelbar nach Entfernen des Verbandes auftauchte, spekulierte Lewis, daß die H-Substanz die Blutgefäße präpariert hatte, in denen das einströmende Blut dann dessen Wirkung sichtbar werden ließ. Später hat sich herausgestellt, daß die H-Substanz von Lewis viel Bradykinin enthält, aber ihr größter Anteil kommt durch ein Molekül mit Namen Histamin zustande, das als chemischer Vermittler von allergischen Reaktionen bekannt ist.

Die geheimnisvolle H-Substanz Histamin wäre wohl kaum ganz verstanden und im Körper lokalisiert worden, wenn es nicht einige zentrale Entdeckungen des britischen Physiologen Henry Dale und des deutschen Bakteriologen Paul Ehrlich gegeben hätte. Im Jahre 1877 betrachtete Ehrlich unter seinem Mikroskop einige Hautstückchen, dabei fiel ihm eine seltsam aussehende Zelle auf. Sie schien mit großen und dichten Körnern vollgestopft zu sein. Als Ehrlich sie mit Färbemitteln behandelte, nahmen sie brillante Farben an. Er vermutete nun (unrichtigerweise), daß diese Zellen die Körner in einem »Freßanfall« geschluckt hätten, weshalb er ihnen den Namen »Mastzellen« gab. Der Name ist hängengeblieben, obwohl heute klar ist, daß die dichten Zellkörper nicht gefressen, sondern von den Zellen produziert werden. Diese Körner in den Mastzellen – mehr als tausend können sich in einer Zelle befinden – sind voll von dem Histamin.

Als Ehrlich seine Entdeckung der Mastzellen machte, war Henry Dale zwei Jahre alt. Später würde er den Nobelpreis für Chemie gewinnen, und zwar für seine Arbeiten über die chemische Weiterleitung von Nervenimpulsen. Zunächst arbeitete er nach seinem Studium als Pharmakologe in den Forschungslaboratorien der Firma Wellcome in England. Dort befaßte sich der junge Wissenschaftler mit der chemischen Zusammensetzung und Wirkung von natürlichen Produkten des Pilzes Claviceps purpurea, der wild auf Reiskörnern wächst.

Im Jahre 1910 isolierte Dale eine Substanz aus diesem Pilz, die bei Versuchstieren im Labor zu einer starken allergischen Reaktion führte. Wenn er auch nur eine winzige Menge dieses Stoffes injizierte, starben die Tiere beinahe an Atemnot. Die Substanz löste größte Aktivität in den Muskeln aus, die entlang den Luftwegen liegen. Das Molekül, das Dale identifiziert hatte, war das Histamin. Jahre später entdeckten andere Wissenschaftler dasselbe Molekül auch in den Mastzellen und in mehreren anderen Zellarten des Körpers.

Das Histamin ist also, wie bereits Dale feststellte, eine wirkungsvolle Substanz. Sie löst nicht nur eine heftige Kontraktion der glatten Muskeln des Darms und der Muskeln in der Luftröhre aus, sie sorgt auch dafür, daß sich Blutgefäße weiten und ihre Zellen trennen. Blut gelangt ins Gewebe. Gefäße schwellen an. Wenn das passiert, werden unsere Augen rot, und die Nase ist verstopft. Das oftmals einzige Mittel gegen diese allergische Reaktion besteht darin, ein sogenanntes Antihistamin zu nehmen, um die Wirkungen des Histamins zu blockieren und seine Symptome in den Griff zu bekommen.

Nur Augenblicke nach seiner Freisetzung an der Wunde des Präsidenten diffundiert das Bradykinin zu den umliegenden Mastzellen und bindet an sie an. Diese bereits vorhandenen Mastzellen reagieren sofort, indem sie große Mengen an Histamin abwerfen. Bald tauchen noch weitere Mastzellen auf, die ebenfalls Histamin in der Nähe der Verletzung freilassen.

Die Moleküle Bradykinin und Histamin binden an die umliegenden Blutgefäße an, die den Platz zwischen sich erweitern und es so noch mehr Molekülen Bradykinin und Histamin erlauben, in die betroffene Region zu fließen.

Wenn bei einer Verletzung – gleich welcher Art – Bradykinin freigesetzt wird, löst dieses Molekül nicht nur die Schmerzreaktion aus, es veranlaßt zudem die Mastzellen, ihr Histamin auszuschütten. Diese Reaktion kommt nahezu unverzüglich zustande. Die kleinen Blutgefäße in der Nähe der Verletzung werden so undicht, daß die Region in Flüssigkeit gebadet und mit antiinfektiösen Blutzellen überschwemmt wird. Das sie umgebende Gewebe schwillt an. Damit bereiten Histamin und Bradykinin die »Bühne« für die erste Phase der Heilung und Schließung der Wunde vor.

Auf dem »Schlachtfeld« der Verletzung sind Histamin und Bradykinin nicht die einzigen Krieger. Es gibt noch sehr viele andere. Zwei von ihnen spielen dabei eine Hauptrolle in der Entzündungsreaktion, und sie wurden beide von einem Forscher entdeckt.

- Die Lebensdauer einer Geschmackszelle liegt bei etwas mehr als zehn Tagen.

- Die meisten Leberzellen haben eine Lebenszeit von fünf Monaten.

- Eine einzelne Krebszelle teilt sich im Schnitt nur einmal alle hundert Tage. Bei dieser Rate – und bei exponentiellem Wachstum: Eine Zelle macht zwei, zwei machen vier, vier machen acht und so weiter – dauert es acht Jahre, um einen erbsengroßen Haufen zu produzieren. Zwei Jahre später wird der Tumor die Größe einer Ananas haben und mehr als ein Pfund wiegen.

- Ein Makrophage, eine große Körperzelle, die Bakterien fressen kann, schnappt sich eines dieser Tierchen in weniger als einem Hundertstel einer Sekunde.

- Adrenalin, das Streß-Hormon, bleibt im Blut zehn bis dreißig Sekunden lang völlig aktiv; danach folgen noch einige Minuten mit verminderter Aktivität.

- Die Lebensspanne eines Blutplättchens beträgt nur zehn Tage.

Im Jahre 1931 isolierte der schwedische Physiologe Ulf Swante von Euler-Chelpin ein kleines Protein aus dem Gehirn seiner Versuchstiere, von dem er annahm, es würde von Nervenzellen ausgeschieden. Er nannte seinen Extrakt »Substanz P«, und zwar einfach, weil es eine aktive Präparation war. Vier Jahre später fand Euler im tierischen Samen eine andere Gruppe von Chemikalien, von der er (irrtümlicherweise) annahm, daß sie aus der Prostata stammte. Daher gab er diesen Molekülen den Namen »Prostaglandine«, der bis auf den heutigen Tag verwendet wird.

Die Substanz P und die Prostaglandine spielen ebenfalls in den ersten Sekunden nach einer Verletzung eine Rolle. Wenn das Bradykinin eine Nervenzelle veranlaßt zu feuern, läuft das entsprechende Schmerzsignal zum Rückenmark. Hier wird die Substanz P wie ein Neurotransmitter freigesetzt, der Signale auf chemischem Weg zwischen Nervenzellen überträgt. Andere Nerven im Rückenmark senden nun das Schmerzsignal auf den verbleibenden Weg ins Gehirn. Die Substanz P kann auch an den Nervenenden in der Umgebung der Wunde freigesetzt werden. Hier sorgt sie dafür, daß die Mastzellen noch mehr Histamin an Ort und Stelle auf die Reise schicken.

Wenn Bradykinin-Moleküle damit beschäftigt sind, Nerven zu erregen, lösen sie auch die Freisetzung von Prostaglandinen aus, die ihr Heim in den Membranen der umliegenden Blutgefäße verlassen. Die Prostaglandine sorgen daraufhin dafür, daß das Gewebe anschwillt. Das Gebiet bleibt rot und weich, bis die Infektion unterbunden ist und die Heilung einsetzt.

Die ersten fünfzehn Sekunden

Auf dem Rücksitz seiner Limousine fühlt Reagan den Schmerz. Er blutet. Die linke Seite seines weißen Hemdes ist mit Blut getränkt.

Wenn die Haut durchstochen wird, kommt Blut. Wenn dabei ein größeres Blutgefäß getroffen worden ist, fließt das Blut reichlich. Um das Leben zu retten, muß die Blutung gestoppt werden. Die normale Funktion des Herzens und des übrigen Kreislaufs hängt davon ab; denn durch die Blutung verringert sich die Flüssigkeitsmenge im Kreislaufsystem, und der Blutdruck sinkt ab. Wird der Blutverlust innerhalb einer kurzen Zeit zu groß, kommt es zum Schock. Der Verwundete fühlt sich zuerst geschwächt und verliert dann in etwa 30 Sekunden das Bewußtsein. Die Nieren, deren Funktion von einem normalen Blutdruck abhängt, würden als nächste aufhören zu arbeiten. Es ist also lebensnotwendig, das Bluten so früh wie möglich zu unterbinden.

Der Prozeß, durch den sich der Körper gegen den Blutverlust wehrt, heißt Homöostase. Sobald ein Gefäß verletzt oder gerissen ist, beginnt eine Reihe von Vorgängen abzulaufen, die darauf abzielen, die verletzte Stelle abzudichten und den Blutstrom aus dem Gefäß heraus zu stoppen.

Innerhalb von zwei Sekunden nach der Verletzung des Blutgefäßes zieht sich seine Wand in einem Reflex krampfartig zusammen. Es sind vor allem die Arterien, die sich zur Bremsung des Ausflusses automatisch schließen können, da sie mit einer dicken muskulären Wand umgeben sind. Je größer die Verletzung des Gefäßes ist, desto größer der Krampf, der bis zu dreißig Minuten dauern kann. In dieser Zeit gewinnt allmählich der nachfolgende Vorgang der Homöostase die Oberhand.

Während dieser Zeit tauchen spezialisierte Zellfragmente, sogenannte Plättchen, auf der Bühne auf. Plättchen stellen die kleinsten zellulären Gebilde des Blutes dar. Die roten Blutzellen transportieren Sauerstoff, die weißen Blutzellen verteidigen den Körper gegen Bakterien und Viren, und die Plättchen übernehmen die zentrale Rolle in der Homöostase. Sie klumpen zusammen und bilden einen Stopfen, der vorübergehend jedes Loch in einem Blutgefäß versiegelt.

Jeder Tropfen Blut enthält ungefähr eine Viertelmillion Plättchen. Da der durchschnittliche menschliche Körper zwischen vier und fünf Liter Blut beherbergt, heißt dies, daß zu jeder Zeit etwa eine Billiarde Plättchen im Blut vorhanden sind.

Plättchen sind aber keine Zellen. Es sind Fragmente von Zellen, die als Megakaryozyten bezeichnet und im Knochenmark gefunden werden. Wenn eine von diesen Megakaryozyten heranreift, bricht ihr Zellplasma – das Material außerhalb des Zellkerns – auseinander und bildet viele tausend Plättchen, die aussehen wie verbrauchte Frisbees und deren Durchmesser nur etwa ein Drittel so groß ist wie der von roten Blutzellen.

Plättchen haben weder einen Kern noch Erbmaterial. Dies macht es ihnen nahezu unmöglich, Proteine anzufertigen, um ihre Integrität zu bewahren. Wenn sie aus dem Knochenmark herausgeworfen werden, leben sie nur noch zehn Tage, wobei es durchaus sein kann, daß sie schon vorher bei ihrer »Pflichterfüllung« konsumiert werden. Obwohl sie zwar keinen Kern enthalten, findet man doch eine Reihe von Säckchen oder Körnchen voller wichtiger chemischer Stoffe, die bereit sind, ihren Job zu tun. Einige der Körnchen enthalten ein Molekül mit Namen Adenosin-Diphosphat, kurz ADP genannt. Andere tragen verschiedene Protein-Faktoren, die eine Rolle in der Gerinnung spielen.

Im Normalfall fließen die Plättchen so wie Abfallstückchen an den Gefäßen der Blutgefäße entlang. Gelegentlich reiben sie sich auf ihrer Reise durch den Körper am glatten Saum der Gefäße, ohne daß sie dabei aktiviert werden. Erst wenn ein Gefäß geschnitten wird und Blut fließt, wachen die Plättchen auf.

Der Reiz, der die Zellfragmente dabei aktiviert, liegt innerhalb der Matrix der Blutgefäße. Dieses Material mit Namen Kollagen ist dieselbe Substanz, die auch die weichen Teile von Nasen und Ohren ausmachen. Und auf diesen Stoff treffen die Plättchen zuerst, wenn ein Gefäß verletzt wird.

Wenn sie aktiviert sind, lagern sich die Plättchen rasch an das freiliegende Kollagen an, und anschließend halten sie andere Plättchen fest, die vorbeikommen. Innerhalb von 10 bis 15 Sekunden bei einer leichten Verletzung und in einer oder zwei Minuten bei einer schweren Verletzung baut sich aus den Plättchen ein Stopfen auf.

Die Wand des offenen Blutgefäßes enthält zusätzlich ein Enzym mit Namen Gewebefaktor, der die Gerinnung des Blutes einleitet. Innerhalb der Blutflüssigkeit gibt es eine Reihe anderer Protein-Faktoren oder Enzyme. Wenn sie mit dem Gewebefaktor zusammentreffen, werden sie aktiviert, und zwar in einem hochgradig geordneten System. Sobald der Gewebefaktor einen dieser chemischen Faktoren aktiviert hat, macht sich das erregte Protein seinerseits daran, einen nächsten Faktor zu aktivieren. Dies setzt sich so fort wie fallende Dominosteine, bis das letzte Enzym, das im Plasma aktiviert worden ist, ein Enzym mit Namen Prothrombin in seine aktive Form Thrombin bringt. Das Thrombin seinerseits wandelt das Plasmaprotein Fibrinogen in Stränge aus Fibrin um, die dann eine Art Netz bilden, in dem Plättchen und rote Blutkörperchen eingefangen werden. Auch das Thrombin sorgt dafür, daß die Plättchen klebrig werden und am Schnitt hängenbleiben. Während sich all dies abspielt, setzen die Plättchen selbst das ADP frei, was dafür sorgt, daß weitere von diesen Zellfragmenten noch klebriger werden und zusätzlich mehr ADP freigesetzt wird, was immer mehr Plättchen in diese Balgerei mit hineinzieht.

Bei der Homöostase arbeiten die Ausscheidung der Plättchen und ihre Aggregation Hand in Hand. Wenn sich individuelle Plättchen an das Kollagen der zerstörten Wand des Blutgefäßes hängen, lassen sie ihren Vorrat an ADP frei. Das ADP stimuliert viele weitere dieser Gerinnungsfaktoren, in den Klumpen zu kommen, der sich an der verletzten Stelle bildet. Vorbeiziehende Plättchen heften sich an die schon am Kollagen klebenden an. Zusätzlich geben die Plättchen die Chemikalie Serotonin ab, die die Blutgefäße veranlaßt, sich zu verengen, was hilft, den Blutfluß einzudämmen. Bei der Homöostase greifen also eine Menge von Substanzen in der Gefäßwand, im Blutplasma und in den Plättchen selbst ein. Alle zusammen sorgen dafür, daß ein fester Stopfen gebildet wird, der das Bluten abstellt.

Normalerweise sind all die erwähnten Substanzen im Körper vorhanden, und die Gerinnung nimmt ihren Lauf. Bei einigen Menschen steckt in der Kaskade aber ein Fehler. Im Körper fehlt ein erforderlicher Faktor, oder einige der Faktoren sind beschädigt. Wer davon betroffen ist, riskiert, daß er verblutet, wenn er nicht all den normalen kleinen Gefahren des Lebens ausweicht. Die Erbkrankheit »Hämophilie« ist das berühmteste Beispiel solch einer »Bluterkrankheit«.

Der Defekt in der Hämophilie liegt im Gerinnungsweg. Ein Protein mit dem Namen »Antihämophilitischer Faktor« fehlt ganz oder liegt kaum funktionsfähig vor. Dieser Antihämophilitische Faktor ist wesentlich für den Hauptweg, auf dem das Prothrombin zum Thrombin umgeformt wird. Ohne ihn geht die Gerinnung gar nicht oder nur sehr langsam voran – sie kann dann Tage dauern.

Diese seltsame Störung wird von der Mutter auf die Söhne durch ein an das X-Chromosom gebundenes rezessives Gen übertragen. Frauen zeigen die Symptome so gut wie nie; nur Männer werden betroffen, aber nicht notwendigerweise alle Mitglieder einer Familie.

Die Hämophilie ist eine uralte Krankheit, die unseren Vorfahren schon gut bekannt war. In der Tat gaben die ägyptischen Pharaonen einen Erlaß heraus, der Frauen, deren erster Sohn nach einer kleinen Verwundung verblutet war, verbot, weiter Kinder zu bekommen. Der Talmud untersagte es Familien, eine Beschneidung durchzuführen, wenn zwei Söhne zuvor durch die Prozedur zu Tode geblutet waren.

Die berühmteste Trägerin dieser Krankheit war die englische Königin Viktoria. Sie übertrug sie unwissentlich auf die königlichen Familien von Preußen, Spanien und Rußland. Der jüngste ihrer vier Söhne, Prinz Leopold, der Herzog von Albany, war ein Bluter. Und zwei ihrer fünf Töchter, Alice und Beatrice, waren Trägerinnen der Hämophilie. Alice übertrug diese Krankheit auf ihre Tochter Alexandra, die später Nikolaus, den letzten Zaren Rußlands, heiratete.

Alexandra war zwölf, als ihr Onkel Leopold hinfiel, einen kleinen Stoß gegen den Kopf erhielt und im Alter von 31 Jahren an einer Blutung im Gehirn starb. Dies hätte ihr als Warnung dienen sollen, keine eigenen Kinder zu bekommen, da sie wahrscheinlich eine Trägerin der Krankheit war. Doch Alexandra hat den Vorfall nicht so verstanden. Dies lag zum Teil daran, daß sie das Muster der Erblichkeit dieser Krankheit nicht verstand; es lag zum Teil aber auch daran, daß Blutungen ebenso wie Lungenentzündungen und Pocken schlicht und einfach als eines der Risiken betrachtet wurden, denen eine königliche Familie ausgesetzt war. Und so brachte Alexandra als Zarin Kinder zur Welt.

Ihr Mann, Zar Nikolaus II., schrieb am 12. August 1904 in sein Tagebuch: »Ein großer und unvergeßlicher Tag, an dem uns Gottes Gnade so deutlich heimgesucht hat. Alexandra hat heute um 1 Uhr einen Sohn geboren. Das Kind haben wir Alexis getauft.«

Doch sechs Wochen später wechselte die Stimmung des Zaren von Glück in Verzweiflung. »Eine Blutung begann heute morgen ohne den geringsten Grund vom Nabel unseres Alexis«, schrieb der Zar in sein Tagebuch. »Sie dauerte mit ein paar Unterbrechungen bis zum Abend.« In den folgenden Wochen fing der junge Alexis an, in seiner Krippe herumzukrabbeln und zu spielen. Wenn er fiel, traten Beulen und Quetschungen an seinen Armen und Beinen auf. Und ein paar Stunden später waren die Quetschungen zu umfassenden, dunkelblauen Schwellungen angewachsen. Als sie dies sahen, mußten der Zar und seine Frau das Schlimmste befürchten. Ihr Sohn, der russische Thronfolger, litt unter Hämophilie.

Alexis starb am 4. Juli 1918 im Alter von vierzehn Jahren – aber nicht an seiner Blutkrankheit. Als Opfer der russischen Revolution wurde Alexis gemeinsam mit seinen Eltern und seinen vier Schwestern sowie deren Dienern erschossen. Sein Körper wurde zusammen mit anderen Leichen verbrannt und anschließend in einen Minenschacht geworfen. Im Laufe seines kurzen Lebens hatte der arme Alexis unter dem Mangel eines einzigen Gerinnungsfaktors gelitten. Sein Körper hatte Blutungen nicht aufhalten können.

Umgekehrt kann es auch schlecht sein, wenn die Gerinnung allzu häufig auftritt. Der Gerinnungsvorgang muß schnell in dem Augenblick eintreten, in dem die Verletzung erfolgt. Es gibt eine scharfe Linie zwischen einem Blutsturz, dem unkontrollierten Bluten, und der Thrombose, der unkontrollierten Gerinnung.

Wenn ein Gerinnsel spontan auftritt, besteht die Gefahr, daß der Kreislauf von innen heraus unterbrochen wird. Da die Plättchen aneinander und an der Zellwand kleben können und da sie außerdem die Gerinnung vorantreiben, können sie Gerinnsel bilden und den Blutfluß behindern. Gerinnsel entstehen häufig in Venen, vor allem bei älteren, bettlägerigen Leuten, die operiert worden sind. Solche Verstopfungen sind gefährlich, da sie die Tendenz haben, sich loszureißen und zu Embolien zu werden, die der Blutstrom in das Herz trägt. Wenn sie sich in den kleinen Arterien niederlassen, die das Herz ernähren, schneiden sie hier den Blutfluß ab und verursachen einen Herzinfarkt, bei dem ein Teil des Herzmuskels abstirbt. Wenn sie sich im Gehirn niederlassen, reduzieren sie die Blutzufuhr für dieses Organ und können einen Schlaganfall auslösen.

Doch bei den meisten von uns bilden sich die Gerinnsel, wenn wir sie brauchen, und nicht, wenn wir sie nicht brauchen. Der Grund dafür steckt in dem komplexen System der Faktoren selbst. Es ist wie bei Soldaten, die damit beschäftigt sind, eine Rakete abzufeuern. Keiner von ihnen kann das System allein in Gang setzen, er braucht dazu die Hilfe der anderen. Das gilt auch für die

Gerinnungsfaktoren, bei denen zusätzlich noch die kurze Lebensdauer ins Spiel kommt, da diese Faktoren durch den Blutfluß verdünnt und von der Leber daraus entfernt werden, um hier von Enzymen abgebaut und durch spezielle Inhibitoren gehemmt zu werden. Das komplexe Gesamtsystem sorgt dafür, daß sich ein Gerinnsel nur dann und an der Stelle bildet, an der es nötig ist.

Der wichtigste Inhibitor der Gerinnung heißt Antithrombin III. Er bindet eine Reihe von Gerinnungsfaktoren an sich und inaktiviert sie. Die Wirkung von Antithrombin III wird durch ein Molekül namens Heparin verstärkt, das in den Mastzellen in der Nähe der Wände der Blutgefäße gefunden wird. Heparin agiert als gerinnungshemmendes Mittel, da es die Bildung einer Verbindung zwischen dem Thrombin und seinem Gegenspieler Antithrombin III verstärkt.

Die Verwendung von Gerinnseln zur Unterbindung von kleinen Ritzen in Blutgefäßen funktioniert in den meisten Fällen gut. Doch leider kann der Körper größere Blutstürze nicht bewältigen. Der Blutverlust geht so schnell vor sich, daß das Gerinnsel weggeschoben wird, wenn es sich formt. Anstatt sich nur auf den Gerinnungsmechanismus zu verlassen, paßt sich der Körper dem Blutverlust an, indem er das an anderen Stellen vorhandene Blut zu den wichtigsten Stellen umleitet. Wenn also der Blutdruck im Körper zu sinken beginnt, wird das Blut weg von Darm und Haut hin zu Herz, Leber und Lunge geleitet. Dies ist auch der Grund dafür, daß Patienten mit einem Blutsturz so weiß im Gesicht sind und sich kalt anfühlen.

Die ersten sechzig Sekunden

Die Limousine fährt in Richtung Weißes Haus, doch Reagan, der die Schmerzen in seiner Brust spürt und das Blut auf seinem Hemd bemerkt, lenkt den Fahrer in Richtung Krankenhaus um.

Er fühlt sich leicht benommen und ein wenig verwirrt. Er spürt sein Herz. Es schlägt schnell.

In der zweiten Hälfte des 19. Jahrhunderts entwickelte der französische Physiologe Claude Bernard das Konzept, daß jede Lebensform ihre eigenen inneren Prozesse reguliert. Vielleicht wurde der amerikanische Physiologe Walter Shannon auf diese Philosophie aufmerksam, als er sich an der Wende zum 20. Jahrhundert für die Wirkungen des Nervensystems auf innere Absonderungen interessierte. Shannon richtete seine Aufmerksamkeit auf eine Reaktion, die er »Notreaktion« nannte.

Wenn Tiere mit einer bedrohlichen oder gefährlichen Situation konfrontiert werden, haben sie nur eine Wahlmöglichkeit. Entweder fangen sie, wenn der Gegner schwächer oder gleich stark ist, einen Kampf an, oder sie versuchen zu fliehen, wenn der Gegner stärker ist. Wie dem auch sei, diese Notreaktionen werden durch physiologische Änderungen im Körper verstärkt. Eine physikalische Verletzung oder eine mentale Erregung löst die Ausscheidung eines Hormons aus den adrenergen Drüsen und der Hypophyse aus und bereitet den Körper auf seine Aktion vor.

Das Nervensystem wird dabei ebenfalls aktiviert. Schon 50 Millisekunden nach der Verletzung laufen Nervensignale aus dem Gehirn das Rückenmark entlang, um die Drüsen, Organe und Muskeln des Körpers zu aktivieren. Sie tun dies, indem sie den chemischen Neurotransmitter »Norepinephrine« freilassen.

Als Neurotransmitter, der an der Notreaktion beteiligt ist, übernimmt Norepinephrine eine Vielzahl von Ak-

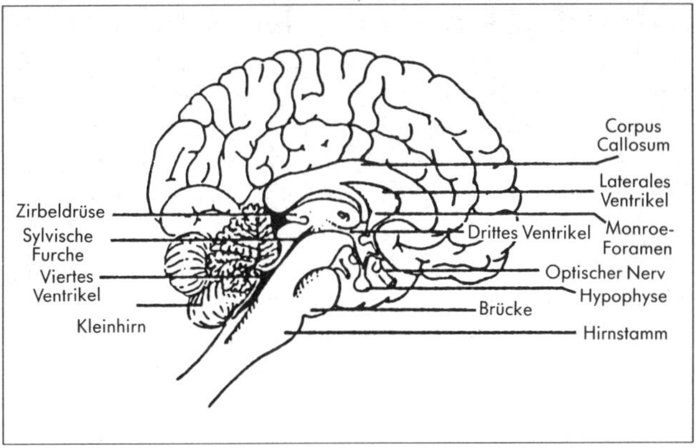

Das Gehirn

tionen, die alle dem Körper helfen, in anstrengenden Situationen zu überleben. Indem der Neurotransmitter sich mit chemischen Rezeptoren des Herzens verbindet, erhöht Norepinephrine die Höhe und Stärke der Kontraktionen des Herzens. Der Stoff sorgt auch dafür, daß sich die Blutgefäße verengen, und dadurch erhöht sich der Blutdruck. Nach der Aktivierung durch Norepinephrine beginnt die Leber ihren Vorrat an Zucker und Fett abzubauen, um diese Moleküle in den Blutstrom zu leiten, damit hier der Stoffwechsel angefeuert wird. Zugleich wird das Blut zu den Muskeln der Arme und Beine um- und vom Darm weggeleitet. Die Verdauung wird langsamer, aber das Herz schlägt schneller. Die Arme fühlen sich stärker. Dennoch ist die Wirkung des Norepinephrines kurzlebig; seine Effekte dauern weniger als eine Sekunde.

Die Kavallerie in diesem ganzen Treiben ist ein System von Streßhormonen, die von den endokrinen Drüsen des Körpers angefertigt und in Umlauf gesetzt werden. In gewisser Hinsicht agieren die Ausscheidungen des Nervensystems wie eine erste Welle von Stoßtruppen am Anfang eines Krieges, um den Körper zu aktivieren, während die Hormone, die später eintreffen, wie eine Verstärkung wirken. Sie führen die Schlacht weiter, wenn die Nervenausscheidungen schon wieder fort sind.

Die Medulla (Hirnmark), die endokrine Drüse, die die Nieren überwacht, scheidet sowohl Adrenalin als auch Norepinephrine aus. Diese beiden Chemikalien fließen langsam in den Blutstrom. Hier benötigen sie 20 bis 30 Sekunden, um das Herz, die Muskeln, die Leber und das Gehirn zu erreichen. Ihre Wirkung auf den Körper dauert Sekunden und manchmal Minuten länger als die Effekte der Substanzen, die das Nervensystem ausgeschieden hat. Die Hormone werden nur langsam aus dem Kreislauf entfernt.

Die Hirnanhangsdrüse (Hypophyse) und ein darüber liegendes Stück Hirngewebe, der Hypothalamus, lassen ebenfalls ihre Sammlung von Hormonen frei. Der Hypothalamus entläßt ein chemisches Hormon mit dem Namen »Vasopressin« ins Blut. Etwa 30 Sekunden später trifft Vasopressin in der Niere ein. Seine Rolle an dieser Stelle besteht darin, die Niere dazu zu bringen, Wasser in den Kreislauf zurückzuführen und nicht Urin auszuscheiden. Bei dieser Wirkung des Vasopressins auf die Niere erhöht sich der Blutdruck. Würde der Körper im Verlaufe irgendeiner Schlacht einmal verwundet, wäre der erhöhte Blutdruck wesentlich für sein Überleben. Selbst bei einem kleinen Blutverlust könnten die Organe des Körpers aufrechterhalten werden.

Zu derselben Zeit läßt die Hypophyse aus ihrem Lager eine Chemikalie frei, die als »Adrenocortikoides-Hormon« bekannt ist und mit ACTH abgekürzt wird. 20 oder 30 Sekunden nach seiner Ausschüttung in den Blutkreislauf trifft dieses Molekül an der Nebennierenrinde ein. Dort reizt es das Nebennierenmark, das nun wiederum seine Hormone ausschüttet, die zu jedem Körperteil reisen und helfen, den erlittenen Schaden zu reparieren.

Das Ganze wäre ein trauriges, ineffektives System, wenn nur der Körper und nicht das Gehirn die günstigen Wirkungen dieser Hormone in Streßzeiten bekommen würde. Das Gehirn muß über die Aktivitäten an anderen Stellen des Körpers informiert sein. Und so kommt es, daß sowohl das Vasopressin als auch das ACTH hier eintreffen und einen Besuch abstatten. Doch ihre Wirkungen im Gehirn sind dramatischer und dauern länger, als man erwarten sollte.

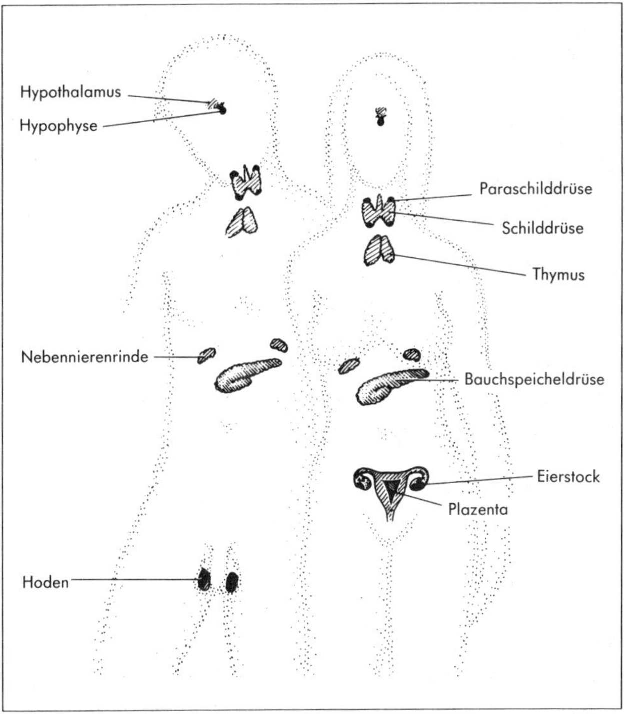

Die Positionen einiger endokriner Drüsen des Körpers, die Hormone freisetzen

In den späten fünfziger Jahren haben David de Wied und sein Kollege Peter Smelik an der Universität von Groningen Ratten untersucht, um zu beweisen, daß die Freisetzung von Vasopressin aus dem Hypothalamus die Freisetzung von ACTH aus der Hypophyse darunter zur Folge hat. Bei ihrem Versuch schnitten sie den Teil des Hypothalamus ab, der das Vasopressin absondert. Danach setzten sie die Ratten verschiedenen kurzen, aber anstrengenden Situationen aus.

Die Resultate überraschten sie. Wenn die Tiere einem physikalischen Trauma ausgesetzt wurden – wie etwa der Injektion von Histamin –, sonderten die Ratten das ACTH in normalen Mengen ab. Wenn sie aber in einen ihnen nicht vertrauten Käfig gesteckt oder von lautem Lärm belästigt wurden – hier handelt es sich um emotional anstrengende Situationen –, dann nahm die Produktion von ACTH dramatisch ab. Auf irgendeine Weise reagierten diese ohne Vasopressin auskommenden Tiere auf emotionalen Streß anders als die normal ausgestatteten Ratten.

Um ihre Beobachtung zu überprüfen, brachte David de Wied seine Tiere in einem speziell entworfenen Käfig unter, der »Shuttle-box« getauft wurde. In diesem Kasten lernen die Ratten, auf die andere Seite zu springen, wenn sie eine Glocke hören, um dadurch einen milden elektrischen Schock zu vermeiden, der durch das Metallgitter am Boden gegeben wird. Wenn die Ratten dies gelernt haben, müssen sie daran denken, selbst dann zu springen, wenn die Elektrizität abgeschaltet ist und die Glocke ertönt.

Als de Wied den Vasopressin ausschüttenden Teil des Hypothalamus aus einigen Tieren entfernte und sie anschließend in der Shuttle-box testete, lernten die Ratten gut, wie der Schock durch die Füße zu vermeiden war, sie konnten diese Information aber nicht behalten. Sie vergaßen schnell wieder, was sie gelernt hatten. Als de Wied Vasopressin in diese Tiere injizierte und erneut testete, verhielten sie sich wie normale Ratten und dachten auch daran zu springen, nachdem die Elektrizität abgestellt war.

David de Wied und andere Wissenschaftler haben inzwischen herausgefunden, daß Vasopressin und ACTH sowohl bei Menschen als auch bei Ratten das Erinnerungsvermögen verstärken. Die Wissenschaftler haben sogar ein synthetisches Molekül (DGLVP), das zwar Vasopressin imitiert, aber nicht die Niere aktiviert, und ein Analogon zu ACTH – bezeichnet als ACTH 4–9 – in Ratten injiziert und dabei entdeckt, daß auch diese Chemikalien das Festhalten einer Erinnerung verbessern.

Abgesehen von ihrem offensichtlichen klinischen Wert – die Substanzen werden inzwischen auch genutzt, um das Gedächtnis von älteren Leuten zu verbessern –, haben die Hormone auch eine große evolutionäre Bedeutung. Durch die Jahrtausende sind ACTH und Vasopressin als Botenstoffe entwickelt worden, nicht nur für den Körper, sondern auch für den Geist. Beide werden sofort bei Streß ausgeschieden, ob er nun mental oder physisch erfolgt. Und wir erinnern uns im allgemeinen noch lange an diese angespannten und peinlichen Situationen, wenn wir gewöhnliche Ereignisse schon längst vergessen haben. Wissenschaftler wie de Wied glauben, daß die »höheren Funktionen« dieser Hormone in der Evolution aufgetaucht sind, um das Gehirn darüber informiert zu halten, daß etwas passiert ist, was wichtig für das Überleben ist. Deshalb erinnern wir uns, und wir lernen.

All diese Prozesse – die Gerinnung des Blutes, die ersten Prozesse einer Entzündung, der Schmerz, die Ausschüttung von Hormonen, die Einrichtung eines Gedächtnisses – passieren in den ersten 60 Sekunden nach einer Verletzung. All diese Vorgänge, die Ergebnisse von Millionen Jahren der Evolution, retteten das Leben des Präsidenten Ronald Reagan an jenem Tag im März 1981. Sie retten auch uns allen das Leben, und zwar jeden Tag.

Die schwarze Limousine rast zum Krankenhaus. Während er blutet, faßt sich Reagan an die linke Seite seiner Brust. Sie schmerzt sehr und ist entzündet. Reagan lehnt sich in seinen Sitz zurück und sieht durch die dunklen Fenster. Vor ihm taucht das Angst einjagende Bild des Mannes mit der gezogenen Pistole auf.

Kapitel 4: Der Körper in Minuten

Halb nackt stand Heinrich Himmler in einem eintönig gefärbten Raum des britischen Untersuchungsamtes in der Nähe von Lüneburg. Der infame Reichsführer der Nazi-SS sah erledigt und müde aus. Indem er eine falsche Identität angenommen hatte, war es ihm gelungen, der Gefangennahme durch die Alliierten tagelang zu entgehen. Doch nun war er verhaftet worden, und er wurde wie ein normaler Gefangener behandelt.

Am 23. Mai 1945 schließlich wollten ihn die Beamten des britischen Geheimdienstes ausführlich befragen, doch das Verhör ist nie zustande gekommen. Himmler erschrak, als ein Arzt ihn bat, den Mund zu öffnen, um sich das Innere ansehen zu können, und dabei einen kleinen schwarzen Knopf entdeckte, der aus einer Zahnlücke hervortrat. Himmler dreht ruckartig seinen Kopf zur Seite und biß auf die kleine Phiole mit Zyanid, die er in seinem Mund aufbewahrte. Er starb fünfzehn Minuten später.

Wären seine Bewacher schneller gewesen und hätten sie seinen Magen leer gepumpt oder Gegenmittel verabreicht, hätten sie Zeit gehabt, Himmler zu retten. Die ersten Symptome einer Vergiftung mit Zyanid – Schwindel, Kopfschmerzen und Herzklopfen – treten erst zehn Minuten nach dem Schlucken des Giftes auf. In der Welt der Medikamente und Giftstoffe stellt die Zeitverzögerung des Zyanids keine Ausnahme dar. Eine Tablette Aspirin braucht zwanzig Minuten, um den Schmerz zu stillen, und eine Kapsel Valium kann erst nach sechzig Minuten die Angst nehmen. Lachgas hingegen kann schon nach einer Minute das Gehirn dumpf wirken lassen.

Usurpatoren und Kriminelle kennen sich seit Jahrhunderten mit den Wirkungszeiten der Drogen aus. Das englische Wort für Attentäter – assassin – stammt aus dem Arabischen und bedeutet »einer, der unter Haschisch steht«. Viele der antiken, mittelalterlichen und auch modernen Vergiftungen wurden vorgenommen, indem man einem Rivalen oder Mitbewerber ein klein wenig Arsen in das Essen oder den Wein tat. Eine einzige verhängnisvolle Dosis dieses Stoffes sorgte gewöhnlich innerhalb von 24 Stunden für den Tod. Die raffinierte und attraktive Livia benutzte ein Gift mit langsamer Wirkung, um ihren Gatten, den römischen Kaiser Augustus, zu töten. Er starb einen ganzen Tag lang. Um den großen griechischen Philosophen Sokrates schnell zu töten, wurde ihm ein Schierlingsbecher angeboten. Er starb nach wenigen Minuten. Später wurde ein Schierlingsbecher auch für Aristoteles bereitgehalten, und man hätte das Gift auch angewendet, wäre der Philosoph nicht aus der Stadt Athen geflohen.

In ihrem Palast in Alexandria befahl die ägyptische Königin Kleopatra ihrem Arzt Olympus, eine Giftküche anzulegen. Dann sah sie zu, wie die Mixturen an ihren Gefangenen ausprobiert wurden. Aus diesen »Experimenten« lernte sie, daß einige Drogen zwar langsam wirkten, aber große Schmerzen bereiteten. Andere wirkten schnell und töteten innerhalb von Minuten. Leider lösten sie auch heftige Magenkrämpfe aus, so daß die Gesichter der Opfer nach dem Tod verzerrt aussahen. Aus dem, was die Toxikologen heute wissen, kann man schließen, daß Kleopatra unter anderem mit Strychnin hantiert hat, einem chemischen Stoff, der in den Samen eines in Indien wachsenden Baumes – Strychnos Nux Vomica – vorkommt. Die ersten Symptome dieses schnell wirkenden Giftes, das einen schrecklichen Tod nach sich zieht, sind heftige Krämpfe. Sie treten etwa zehn Minuten nach der Einnahme auf. Vielleicht hat die Beobachtung des schmerzhaften Todes durch Strychnin Kleopatra dazu gebracht, ihren eigenen Tod durch den Biß einer Natter herbeizuführen. Sie starb schnell und schmerzlos.

Kleopatra hat möglicherweise als erste beobachtet, daß eine Droge, die durch den Mund (oral) eingenommen wird, langsamer wirkt als eine, die injiziert wird. Der relativ langsame Beginn der Wirkung eines oral verabreichten Stoffes hängt zum Teil mit der Tatsache zusammen, daß er erst in den Magen wandern und dann noch durch den Darm laufen muß, ehe er in den Kreislauf gelangt. Dies braucht seine Zeit. Eine Substanz, die unter die Haut gespritzt wird – wie dies Kleopatras Schlange tat –, wirkt deshalb schneller, weil sie das Hindernis der Darmwand umgeht.

Dennoch kommen mehrere oral verabreichte Drogen schneller und leichter durch den Darm als andere. Der Alkohol zum Beispiel vermeidet diese Region völlig. Bei leerem Magen wird er direkt durch dessen Oberfläche absorbiert und innerhalb von einer Minute in den Blutstrom geführt.

Der rasche Durchlauf des Alkohols durch die Magenschicht wird durch seine Diffusionsrate bestimmt. Diese Erscheinung kann auf die folgende Weise demonstriert werden: Ein Tropfen blaue Tinte wird nach einer gewissen Zeit durch ein Glas Wasser diffundieren. Die Flüssigkeit wird in einem hellen Blau erscheinen. Das gefärbte Wasser kommt dadurch zustande, daß die Farbmoleküle von der Stelle ihrer höchsten Konzentration durch Zusammenstöße mit den Wassermolekülen zu den Stellen kommen, an denen ihre Konzentration am geringsten ist. Je konzentrierter ein Färbemittel ist, desto mehr Teilchen werden gegeneinanderstoßen und desto schneller werden die Farbteilchen in die Umgebung ausschwärmen.

Die Geschwindigkeit, mit der Alkohol vom Blutkreislauf absorbiert wird, hängt von seiner Konzentration ab. Je konzentrierter der Alkohol im Magen ist, desto schneller gelangt er in den Blutkreislauf und desto schneller tritt seine Wirkung ein. Ein Bier, das nur rund fünf Prozent Alkohol enthält, wird langsamer vom Blut absorbiert als Whisky, der vierzig Prozent Alkohol enthält. Er taucht viel schneller im Blutkreislauf auf.

Wenn der Alkohol durch eine Membrane getrennt wird, die er selbst durchdringen kann, verteilt er sich immer noch auf dieselbe Weise. Alkohol ist ein kleines Molekül, das sowohl in Wasser als auch in Fett löslich ist und ohne Schwierigkeiten Membranen und Zellen passieren kann.

Weil der Alkohol so leicht durch Membranen diffundieren kann, wird ein Teil von ihm – wenn er sich erst einmal im Blutkreislauf befindet – aus demselben Grund durch die Membranen der Lunge wieder ausgeschieden. Die »Fahne« eines Betrunkenen ist das Ergebnis dieser Ausscheidung von Alkohol durch die Lungen. Der Alkohol hat sich einfach aus einer Region hoher Konzentration (dem Blut) in eine Region niedriger Konzentration (der Luft in der Lunge) begeben.

Doch Alkohol ist nicht typisch. Er löst sich nicht nur sowohl in Fett als auch in Wasser auf, er ist auch eine Flüssigkeit, also von vornherein eine Lösung. Die meisten oral verabreichten Medikamente sind fest (um ihre Wirksamkeit zu speichern) und müssen daher zuerst vom Blutstrom absorbiert werden. So ergeht es auch dem Aspirin.

Wenn es durch den Mund eingenommen wird, dann hängt die Zeit, in der das Aspirin durch den Darm absorbiert wird, zum einen von der Geschwindigkeit ab, mit der sich eine Tablette im Magen zerkrümelt, zum anderen davon, wie schnell sich der Magen leert. In einer Lösung und in einem leeren Magen ist seine Absorptionsrate hoch. Das erste Aspirin gelangt schon nach etwa einer Minute in den Blutkreislauf, obwohl zwanzig Minuten nach der Einnahme immer noch etwa die Hälfte des Medikaments in der Magenflüssigkeit zu finden ist.

Die Natur des Magens ist so, daß er es schwachsauren Molekülen wie Aspirin erlaubt, ihn direkt zu durchlaufen und in den Kreislauf zu gelangen. Andere wirksame Medikamente wie das Kodein oder das Morphium, die beide schwache Basen (also alkalisch) sind, können nicht ohne weiteres durch die Magenwand gelangen. Sie bleiben mehrere Stunden den starken Säuren des Magens ausgesetzt, bevor sie in den Darmkanal gelangen, wo sie dann langsam in den Kreislauf absorbiert werden können. Dies ist der Hauptgrund dafür, daß Drogen wie Morphium und Heroin, die, chemisch gesehen, schwache Basen sind, gewöhnlich direkt unter die Haut und in die Zirkulation gespritzt werden.

Im Frühling des Jahres 1943 hatte Albert Hoffmann eigentlich nicht vor, etwas von seiner Substanz mit der Bezeichnung »Lysergsäure Diäthylamid« zu schlucken. Es war nur ein Versehen. Da die Substanz schwachsauer war, gelangte sie ohne weiteres durch den Darm des Schweizer Chemikers in seinen Körper. Lysergsäure Diäthylamid ist besser unter der Abkürzung LSD bekannt und als psychedelische Droge berühmt. Hoffmann hatte dieses Molekül zuerst aus Ergot extrahiert, einer Chemikalie, die ein parasitärer Pilz produziert, der auf Reiskörnern wächst; es ist derselbe Pilz, in dem Henry Dale, wie beschrieben, einmal das Histamin entdeckt hat.

Anders als Dale hatte Hoffmann in den Laboratorien der Firma Sandoz in Basel das LSD synthetisiert, um zu ermitteln, ob es mit medizinischen Absichten verwendet werden könnte. Er wußte sehr wohl, daß Leute, die mit Ergot kontaminierte Reiskörner essen, oft unter Gangräne (Brand) der Gliedmaßen leiden, was durch die Eigenschaft der Pilzsubstanz zustande kommt, die die Blutzufuhr in Armen und Beinen einschränkt. Die Opfer hatten das schreckliche Gefühl, daß ihre Haut brennt. Im Mittelalter sprach man dabei vom Antoniusfeuer, wobei man sich auf den Altar des heiligen Antonius bezog, vor dem viele Erleichterung von den höllischen Schmerzen suchten.

Hoffmanns Absicht bestand nicht darin, Menschen in Angst zu versetzen, er suchte vielmehr eine Substanz, mit der die Kopfschmerzen eines Migräne-Anfalls behandelt und die Blutungen von Frauen gestoppt werden könnten, die nach einer Geburt auftraten. Seltsamerweise zeigte das LSD überhaupt keine Wirkung bei den Versuchstieren im Laboratorium, und so verschwand die Substanz zunächst einmal im Chemikalienschrank.

Dann aber, am 16. April 1943, schluckte Hoffmann versehentlich ein wenig LSD, und dabei wurde er nach und nach von einer »besonderen Empfindung von Schwindel und Ruhelosigkeit« ergriffen. Er fuhr nach Hause, zog die Vorhänge zu, legte sich ins Bett und fing an zu halluzinieren. Zwei Stunden später war sein »Trip« vorbei.

So furchterregend die Erfahrung auch gewesen sein mag, später entschied sich Hoffmann dafür, die Droge noch einmal zu probieren. Er führte eine Dosis LSD in seinen Mund und wartete darauf, daß die Wirkung von seinem Geist Besitz ergriff. Dreißig Minuten lang saß er in seinem Laboratorium und fühlte sich gut. Dann »nach 40 Minuten notierte ich die folgenden Symptome in meinem Laborbuch: leichter Schwindel, Rastlosigkeit, Schwierigkeiten bei der Konzentration, visuelle Störungen, Lachen. Später ... gerieten Raum und Zeit mehr und mehr durcheinander, und ich bekam Angst, daß ich verrückt würde.« Seine halluzinatorische Reise dauerte diesmal zehn bis zwölf Stunden.

Wenn Hoffmann eine spektakuläre Fahrt hinter sich hatte, dann traf dies auch für die LSD-Moleküle zu, die er geschluckt hatte. Alle Drogen, die die Grenzen des Darms verlassen, werden vom Blutstrom eingefangen, der sie gleichmäßig in etwa sechzig Sekunden durch das Kreislaufsystem im Körper verteilt. Diese Geschwindigkeit der Ausbreitung hängt von der Tätigkeit des Herzens ab, das etwa fünf Liter Blut pro Minute pumpt.

Sobald sie dann gleichmäßig im Körper verteilt sind, halten sich einige Drogen an Stellen auf, an denen sie eigentlich nicht wirken sollten. Wenn zum Beispiel Kokain geschnupft wird und so durch die raffinierten Membranen der Nasenflügel direkt in den Blutstrom gelangt, dann dauert die »Hochstimmung« nur einige wenige Augenblicke. Der Grund dafür liegt darin, daß der größte Teil der Drogen durch die Leber in fünf bis fünfzehn Minuten abgebaut wird.

Wenn sie erst einmal im Körper sind, können Drogen nahezu überall auftauchen. Nikotin findet sich zum Beispiel häufig in der Brustmilch. Der aktive Bestandteil des Marihuanas, eine Substanz mit der Bezeichnung THC, erscheint nicht nur in der Leber, er tut dies auch in den Nieren, der Milz, den Lungen und selbst in den Hoden. Darüber hinaus könnte – in Abhängigkeit von ihrem chemischen Aufbau – eine Droge in fast jeder Form ausgeschieden werden, im Urin, im Stuhl, im Schweiß, im Samen, im Speichel und selbst in der Luft, die man ausatmet.

Damit eine Droge ihren erwünschten Effekt zeigt, muß sie die Grenzen der Kapillaren durchqueren können, mikroskopisch kleine Blutgefäße, und ins Gewebe gelangen; denn nur an den Kapillaren werden Drogen zwischen dem Kreislauf und den übrigen Zellen des Körpers ausgetauscht. Für die meisten Drogen stellt diese Grenze kein Hindernis dar. Die zylindrische Wand der Kapillaren besteht nur aus einer einzelligen Schicht, und die entsprechenden Zellen sind nicht sehr fest aneinandergebunden. Zwischen ihnen finden sich Poren und damit genug Platz für die Drogen, in das Gewebe zu gelangen.

Die Drogen-Moleküle sind kleiner als die Poren, durch die sie fahren müssen. Das Ergebnis ist, daß die Drogen leicht und zügig durch die Kapillaren ins Gewebe treten. Die Geschwindigkeit, mit der sie das tun, hängt (wie beim Alkohol im Magen) von ihrer Konzentration im Blut ab. Je konzentrierter eine Droge ist, desto schneller wird sie durch den Körper diffundieren.

Unter Vorgabe der Evidenz über die problemlose Bewegung von Drogen durch die Wände der Kapillaren glaubten die Ärzte und Chemiker des 19. Jahrhunderts, daß jedes Medikament über diese Route in das Gehirn gelangen würde. Wie sollte man auch besser die Wirkung vieler psychedelischer Drogen erklären, die man in einigen Pilzen gefunden hatte, als durch die Behauptung, sie erzielten ihre Wirkung im Gehirn, indem sie durch die Poren der Kapillaren schlüpften und sich so in das Gehirn einschlichen.

Etwa zwanzig Jahre nach seiner Entdeckung der Mastzellen kam dem deutschen Biologen Paul Ehrlich die Idee, daß das Gehirn von einer gewissen Barriere umgeben sei, die die Zellen und die meisten Materialien aus dem Blut daran hinderte, das Gehirn zu erreichen, und genau selektierte, wer hinein darf und wer nicht. Auf Grund dieser Erkenntnis unternahm er ein einfaches Experiment und entwickelte das Konzept einer Blut-Gehirn-Schranke. Ehrlich injizierte einen unschädlichen Farbstoff in das Blut seiner Versuchstiere und stellte fest, daß dieser Farbstoff alle Organe und Gewebe des Körpers markierte, nur nicht das Gehirn. Die Farbmoleküle waren klein genug, um durch die meisten kapillaren Poren zu schlüpfen, aber sie waren nicht in der Lage, durch die Kapillaren des Hirns zu kommen.

Ehrlichs Entdeckung und später nachfolgende Entwicklungen waren entscheidend für die Bestimmung der Art und Weise, wie das Gehirn selektiv Material daran hindert, es zu betreten. Zunächst sind die Kapillaren des Gehirns nicht wie die anderen. Sie besitzen keine Löcher und Poren, und ihre Zellen stecken viel dichter aufeinander. Zwischen ihnen findet sich auch nicht der geringste Zwischenraum. Darüber hinaus werden die Kapillaren von einer Fettschicht eingefaßt, die aus Ausläufern von Zellen aus der Umgebung bestehen, den sternförmigen *Astrozyten.*

Da es dicht abgeschlossen ist, kann das Gehirn auswählen, welche Stoffe es einlassen will. Für einige Medikamente wie zum Beispiel Penicillin sowie für viele Komponenten des Blutes ist es nahezu unmöglich, in das Gehirn zu gelangen, obwohl sie viel kleiner als eine durchschnittliche kapillare Pore sind. Um dennoch das Gehirn zu erreichen, müssen viele Arzneien und Blutkomponenten durch hochselektive Transportsysteme getragen werden, die sich am Eingang zu der Blut-Gehirn-Schranke befinden. Auf diese Weise schaffen Zukker und Aminosäuren den Zutritt zum Gehirn. Dies ist auch der Grund dafür, daß es so schwierig war, Patienten zu helfen, die unter der Parkinsonschen Krankheit litten.

Als der englische Arzt James Parkinson im Jahre 1817 zum erstenmal die motorische Störung beschrieb, die heute seinen Namen trägt, blieb ihm ihre wahre Natur verborgen. Der Grund für das unkontrollierte Zittern der Gliedmaßen und des Kopfes, unter dem seine Patienten litten, war ein Geheimnis. Das Rätsel konnte erst mehr als hundert Jahre später gelöst werden, als Oleg Hornykiewicz im Jahre 1966 post mortem die Gehirne von Patienten untersuchte, die unter der Parkinsonschen Krankheit gelitten hatten. Er entdeckte dabei, daß die betroffenen Organe unter einem Mangel an dem Neurotransmitter Dopamin litten. Die Behandlung schien nun auf der Hand zu liegen: Man brauchte den Patienten bloß das Dopamin zu spritzen, das ihnen fehlte, und die Symptome müßten verschwinden.

Leider funktionierte diese Methode nicht. Dopamin scheitert nämlich an der Blut-Gehirn-Schranke, und so kommt es gar nicht dorthin, wo es benötigt wird. Die Lösung, so überlegte sich Hornykiewicz, könnte darin bestehen, etwas zu finden, das diese Hürde überwindet. Seine Antwort bestand darin, den Patienten jene Chemikalien zu verabreichen, aus denen Dopamin gemacht wird. Das Mittel heißt L-DOPA und ist ohne weiteres in der Lage, die Blut-Gehirn-Schranke zu passieren. Die Symptome der Parkinsonschen Krankheit verschwanden, und seit dieser Zeit wird L-DOPA zur Behandlung der Patienten eingesetzt, die unter diesen Bewegungsstörungen leiden.

Eine Barriere, die das Gehirn »wasserdicht« gegen das Eindringen fremder Chemikalien abschließt, ist ein brillantes evolutionäres Konzept. Das Gehirn und die Flüssigkeit, in der es sich bewegt, die sogenannte Cerebrospinal-Flüssigkeit, können auf diese Weise geschützt und sorgfältig vor unnötigen chemischen und toxischen Substanzen bewahrt werden. Leider gibt es eine Schwäche in dem System: Die Blut-Gehirn-Schranke kann keine Medikamente oder Drogen aufhalten, die in Fett oder Öl löslich sind. Im Zentrum der Membranen der kapillaren Wände und der Astrozyten befinden sich ölartige Lipide, und deshalb können fett- oder öllösliche Drogen rasch ins Gehirn gelangen, ob wir das wollen oder nicht.

Trotz allem ist diese Schwäche des Gehirns ein Gewinn für die Medizin. Und der wird an keiner Stelle deutlicher als in der Anästhesie, der Wissenschaft, die sich damit beschäftigt, Menschen zum Schlafen zu bringen. Der Gedanke ist schauerlich, daß es kaum 130 Jahre her ist, da Chirurgen noch ohne Betäubungsmittel (Anästhetika) einen menschlichen Körper operierten. Die Drogen, die eine segensreiche Bewußtlosigkeit herbeibringen konnten, waren noch nicht entwickelt. Die einzige Hilfe, die die Ärzte des 19. Jahrhunderts anbieten konnten, bestand in einem Glas Whisky und einem Filz zwischen den Zähnen. Als gut galt ein Chirurg, wenn er schnell war. Einige der besten konnten einem sich windenden Soldaten ein Bein in weniger als 25 Sekunden entfernen.

Der vielleicht erste, der die Wirkungen von erzwungener Bewußtlosigkeit spürte, war der englische Chemiker Sir Humphry Davy, der im Jahre 1808 in seinem kleinen Privatlabor Stickstoffoxyd einatmete, »Lachgas«, wie es manchmal auch genannt wird. Bis 1831 kannte man zwei weitere chemische Stoffe, Äther und Chloroform, die Menschen in den Schlaf versetzen konnten. Sie wurden zum erstenmal von Zahnärzten benutzt.

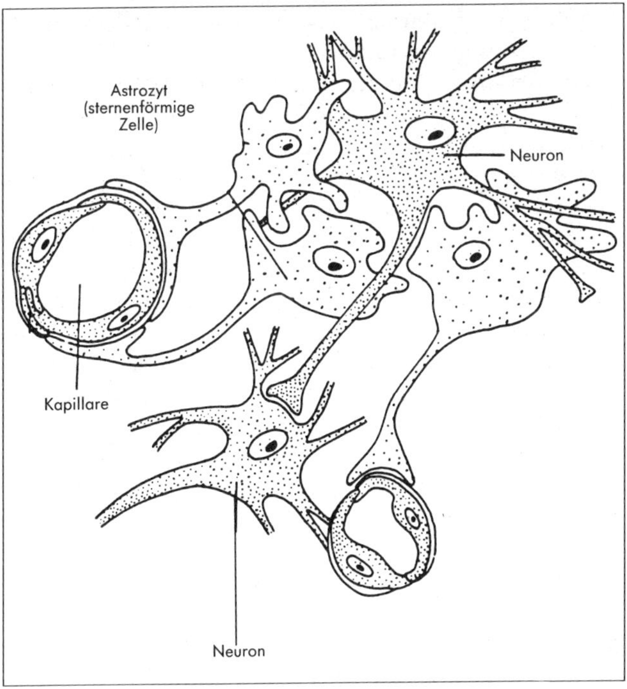

Die Nerven des Gehirns werden durch eine besondere Barriere geschützt, die aus eng eingepaßten Kapillaren und speziellen Zellen namens Astrozyten besteht.

Es war dann auch ein Zahnarzt, nämlich W. T. G. Morton, der die Ärzte mit der Magie der Anästhesie vertraut machte. Im Jahre 1846 demonstrierte Morton am Massachusetts General Hospital in Boston, wie Anästhetika benutzt werden konnten, um Patienten während einer Operation bewußtlos zu halten. Dem ersten Patienten, der diese Betäubungsmittel erhielt – er hieß Gilbert Abbott –, wurde ein Tumor aus dem Hals entfernt. Morton brachte am Mund von Abbott ein Gefäß aus Glas an, in dem sich ein mit Äther getränkter Schwamm befand. Abbott atmete die Gase ein, und eine Minute später war er nicht mehr ansprechbar, woraufhin der Chirurg Collins Warren mit der Entfernung des Tumors begann.

Wenn er in dem sterilen, weißen Glanz des Operationsraumes liegt und gezwungen ist, auf die kühlen, antiseptischen Instrumente zu schauen, dann braucht der Patient heutzutage nicht an solche historischen Ereignisse zu denken. Der moderne Anästhesist muß dies aber tun. Er ist ausgerüstet mit einer Armee von Mitteln, die einen umwerfen können, und der Spezialist muß sorgfältig, vorsichtig und sparsam zwischen ihnen wählen. Die Variation von Bruchteilen eines Prozents in der Dosierung bestimmter Anästhetika kann tödlich für den Patienten auf dem Tisch sein. So arbeitet der Anästhesist mit zwei Arten von Mitteln: Die erste Sorte ist so angelegt, daß sie den Patienten möglichst schnell einschlafen lassen kann, dann aber nur kurz wirkt. Die zweite Sorte ist so dosiert, daß sie den Patienten für eine längere Zeit ohne Bewußtsein halten kann.

Zu Beginn injiziert der Anästhesist eine Substanz der erstgenannten Sorte – etwa Natrium-Pentothal – in geringer Menge in die Vene des Patienten, um zu sehen, ob er mehr vertragen kann. Anschließend gibt der Arzt die anästhesierende Dosis, und der Patient verliert in wenigen Sekunden das Bewußtsein. Natrium-Pentothal wirkt sehr schnell. Es ist äußerst löslich in dem Fett der Membranen, verläßt rasch den Blutstrom und dringt ins Gehirn ein.

Die Zeit der Bewußtlosigkeit ist kurz. Wenn keine weitere und länger wirkende Droge nachkommt, wacht der Patient fünf oder zehn Minuten nach der Injektion wieder auf. Natrium-Pentothal, das so löslich in Fett und Öl ist, diffundiert auch schnell wieder aus dem Gehirn und wird anschließend durch das Kreislaufsystem zu den Fettablagerungen des Körpers transportiert. Das Natrium-Pentothal sammelt sich in den Fettzellen an, sein Blutspiegel sinkt, und wenn nur noch wenig im Gehirn zurückgeblieben ist, wacht der Patient auf.

Er fühlt sich zunächst groggy, und dies wird noch eine Zeit andauern. Dieses schläfrige Gefühl ist das Ergebnis der kleinen Menge des Mittels, die im Blut verbleibt, während es allmählich in der Leber abgebaut wird. Das Anästhetikum ist dann zwar noch vorhanden, aber seine Konzentration reicht nicht mehr aus, um Schlaf oder Bewußtlosigkeit zu induzieren.

Wenn der Patient unter Natrium-Pentothal steht, muß der Anästhesist schnell handeln, bevor dieser erwacht. Er setzt das nächste Mittel ein, und zwar eins, das den Patienten auf dem Tisch länger schlafen läßt. Dieses zweite Mittel wird gewöhnlich als Gas verabreicht und eingeatmet. Der Anästhesist kann das alte Lachgas verwenden, das mit anderen Stoffen wie Halothan oder Isofluran ergänzt worden ist. Die Dämpfe sind extrem fettlöslich und fließen innerhalb von Sekunden an den Lungenflügeln entlang und in das Blut. Von hier aus strömen sie weiter ins Gehirn, wo sie rasch die Bewußtlosigkeit herbeiführen.

Die fettlöslichen Gase halten den Patienten schlafend, aber nur, solange sie dauernd in seine Lungen nachgefüllt werden. Wenn der Anästhesist die Apparate abschaltet, die das Gas liefern, fällt die Konzentration des Anästhetikums in den Lungen unter der Konzentration im Blut, und die Mittel diffundieren rasch und direkt aus dem Blutstrom zurück in die Lungen, von wo aus sie mit dem Atem des Patienten ausgeatmet werden. Und als Folge davon wacht der Patient allmählich auf.

Die Situation, in der ein Patient auf dem Operationstisch aufwacht, während sein Innerstes noch offenliegt, hat es mehrere Male gegeben. Einige Chirurgen bevorzugen es daher, ihren Patienten noch Phenobarbital zu verabreichen, nachdem sie ihnen Natrium-Pentothal gespritzt haben. Phenobarbital ist ein Barbiturat mit langer Wirkdauer. Es liegt im Blut vornehmlich in wasserlöslicher Form vor und ist nur gering in den Muskeln und im Fett löslich. Und im Gegensatz zu seinem rasch wirkenden Vetter hat das Phenobarbital einige Probleme, die Blut-Gehirn-Schranke zu passieren. Es kann daher Minuten dauern, bevor sich im Kopf die Mengen von Phenobarbital angesammelt haben, die ausreichen, um einen Patienten zum Schlafen zu bringen. Dennoch zirkuliert es im Blut in ausreichender Konzentration, um den Patienten über Stunden beruhigt und schläfrig zu halten. Erst dann wird es in der Leber abgebaut und mit dem Urin ausgeschieden. Es ist tatsächlich so, daß ein großer Teil des Medikaments, das im Blut verbleibt, für die Katerstimmung verantwortlich ist, die stunden- oder gar tagelang anhalten kann, nachdem das Phenobarbital in den Körper gelangt ist.

Das Gehirn, das in der warmen cerebro-spinalen Flüssigkeit gebadet und von einer Schranke aus Zellen geschützt wird, ist wie ein Kind in einem abgeschirmten Bauch. Dennoch ist es gegen die Wirkung von Drogen nicht immun, ebensowenig wie die Plazenta der Mutter, die den Fötus in ihrem Körper umgibt. Man könnte fast der Meinung sein, die Plazenta sollte noch stärker gegen eine Invasion von Drogen geschützt sein, denn schließlich ist das fürs Kind von großer Bedeutung. Doch die Plazenta muß das wachsende Kind mit Nahrungsmitteln versorgen und Abfälle und Hormone mit der Mutter austauschen. Diese Abhängigkeit überläßt der Fötus der Gnade der Plazenta, wenn im Blut der Mutter Drogen oder Medikamente auftauchen.

Schwangere Frauen sind selbst einer Fülle von fremden Substanzen ausgesetzt. Kosmetika, Haushaltschemikalien, Dämpfe, Tabletten und die ganz gewöhnlichen Drogen des Alltags – Tee und Kaffee – gelangen alle in das Kreislaufsystem der Frau. Alkohol zum Beispiel bewegt sich sowohl durch die Plazenta als auch durch die Blut-Gehirn-Schranke des Kindes. Innerhalb von fünfzehn Minuten erreicht der Alkoholspiegel des Fötus den der Mutter und kann bei der Geburt im Atem des Kindes nachgewiesen werden. Anästhetika, die oft zur Linderung von Schmerzen genommen werden, gelangen ebenfalls in das Kind. Zehn Minuten nach der Injektion von Secobarbital erreichen die Blutspiegel dieses Anästhetikums im neugeborenen Kind nahezu dieselben Werte wie im Körper der Mutter. Die auf diese Weise zur Welt gekommenen Kinder sind lethargisch.

Narkotika, Barbiturate, DDT und Nikotin kommen alle beim Fötus an. Im Jahre 1979 versuchten Henry Sershen und Abel Lajtha, zwei Neurochemiker in New York, nicht nur herauszufinden, wie schnell Nikotin in das Gehirn des Fötus gelangt, sie wollten auch wissen, was dieser aktive Bestandteil des Tabaks macht, wenn er dort angekommen ist. Sershen wußte bereits, daß Nikotin die Wirkung des Neurotransmitters Azetylcholin imitiert, sowohl im Gehirn als auch im Körper. Auf diese Weise erhöht es die Herzfrequenz und den Blutfluß, und es sorgt für die Freisetzung von Adrenalin. Nikotin regt auch das Gehirn an.

Um zu bestimmen, wann und wie die Chemikalie in das Gehirn gelangte, bereiteten Sershen und Lajtha zuerst radioaktiv markierte Nikotin-Moleküle vor. Sie spritzten sie schwangeren Ratten ein und registrierten den Zeitverlauf der Radioaktivität im Blut und auch im Gehirn, und zwar sowohl bei den Föten als auch bei den Müttern.

Das erste Ergebnis zeigte, daß das Nikotin innerhalb von wenigen Sekunden in die Gehirne der Mütter ging, diesen Ort dann aber auch schnell wieder verließ. Aus den Berechnungen ging hervor, daß neunzig Prozent des Nikotins innerhalb von fünf Minuten gekommen und wieder verschwunden war. Nikotin war offenbar fettlöslich, denn es schien durch kein besonderes Transportsystem des Gehirns getragen zu werden.

Das zweite Ergebnis: Das Nikotin erreicht ebenso schnell die fötalen Gehirne. Und obwohl der Nikotinspiegel im Gehirn der Rattenbabys nur ein Viertel von dem der Mütter betrug, war einwandfrei zu erkennen, daß das Nikotin in der Lage war, die Schranke zur Plazenta und zum Gehirn hinter sich zu lassen. Es ging hier so leicht wie Wasser durch.

Ihre Wirkung auf den Körper erzielen Substanzen wie Nikotin letzten Endes auf dem Niveau der Zelle. Medikamente oder Drogen ahmen mehr oder weniger einfach die Moleküle nach, die in einer Zelle ganz natürlich vorhanden sind, oder sie kommen ihnen in die Quere. Ob als Gegner oder Bundesgenosse – eine Chemikalie, die in eine Zelle Eingang findet, wird eine Kette von Reaktionen auslösen, die in eine beobachtbare Antwort des Körpers münden wird. Kokain interferiert auf diese Weise mit der Aufgabe des natürlichen Transmitters Norepinephrine. LSD blockiert die Aktivität eines anderen Transmitters, nämlich Serotonin. Zyanid legt die Energie produzierenden Mechanismen einer Zelle lahm, indem es ein Schlüsselmolekül des benötigten Systems bindet. Heroin nimmt denselben molekularen Parkplatz wie eine natürliche, schmerzunterdrückende Substanz namens Endorphin ein. Anästhetika lösen sich in den Lipiden der Zellmembran und blockieren so die Übertragung von Nervenimpulsen. Als Resultat ihres Eingreifens laufen wir vor Fröhlichkeit über, oder wir sinken in eine tiefe Depression, oder wir fallen in eine tiefe Bewußtlosigkeit, oder wir sterben.

Bei den genannten Drogen handelt es sich um exotische Exemplare. Eine mehr alltägliche Form, die aber ebenfalls fähig ist, Zellen zu aktivieren, befindet sich in einem Teebeutel. Mit der Ausnahme von Nikotin ist Koffein eine der am häufigsten in aller Welt konsumierten »Drogen«. Ja sogar während ich dies schreibe, nehme ich sie zu mir. Außer im Tee findet sich Koffein noch im Kaffee, in Cola-Getränken und in Schokolade, wodurch deren Popularität verständlich wird.

Koffein wird langsam in den Blutstrom aufgenommen. Nur etwa 25 Prozent erreichen den Kreislauf eine Stunde nach dem Konsum. Da Koffein vor allem wasserlöslich ist, hat es einige Mühe, die Zellschichten des Darms zu durchdringen. Doch wenn es erst mal im Blut ist, wird es gleichmäßig im Körper verteilt und gelangt dabei ebenso in das Gehirn wie in die Gebärmutter.

Koffein ist ein Stimulans. Es bringt das Herz dazu, mehr Blut zu pumpen, und erhöht auch den Fluß von sauerstoffreichem Blut zum Herzen. Überraschenderweise reduziert es den Blutstrom zum Gehirn hin, indem es die hier vorhandenen Blutgefäße verengt. Dennoch stimuliert Koffein, wenn es erst einmal im Gehirn ist, den Kortex. Wir fühlen uns fit und hellwach.

Koffein erledigt einen großen Teil seiner Arbeit, indem es sich in die Körperzellen einschleicht und dort ein Schlüsselenzym inaktiviert. Dieses Enzym heißt »Phosphodiesterase«. Eine Phosphodiesterase ist dafür zuständig, eine Chemikalie zu deaktivieren, die als »zyklisches Adenosinmonophosphat« bekannt ist und mit cAMP abgekürzt wird. Wenn Koffein die Phosphodiesterase abstellt, steigt die Menge von cAMP in der Zelle für mehrere Minuten an. Und in Abhängigkeit von dem Zelltyp, in dem das passiert, sorgt der erhöhte Spiegel von cAMP entweder dafür, daß der Zelle mehr Traubenzucker (Glukose) zur Verfügung steht, oder dafür, daß bestimmte Enzyme aktiver werden, oder dafür, daß sich einige Charakteristika der Zellmembrane ändern. Die modifizierten Zellen erhöhen kumulativ die Aktivität im Körper, und wir fühlen uns rastlos und munter.

Die Verbindung zwischen Koffein und dem cAMP ist deshalb so interessant, weil das cAMP eine zentrale Rolle bei der Aktivität vieler Hormone im Körper spielt. Es ist tatsächlich so, daß in nahezu allen Organismen – von der Pinie bis zur Biene – die Wirkungsweise des cAMP festgestellt worden ist, seit der amerikanische Wissenschaftler Earl Sutherland dieses Molekül im Jahre 1940 entdeckt hat. Die Natur seiner Popularität unter den Lebewesen auf diesem Planeten kann durch die Tatsache erklärt werden, daß es sich bei dem cAMP um ein sehr altes Molekül handelt. Es wurde in einer Reihe von Mikroorganismen entdeckt. Vielleicht ist es vor einer Milliarde Jahren als Mittel der chemischen Kommunikation zwischen Zellen verwendet worden. Und vielleicht kann diese Funktion nirgendwo besser demonstriert werden als bei der Aktivität von zellulären Schleimpilzen.

Schleimpilze sind zum Teil zelluläre Kolonien und zum Teil Organismen. Man findet sie auf Waldböden. Dort essen sie die Bakterien, die die von den Bäumen gefallenen Blätter zerlegen. Solange sie nicht von Hunger bedroht sind, verbringen die Schleimpilze den größten Teil ihres Lebens als einsame, amöbenartige Zellen. Wenn die Nahrung knapp wird, strömen Millionen von ihnen zusammen und nehmen eine schneckenartige Struktur an. Die Chemikalie, die während der Hungerphase freigesetzt wird und die Zellen dazu bringt zusammenzuströmen, ist das cAMP.

Auf irgendeine Weise ist das cAMP in unseren Zellen als eine Art interner Kommunikator installiert worden. Innerhalb der Zelle fährt es hin und her und liefert die Botschaft weiter, die der Zelle zuerst durch Hormone wie Adrenalin vermittelt worden ist. Aus diesem Grunde heißt cAMP auch der »zweite Bote«. Der erste Bote ist das Hormon selbst.

Unsere Zellen benötigen diesen zweiten Boten in ihrem Körper, denn viele Hormone wie Adrenalin oder ACTH liefern ihre Botschaft nur an der Oberfläche der Zelle ab. Sie heften sich an Rezeptoren in der Zellmembrane und aktivieren mit ihrer Hilfe das cAMP im Inneren. Der zweite Bote löst daraufhin Änderungen in der Zelle aus, bevor er wieder zerstört wird. Änderungen innerhalb der Zelle treten meist in ein paar Sekunden ein.

Adrenalin und viele andere Hormone können nicht selbst in die Zelle gelangen, weil sie – wie viele Medikamente – nicht fettlöslich sind und daher die Membrane nicht durchqueren können. Sie müssen sich auf Moleküle wie das cAMP verlassen, um ihre Sache in der Zelle loszuwerden. Es gibt aber noch ein paar weitere Hormone, die im Körper umherlaufen und keinen zweiten Boten brauchen, da sie selbst in die Zellen gelangen können.

Fettlösliche Steroidhormone, die durch den adrenergen Kortex, durch die Hoden oder die Eierstöcke ausgesendet werden, strömen normalerweise durch die Membranen in die Zellen, die sie nun dazu mobilisieren, Proteine anzufertigen. Wenn zum Beispiel das männliche Geschlechtshormon Testosteron, das in den Hoden gebildet wird, in Muskelzellen gelangt, werden Muskelproteine angefertigt, und die Muskeln nehmen an Umfang zu.

Die Steroidhormone wie Testosteron und Östrogen (das von den Eierstöcken freigesetzt wird) erledigen ihre Aufgabe gewöhnlich, indem sie sich an einen Rezeptor in der Zelle hängen. In dieser gebundenen Form wandert

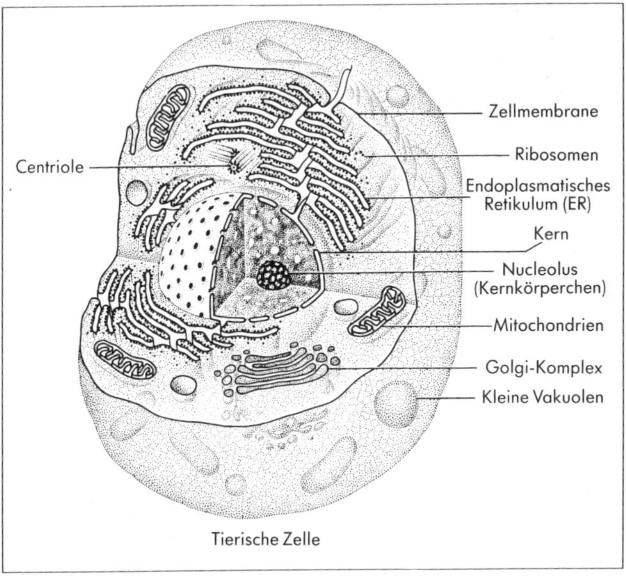

Steroidhormone müssen viele Hindernisse passieren, um schließlich präzise ihr Ziel zu finden: den winzigen Kern einer Zelle.

das Rezeptor-Hormon-Paar zum Kern der Zelle, um dort mit dem DNA-Molekül zu reagieren. Die Wechselwirkung ist sehr ergiebig, denn innerhalb von Minuten nach der »Umarmung« der DNA durch das Hormon fertigen Enzyme innerhalb des Zellkerns die Vorlage für ein Protein an. Die Vorlage, die in Form eines Boten des RNA-Moleküls daherkommt, diffundiert aus dem Kern in das Zellplasma, wo es von riesigen Komplexen gelesen werden kann, deren Aufgabe letztlich darin besteht, das in Frage kommende Protein anzufertigen.

Der Vorgang vom Eintritt des Hormons bis zum Beginn der Protein-Anfertigung ist nicht schnell. Instruktionen müssen kopiert und verteilt werden. Proteine müssen aus Rohprodukten und Hunderten von elementaren Bausteinen gezimmert und anschließend an die richtige Stelle innerhalb der Zelle gebracht werden, an der sich entscheidet, ob sie bleiben oder ausgeschieden werden.

Wenn zum Beispiel das Hormon »Aldosteron« eine Nierenzelle betritt, haftet es sich dort an seinen Rezeptor an, der beide in den Kern transportiert. Es dauert dann noch rund 45 Minuten, bevor die ersten Proteine in der Zelle auftauchen. Dieses Zeitintervall ist typisch für die meisten Zellen, die Steroidhormone mit offenen Armen empfangen.

Ob sie nun langsam sind oder nicht – die Wirkungen der Steroidhormone auf den Körper sind umfassend. Der große muskuläre Bau, die tiefe Stimme, die rauhe Haut der Männer sowie die Milchproduktion, die Schamhaare, die monatliche Blutung der Frauen – all dies kommt als Wirkung dieser Steroidhormone zustande. Es wäre daher keine besondere Überraschung, wenn sie sich auch im Gehirn auf ähnlich eindrucksvolle Weise zeigen würden. Im Jahre 1986 stellten die Forscher Maria Majewska, Rochelle Schwartz und Steve Paul am National Institute of Mental Health in Washington und ihre Kollegen Neil Harrison und Jeffery Baker am Institute of Neurological and Communicative Disorders and Stroke fest, daß das Stoffwechselprodukt eines Steroidhormons namens THDOC in Ratten geradeso wirkt wie ein Barbiturat, es mindert oder inhibiert nämlich die Aktivität von Nervenzellen.

Majewska und ihre Mitarbeiter entdeckten, daß der inhibitorische Steroidmetabolit THDOC die Wirkung eines natürlich vorkommenden, hemmenden Neurotransmitters imitiert, der als GABA (Gamma-Amino-Buttersäure) bekannt ist. Die Wirkung ist wie die von dem anästhesierenden Phenobarbital, jener Chemikalie also, die die Gehirnaktivität rasch unterdrückt.

Seltsamerweise entdeckten die Forscher auch, daß noch andere Steroide vom Körper verwendet werden, und zwar solche, die erregend wirken und die inhibitorischen Effekte von GABA blockieren. Das Zusammenspiel zwischen den beiden verschiedenen Gruppen von Steroidhormonen – so meint Majewska – bringt Änderungen in der Stimmung oder dem Gefühl eines Individuums hervor.

Normalerweise signalisiert der Hypothalamus der unter ihm gelegenen Hypophyse, das Hormon ACTH auf die Reise zu schicken. ACTH seinerseits sorgt dafür, daß die Nebennierenrinde – hier werden der THDOC-Metabolit und andere Steroide gefunden – ihre Hormone aussendet.

Während Zeiten großer Anspannung oder während einer depressiven Erkrankung scheiden die Nebennieren größere Mengen von Steroidhormonen in den Blutkreislauf aus. Größere Mengen des dem Barbiturat ähnlichen THDOC unterdrücken dann die Funktion von Nervenzellen. Steroide haben die Fähigkeit, sowohl die Blut-Gehirn-Schranke als auch die Zellmembranen rasch zu durchqueren. Interessanterweise hat man festgestellt, daß Patienten, die unter Depressionen leiden, hohe Mengen an Cortisol in ihrem Blut haben. Cortisol ist ein weiteres Steroidhormon, das von der Nebennierenrinde ausgeschieden wird.

Wenn wir annehmen, daß das, was Majewska und ihre Kollegen gefunden haben, zutrifft, dann könnte dies bedeuten, daß viele der Stimmungsänderungen, die mit

• Die Hälfte des Valiums, das man geschluckt hat, wird vom Körper in 20 bis 90 Stunden eliminiert.

• Nikotin, eine Komponente des Zigarettenrauches, gelangt sehr schnell in den Körper. Nach einem Zug an der Zigarette braucht das Nikotin sieben Sekunden, um das Gehirn zu erreichen. Dies geht ein paar Sekunden schneller als mit dem Alkohol. Selbst Heroin, das injiziert wird, braucht doppelt so lange wie Nikotin, um in das Gehirn zu kommen.

• Die Lebensspanne wird mit jeder gerauchten Zigarette vierzehn Minuten kürzer.

• Der Körper verbrennt Kalorien am schnellsten, wenn man ihn drei Stunden nach einer Mahlzeit trainiert.

• Es dauert vier bis acht Sekunden, bevor etwas, das wir geschluckt haben, in den Magen gelangt. Hier kann es sich dann stundenlang aufhalten.

• Ein Grund für chronisches Sodbrennen ist ein Magen, der sich nur langsam leert. In dem Falle sammelt sich vollgesäuerte Nahrung an, die sich in der Speiseröhre zurückstaut und hier die Reizung verursacht, die wir als Sodbrennen so unangenehm empfinden.

• Die innere Schicht der großen Blutgefäße erneuert sich alle sechs Monate. Die Haut ist noch schneller, sie erneuert sich alle drei bis vier Wochen. Doch die bei weitem schnellste Erneuerung findet in den inneren Zellschichten des Verdauungstraktes statt.

Sowohl die Zellen des Magens als auch die des gesamten Darms werden alle drei Tage ersetzt.

- Alle zwanzig Sekunden laufen Wellen durch den Magen, die seinen Inhalt vermischen sollen.

- Bei Enzymen, die zur Verdauung beitragen (Fermente), dauert es 45 Minuten, um von der Bauchspeicheldrüse – dem Ort ihrer Produktion – zum Darm – dem Ort ihrer Wirkung – zu kommen.

- Chymus (Speisebrei) bewegt sich den Dünndarm entlang mit einer durchschnittlichen Geschwindigkeit von knapp einem Zentimeter pro Minute. Mit diesem Tempo dauert es drei bis zehn Stunden, um vom Magenende des Dünndarms bis zum Eingang des Dickdarms zu gelangen.

- Das Bakterium E. coli lebt im menschlichen Darm und teilt sich alle vierzig Minuten. Bei dieser Rate gibt es nach 24 Stunden rund 17 Millionen neue Bakterien im Darm.

- Fäkalien – sie bestehen aus dreißig Prozent toten Bakterien, zwanzig Prozent Fett, zwanzig Prozent anorganischer Materie und dreißig Prozent unverdauten Nahrungsresten – werden von Muskeln durch den Dickdarm zum Anus transportiert. Diese Bewegungen treten nur ein paarmal pro Tag auf. Am aktivsten sind sie während der ersten Stunde nach dem Frühstück, und zwar etwa fünfzehn Minuten lang.

Streß, Ärger, Angst oder Depression einhergehen, mit den Wirkungen verwandt sind, die Steroide und ihre Metabolite auf die Nervenzellen im Gehirn ausüben.

Napoleon Bonaparte war als junger Mann sehr dünn und äußerst ehrgeizig. Schlaf hielt er für Zeitverschwendung. Wichtig war nur die Arbeit.

Als der Kaiser von Frankreich das Alter von vierzig Jahren erreichte, hatten sich sein körperlicher und physischer Zustand stark verändert. Sein Gesicht sah weich aus und zeigte feminine Züge. Auf seinen Hüften lagen dicke Fettpolster. Er schlief viel länger als sonst, und seine Stimmungen waren unberechenbar, wie man aus seiner Umgebung hören konnte. Eben noch brüllte er wütend Befehle, dann brach er von einem Augenblick auf den anderen zusammen und heulte wie ein Kind. Er klagte, die Engländer hätten ihn vergiftet.

Napoleon selbst bemerkte die physischen Änderungen. Nachdem er sich den Körper mit Alkohol abgerieben hatte, sagte er zu Francesco Antonmarchi, seinem Leibarzt: »Sieh dir diese zarten Arme an. Wie glatt die Haut ist, ohne ein einziges Haar. Wie rund die Brüste sind. Jede Schönheit wäre auf solch einen Busen stolz.«

Am Abend des 5. Mai 1821 starb Napoleon im Alter von 51 Jahren. Hinter ihm lag eine lange Krankheit, die ihn in seinem Haus auf St. Helena ans Bett gefesselt hatte. Am nächsten Tag nahm der Arzt eine Autopsie vor, und er bestätigte die weiblichen Merkmale. Die Haut war weitgehend haarlos und wies auffällige Fettpolster auf. Sein Geschlechtsorgan und seine Hoden waren klein und ähnelten mehr dem mons veneris (Schamhügel) einer Frau. Es scheint, Napoleon hatte unter der »adiposigenitalen Dystrophie«, einer Krankheit des Hypothalamus, gelitten. Diese Störung des Gehirns verändert die Funktion der Hypophyse und bringt abnormale Ausscheidungen der adrenalen Drüsen mit sich. Es ist möglich, daß die Steroide aus diesen Drüsen Napoleons Schläfrigkeit und sein sprunghaftes Verhalten bewirkten.

Es gibt noch eine andere Theorie für sein Verhalten. Im Jahre 1961 analysierten der schwedische Zahnarzt Sten Forshufvud und die Gerichtsmediziner Hamilton Smith und Anders Warren ein Haar des Kaisers, das man am Tag nach seinem Tod abgeschnitten hatte. Haare bauen oft Chemikalien aus dem Körper ein. Die drei Forscher fanden in Napoleons Locke Spuren von Arsen. Wenn man Arsen tagelang in geeigneten Dosen einnimmt, bringt das Gift Lethargie, Muskelschlaffheit, Müdigkeit und Verstimmung hervor, und schließlich stirbt das Opfer.

Wie dem auch sei, Napoleon starb als ein unglücklicher Mensch.

Kapitel 5: Der Körper in Stunden

Spielernaturen schließen Wetten über alles ab – Fußballspiele, Wahlkämpfe, Boxkämpfe. Wenn die Chancen gut stehen, würden sie sogar auf unser Leben wetten. Wir sollten nicht dagegenhalten. Wir würden nämlich verlieren.

Für einen Buchmacher in Las Vegas stellte eine Wette auf den menschlichen Körper ein erfolgversprechendes Risiko dar. Im Laufe vieler Jahre haben Chronobiologen – jene Wissenschaftler, die die »menschliche Uhr« studieren – eine große Sammlung von Ereignissen zusammengestellt, die sich vorhersagbar im Laufe eines Sonnentages im Körper des Menschen entwickeln mit aufsteigender oder abfallender Tendenz. Diese Informationen würden jeden Wettspieler reich machen.

Die Chancen stehen gut, daß wir Menschen mit großer Wahrscheinlichkeit zu einer bestimmten Zeit des Tages geboren werden, durch einen Herzanfall sterben oder einschlafen. Die Hormonspiegel, die Körpertemperatur, die Herzfrequenz, die Zellteilung, sogar die Stärke des Händedrucks haben ihre vorhersagbaren Höhen und Tiefen.

Der günstige Aspekt für den Körper liegt dabei in der Verläßlichkeit seiner eigenen Rhythmen – uralte, innere Uhren, die unsere Körperfunktionen mit dem 24-Stunden-Tag und dem Tag-Nacht-Wechsel abstimmen. Genauer gesagt, passen sich die Zyklen nicht genau dem Sonnentag an. Sie nähern sich seiner Länge nur. Aus diesem Grund prägte Franz Halberg, der Biologe in Minnesota war, den Ausdruck vom »circadianen« Rhythmus. In dem Wort werden zwei lateinische Ausdrücke legiert, nämlich »circa« (ungefähr) und »dies« (Tag).

Die Höhen und Tiefen im Körperrhythmus werden

von innen kontrolliert, obwohl sie alle 24 Stunden neu eingestellt werden, und zwar durch den Lichtzyklus, dem der Körper ausgesetzt ist. Dies führt zu dem Ergebnis, daß Leute aus dem Jet-set, die viele Zeitzonen überqueren, oder Schichtarbeiter unter einem internen Zyklus leiden, der dem äußeren hinterherhinkt. Die Folgen können Durchfall, Verstopfung, Anfälligkeit für Krankheiten und sogar Magengeschwüre sein, wenn sich der Körper langsam wieder dem neuen Tag-Nacht-Rhythmus anpaßt.

Der Anstieg und der Abstieg von körperlichen Tätigkeiten und sogar von Geburt und Tod sind keine exklusiven Eigenschaften von Menschen. Circadiane Rhythmen findet man tatsächlich in beinahe allen Kreaturen auf diesem Planeten, von den Schimmelpilzen bis zu den Vögeln, von den Bienen bis zu den Bären. Die Universalität dieser Erscheinung ist notwendig für das Überleben der Art. Indem sie ein inneres Programm der Sonnenbewegung in ihre Zellen inkorporieren, setzen sich Organismen in die Lage, ihr Verhalten oder ihre Physiologie auf Änderungen in der Umgebung vorzubereiten. Dieser innere Kalender ist so kritisch für das Leben, daß er ganz allein für sich oszillieren kann, wenn ein Organismus isoliert gehalten wird. Er ist so wichtig, daß er angeboren ist und nicht gelernt wird.

Fruchtfliegen zum Beispiel treten aus ihrem unreifen, wurmartigen Larvenstadium in das erwachsene Flugstadium etwa zwei Stunden vor dem Mittag. Diese Befreiung wird nicht durch die Sonne selbst ausgelöst. Die Fliege wird vor Mittag erwachsen, weil die Instruktionen dafür in ihren Genen eingebrannt sind. Wenn man fünfzehn Generationen von Fliegen unter dauerndem, gleichmäßigem Licht aufzieht und die natürlichen Rhythmen von Hell und Dunkel ausschaltet, werden sich die Larven immer noch nach Plan zwei Stunden vor Mittag entpuppen.

Diese »ungefähr einen Tag umfassenden« (circadianen)

Rhythmen wurden zuerst in Pflanzen beobachtet, und zwar durch den französischen Astronomen Jean de Mairan. Er bemerkte, daß eine heliotrope Pflanze ihre Blätter am Morgen öffnete und am Abend schloß. Der langsame Tanz der Blätter benötigte keine Sonne, um starten zu können, er ging vielmehr mit einem inneren circadianen Rhythmus einher, wie de Mairan herausfand, als er sah, wie sich die Blätter auch in völliger Dunkelheit öffneten und schlossen.

Die Geschichte der Demonstrationen von angeborenen circadianen Rhythmen in Pflanzen und Tieren verlief ziemlich gradlinig im Vergleich zu der Anstrengung, die es brauchte, um zu beweisen, daß auch die Menschen solche inneren Zyklen besitzen. Im Jahre 1657 baute Sanctorius, eine Kollege von Galilei, eine riesige Waage mit einer immensen Plattform, auf der er ein ganzes Zimmer unterbrachte, komplett möbliert mit Tisch, Stuhl und Bett. Sanctorius errichtete diese bizarre Konstruktion, um damit seine täglichen oder wöchentlichen Änderungen des Körpergewichts zu ermitteln, während er mehrere Monate auf diesem überdimensionalen Tablett lebte. Obwohl dies nur ein grobes Gerät war, das zudem nicht sehr ruhig operierte - es wackelte, wenn sich Sanctorius darauf bewegte –, stellte der Forscher dennoch fest, daß er zu einigen Stunden des Tages weniger wog als zu anderen. Er führte diesen circadianen Rhythmus des Körpergewichts auf den Wasserverlust durch Schwitzen zurück.

Fast zweihundert Jahre später registrierte der englische Wissenschaftler Briton J. Davy seine Körpertemperatur erst im Verlauf mehrerer Tage und dann sogar über ein ganzes Jahr. Obwohl diese Messungen damals eine eher schmerzhafte Prozedur gewesen sein müssen – das Thermometer wurde nicht in den Mund gesteckt –, zahlte sich die Mühe aus. Davy bemerkte, daß die täglichen Änderungen seiner Körpertemperatur nichts mit seinen Ausritten oder seinen Läufen zu tun hatten. Sie standen auch nicht in Beziehung zur Außentemperatur. Sie wiesen einen wirklich internen Charakter auf.

Davys Entdeckung, daß die Körpertemperatur im Laufe eines Tages steigt und fällt, konnte durch heutige Wissenschaftler verfeinert werden: Sie haben herausgefunden, daß die normale Körpertemperatur nicht fest bei etwa 37° bleibt, sondern um weniger als ein halbes Grad gegen fünf oder sechs Uhr am späten Nachmittag klettert und um fast ein Grad bis gegen drei oder vier Uhr am frühen Morgen fällt. Selbst unsere Herzfrequenz bleibt nicht konstant im Laufe eines Tages; sie kann innerhalb von 24 Stunden um bis zu 20 oder 30 Schläge pro Minute variieren. Auch Hormonspiegel fluktuieren. Und die Stimmung und das Gedächtnis pendeln auf und ab. Sogar die Muskelkontraktion variiert im Laufe des Tages: Ein Händedruck ist zum Beispiel am stärksten zur Zeit des Abendessens (gegen sechs Uhr) und am schwächsten um drei Uhr morgens. Beinahe jede Körperfunktion weist also einen circadianen Rhythmus auf.

Von uns unbemerkt, beschleunigen die Zellen, die die innere Schicht unserer Haut bilden, ihren Stoffwechsel um Mitternacht und verlangsamen ihn wieder im Laufe des Tages. Der normale rhythmische Fortschritt der Zellaktivität ist so vorhersagbar, daß man rechtzeitig erkennen kann, was im Körper normal funktioniert und was nicht. Die bösen Tumorzellen eines Brustkrebses folgen ihrem eigenen Rhythmus. Sie beschleunigen ihre Aktivitäten alle 20 statt alle 24 Stunden. Das Wissen um die ungewöhnlichen zyklischen Änderungen in der Oberflächentemperatur einer krebskranken Brust (die durch die Zellaktivitäten zustande kommt) liefert die Möglichkeit, das einstmals versteckte Verhalten der Tumorzellen aufzuspüren.

Im Laufe eines Tages ändern sich auch Vorgänge in unserem Mund. Während tagsüber viel Speichel abgesondert wird, nimmt die Menge nachts ab. Die Bakterien, die auf unseren Zähnen wachsen, »wissen« dies. Sie teilen sich schneller, wenn wir schlafen. Ihre hektische Aktivität bleibt nicht völlig unbemerkt. Wir wachen mit einem schleimigen Film auf unseren Zähnen auf und haben gewöhnlich einen schlechten Atem.

Selbst die Enzyme des Körpers zerlegen und verbinden schneller zu bestimmten Tageszeiten als zu anderen. Viele dieser Enzyme haben ungewöhnliche Arbeitszeiten. Die Enzyme, die die Toxine und Drogen abbauen, die wir geschluckt haben, sind am schnellsten um zwei Uhr morgens und am langsamsten 12 Stunden später.

Das Enzym, das den Alkohol zerstört, den wir trinken, hat in Frauen seltsamerweise einen anderen Rhythmus als in Männern. Bei Männern arbeitet die Alkohol-Dehydrogenase am schnellsten um acht Uhr morgens, und bei Frauen um drei Uhr morgens. Diese sexistische Form der Biochemie könnte einer der Gründe dafür sein, daß Frauen in den frühen Morgenstunden Männer unter den Tisch trinken können und weshalb dann viele Männer, die gehofft hatten, ihre Begleiterin betrunken und widerstandslos machen zu können, enttäuscht werden und allein nach Hause schwanken müssen.

Circadiane Erkrankungen

Die »Ehe« zwischen dem menschlichen Körper und der Sonne stellt eine intime und feste Verbindung dar, einen Kontrakt, der vom Körper sowohl in kranken als auch in gesunden Tagen befolgt wird. Es ist tatsächlich so, daß die menschlichen Leiden den Rhythmen der Sonne folgen, obwohl wir einst annahmen, daß Krankheiten und Unpäßlichkeiten zu allen Stunden des Tages auftreten würden. Sie treten in bestimmten Stunden häufiger auf und wirken sich dann auch spürbarer aus.

Der Schnupfen, die verklebte Nase, die roten Augen des Heuschnupfens sind am schlimmsten morgens vor dem Frühstück und lassen kaum vor dem Mittagessen nach. Asthma und Dyspnea (erschwertes Atmen) greifen einen wahrscheinlicher während der Nacht an als im Laufe des Tages, wobei diese Beobachtung schon vor Jahrhunderten gemacht worden ist: »Das Böse (Dyspnea) ist viel schlimmer im Schlaf ...«, hat der griechische Arzt Aretaeus im 3. Jahrhundert v. Chr. geschrieben.

Asthma selbst tritt nicht deshalb häufiger im Laufe der Nacht auf, weil sich abends mehr Pollen und Staub in der Luft aufhalten als tagsüber, sondern weil es Schwankungen im Immunsystem des Körpers gibt. Als der französische Arzt Alain Reinberg und der texanische Wissenschaftler Michael Smolensky im Jahre 1971 feststellten, daß die Luftwege ihrer asthmatischen Patienten im Laufe der Nacht empfindlicher auf entzündliche Chemikalien wie Histamine reagierten als tagsüber, isolierten sie sie in einem klimatisierten und luftgefilterten Raum, um sie vollständig von der äußeren Umgebung abzusondern.

Im Jahre 1977 gingen Reinberg, Smolensky und ihr Kollege Gervais noch einen Schritt weiter. Sie bauten sich einen Aerosol-Spray, der mit Hausstaub gefüllt war, und baten ihre Patienten, den Staub zu verschiedenen Zeiten des Tages zu inhalieren. Auf diese Weise konnten sie die Staubdosis kontrollieren, die die Patienten einatmeten. Wieder fanden die Wissenschaftler, daß die Patienten um Mitternacht empfindlicher auf Staub reagierten als zu irgendeiner anderen Zeit des Tages. Sie demonstrierten auf diese Weise, daß die Reaktion auf Pollen und andere Allergene mehr auf einen internen circadianen Rhythmus im Immunsystem des Betroffenen zurückzuführen ist und weniger auf die Menge an Staub oder Pollen, die sich in der Luft befindet.

Wenn die Empfindlichkeit des Körpers gegenüber Pollen einen täglichen Rhythmus hat, dann trifft dies auch für Schmerz zu. Tatsächlich ist die Schmerzschwelle nachts niedriger als am Nachmittag. Ein Zahnschmerz zum Beispiel tut mehr weh in den frühen Morgenstunden zwischen drei Uhr und dem Sonnenaufgang als sonst zu irgendeiner anderen Tageszeit. Der Beginn von Migräne und Kopfschmerzen liegt aus noch unbekannten Gründen ebenfalls in den frühen Morgenstunden. Einer meiner Freunde wacht regelmäßig damit auf.

Da wir von einer Fülle von Bakterien und Viren umgeben sind, kommt es nicht überraschend, wenn wir erfahren, daß die Chemie unseres Körpers auch einen circadianen Rhythmus in den Wechselwirkungen mit diesen mikroskopischen Agenzien einhält. Der Beginn eines Fiebers, das als Ergebnis einer bakteriellen Infektion zustande kommt, tritt vor allem zwischen fünf Uhr morgens und dem Mittag ein. Das Fieber einer viralen Infektion hingegen setzt hauptsächlich am späten Nachmittag ein, das heißt irgendwann zwischen 14 und 22 Uhr.

Daß Fieber von Erkältungen und Grippen, Entzündungen und infizierten Wunden in Zyklen auftritt, macht Sinn, wenn man sich die Aktivität des Immunsystems ansieht, der Defensivorganisation des Körpers, die dazu dient, diese mikroskopischen Krankheiten zu bekämpfen. Das Immunsystem ist ebenfalls zu bestimmten Stunden aktiver als zu anderen Zeiten. Weiße Blutzellen spielen zum Beispiel eine wichtige Rolle in der Immunabwehr. Sie sind mehr am Abend als im Laufe des Tages tätig. Wenn man aber versucht, die circadiane Natur von Herzanfällen, Angina oder Herzinfarkten zu erklären, wird das Bild nicht mehr ganz so deutlich.

Im Jahre 1984 kämmte James Muller von der Harvard Medical School die Unterlagen von nahezu 3000 Patienten durch, die einen Herzanfall erlitten hatten. Als er sich durch die vielen, vielen Seiten durchwühlte, sah er auf einmal ein Muster: Zu seinem großen Erstaunen tendierten die meisten Patienten dazu, ihren Anfall um neun Uhr am Morgen zu bekommen. Die Wahrscheinlichkeit, um neun Uhr einen Herzanfall zu erleiden, war dreimal so groß wie die Wahrscheinlichkeit für elf Uhr. Und die geringste Wahrscheinlichkeit ergab sich für neun Uhr abends.

Muller wurde ganz aufgeregt. Er nahm Kontakt mit Thomas Robertson und John Marler an den National Institutes of Health auf und bat sie, mit einer Computeraktion die Stunde herauszufinden, in der ein Herzinfarkt am wahrscheinlichsten sei. Zur allgemeinen Überraschung gaben auch hier die Daten die Auskunft: neun Uhr am Morgen. Am wenigsten wahrscheinlich würde ein Infarkt zwischen drei und vier Uhr morgens eintreten.

In der Zwischenzeit ging Paul Ludmer aus Oakland in Kalifornien die Todesbescheinigungen von Personen durch, die einen plötzlichen Herztod erlitten hatten, und Michael Rocco von der Harvard-Universität überprüfte Daten von vorübergehenden ischämischen Herzanfällen (der Herzmuskel bekommt dabei zuwenig Blut). Beide entdeckten, daß die meisten Vorfälle morgens eintreten, und zwar um neun Uhr herum. Dies ist in der Tat geheimnisvoll, obwohl die Ursache hierfür in dem circadianen Rhythmus unserer Hormone oder unserer Körperbiochemie liegen könnte.

Herzinfarkte treten auf, wenn ein Blutklumpen ein Herzkranzgefäß blockiert, das die Herzmuskeln mit Blut versorgt. Seltsamerweise gibt es einen circadianen Rhythmus in der Aggregation von Plättchen, den kleinen, flokkenartigen Fragmenten der Knochenmarkzellen, die dafür sorgen, daß sich Blutzellen verklumpen. Es gibt ebenfalls einen täglichen Zyklus bei ihrer Reaktion auf Heparin, einer natürlichen Chemikalie des Körpers, die eine Gerinnung verhindert. Dennoch kennt niemand den Grund, aus dem heraus die Plättchen morgens klebriger sind und eher zusammenklumpen als zu irgendeiner anderen Zeit des Tages.

Blutgerinnung erklärt jedoch nicht, weshalb eine Ischämie am Morgen auftritt. Eine Ischämie kommt häufig durch Krämpfe der Kranzgefäße zustande. Nun sorgt Adrenalin dafür, daß sich Blutgefäße kontrahieren, und rein zufällig neigt die Konzentration dieses Hormons dazu, am Morgen anzusteigen. Damit löst sich noch nicht das Rätsel auf, warum Schlaganfälle um neun Uhr morgens passieren. Oder wie es Marler einmal in einem Interview mit der Zeitschrift ›Science‹ ausgedrückt hat: »Wir wissen einfach nicht, was einen Herzanfall verursacht. Punkt. Und wir wissen erst recht nicht, warum er zu einer bestimmten Tageszeit auftritt.« Das Timing des Todes durch diese schweren kardiovaskulären Zwischenfälle bleibt weiter ein Geheimnis.

» ... zu sterben: zu schlafen ...«

Vor vielen Jahrhunderten wurde der Schlaf mit dem Tod verwechselt. Für die Germanenstämme zur Zeit des römischen Imperiums waren Schlaf und Tod unzertrennlich. Sogar noch in der elisabethanischen Epoche der englischen Geschichte wurden Tod und Schlaf oft nicht auseinandergehalten. William Shakespeare beendet sein Drama ›Romeo und Julia‹, indem er die Heldin eine Droge einnehmen läßt, die sie umwirft. Ihr todesartiger Schlaf täuscht dann nicht nur ihre Familie, er täuscht auch ihren Liebhaber, der sich selbst umbringt. Jahrhunderte später schrieb der amerikanische Kriminalschriftsteller Raymond Chandler davon, daß Tote »den großen Schlaf schlafen« würden.

Das Bedürfnis nach Schlaf ist unwiderstehlich. Die meisten von uns verbringen im Schnitt sieben oder acht Stunden pro Nacht im Schlaf – ein Drittel unseres Lebens. Einige Leute brauchen mehr, andere weniger Schlaf. Napoleon soll nie mehr als vier Stunden benötigt haben, während Albert Einstein nachts zehn Stunden im Bett verbrachte. Ohne Schlaf kann jedenfalls niemand leben.

Wenn wir wenige Stunden auf Schlaf verzichten müssen, fühlen wir uns gleichgültig. Wenn wir einige Tage ohne Schlaf sein müssen, fühlen wir uns wie erschlagen. Schlafentzug ist im Laufe der Geschichte als eine Form der Folter eingesetzt worden. Die Römer benutzten »Tormentum vigiliae« (die Folter des Wachseins), um ihre Gefangenen langsam zu töten. Im Mittelalter wurde die »Tortura insomniae« (die Folter der Schlaflosigkeit) verwendet, um Geständnisse zu erzwingen. Nach dem ›Guiness-Buch der Rekorde‹ liegt der längste Zeitraum, den jemand ohne Schlaf ausgehalten hat, bei zwölf Tagen. Danach fordert der Schlaf sein Opfer.

Dennoch kennen wir seinen Zweck nicht. Die circadiane Periode des Schlafs, der nahezu universell auftritt – auch Tauben, Ratten, sogar Motten und Fliegen zeigen Schlafverhalten –, kann als eine Art Schutz entstanden sein. Indem er dem Organismus eine Phase der Inaktivität aufzwingt, beschränkt er ihn auf sein Versteck, in dem der Körper sicher vor Räubern ist. Doch es ist auch leichter, ein schlafendes Tier zu erlegen als ein waches.

Der Schlaf kann auch als eine Phase eingerichtet worden sein, in der die verbrauchten Teile des Körpers erneuert werden. Wenn das stimmt, dann ist der Natur jedoch eine schlechte Lösung gelungen: Während ein Organismus weniger Energie verbraucht, wenn er schläft – sogar die Körpertemperatur ist dann erniedrigt –, gibt es keine Zunahme in der Produktion von Proteinen, die einen notwendigen Bestandteil der Gewebe darstellen. Es kommt sogar zu einer Abnahme in der Proteinproduktion, während man in Orpheus Armen ruht.

Wäre der Schlaf das Ergebnis eines abgeschalteten Systems, so würde sein Zweck verständlich sein – eine notwendige Pause, um dem Gehirn Ruhe zu verschaffen. Aber das stimmt nicht. Schlaf ist ein aktiver Vorgang. Wenn man einen Haufen von Nervenzellen an der Basis des Gehirns – die Retikularformation – stimuliert, wird ein Tier einschlafen. Das Gehirn eines schlafenden Tieres ist weit davon entfernt, selbst zu schlafen, es ist voller Leben.

Wenn wir auch nicht wissen, warum wir schlafen, so haben wir doch einige Vorstellungen davon, warum wir nachts einschlafen. Die Gründe mögen mehr mit einer bestimmten Aktivität in unserem Gehirn und weniger mit der Tatsache zu tun haben, daß wir müde sind. Die Zirbeldrüse – eine kleine, weiße, zapfenförmige Struktur in der Mitte des Gehirns, die einen circadianen Rhythmus zeigt – stellt nachts mehr von dem Hormon Melatonin her als tagsüber und sorgt auch für dessen Aussendung. Wenn diese Substanz einer Versuchsperson tagsüber verabreicht wird, schläft sie ein. Kinder produzieren nachts mehr Melatonin als Erwachsene, und sie schlafen mit Hilfe seiner kräftigen Wirkung auch länger.

Die moderne Schlafforschung kam auf ihren heutigen Weg, als im Jahre 1940 Nathaniel Kleitmann, der in Chicago arbeitete, sich für die langsamen und umherschweifenden Augenbewegungen interessierte, die auftraten, als seine Versuchspersonen einschliefen. Er war zu beschäftigt, um sich selbst um die Sache zu kümmern, und gab das Projekt seinem Doktoranden Eugene Aserinsky, der die elektrische Aktivität der Muskeln an der Augenbasis aufzeichnete, da ihre koordinierten Kontraktionen die Augen auf und nieder und rechts und links bewegen. Bei seinen Elektrookulogrammen (EOG) entdeckte Aserinsky schon bald, daß die Nadeln heftig hin und her vibrierten, nachdem die Probanden eingeschlafen waren. Das Zittern der Nadeln entsprach den raschen Augenbewegungen unter den Lidern. Die Bewegung der Augen schien sehr wichtig zu sein, denn wenn man die Versuchspersonen aufweckte, sobald ihre Augen sich bewegten, erzählten sie, daß sie geträumt hätten.

Die neuentdeckte Phase des Schlafs erhielt den Namen »Rapid Eye Movement« (REM), also schnelle Augenbewegung. Die REM-Phase stellte eine aufregende Entdeckung dar, obwohl sie nur einen Knochen zu dem komplexen Skelett des Schlafs lieferte. In den Jahren zuvor hatten die Wissenschaftler vier Phasen des Schlafens entdeckt (sie nannten sie einfach 1, 2, 3 und 4), die alle ihre besonderen Eigenheiten zeigten. Nun aber – nachdem es die REM-Phase gab – nahm ihre Bedeutung ab, und man gab ihnen den kollektiven Namen Nicht-REM-Schlaf. Ob es nun wichtig ist oder nicht, die alternierende Sequenz von REM und Nicht-REM durchläuft vier bis fünf Zyklen von jeweils einer oder eineinhalb Stunden, die die Routine eines Nachtschlafs füllen. Die Stunden sind dabei voller Aktivität.

Das Bild des Schlafs

Das schlafende Gehirn gibt seine Geheimnisse nicht freiwillig preis. Sie können jedoch mit Hilfe von höchstempfindlichen elektronischen Geräten herausgezogen werden. Elektroden müssen am Schädel befestigt werden, um ein Elektroenzephalogramm (EEG) aufzuzeichnen, dessen heftig ausschlagende Linien durch die Aktivität vieler Milliarden Nervenzellen zustande kommen. Drähte werden auf die Haut an den Kiefern und in das Fleisch um die Augen angebracht, um die feinen Bewegungen der Muskeln zu registrieren. All dies wird mit einem mechanischen Schreibgerät verbunden, das die elektrischen Signale auf Papier überträgt. Erst an dieser Stelle offenbart der Schlaf seine wahre Natur.

Wenn man die Bewegungen der Nadeln in dem Schreibgerät beobachtet, mit denen zitternde Zeichen auf eine sich langsam bewegende Papierrolle gekratzt werden, dann blickt man wie ein Spion in eine Welt, die sowohl intim-vertraut als auch vollständig fremd ist. Die Reise der Nadeln ist eine Achterbahn durch das Innere unseres Geistes.

Wenn wir einschlafen, passiert folgendes: Die Körpertemperatur und der Blutdruck sinken. Zur selben Zeit, da sich das Gehirn zum Einschlummern bereitmacht, verlangsamt sich unsere Atemfrequenz. Zuerst vibrieren die Nadeln, die das EEG aufzeichnen, in kurzen, schnellen Ausschlägen hin und her. Diese sogenannten Alpha-Rhythmen zeigen, daß das Gehirn noch aufmerksam ist, während es sich entspannt. Die irregulären Bewegungen der Augen und die angespannten Kiefermuskeln deuten in dieselbe Richtung.

Etwa drei Minuten später gibt das Fundament nach, auf dem unser wacher Geist ruht. Wir sinken in die Unterwelt des Schlafes. Die Alpha-Rhythmen des EEG sinken plötzlich. Die bislang rauhe Niederschrift des EEG wird zu einem schüchternen Gekritzel. Die Muskeln des Körpers entspannen sich etwas. Die Augen rollen langsam vor und wieder zurück in ihren Höhlen. Wir befinden uns in Stufe 1, die ein bis drei Minuten dauert.

Wenn diese Stufe kollabiert, steigen wir zur zweiten Ebene des Schlafs hinab. Die eher zurückhaltenden Kratzer der ersten Phase weichen geringfügig größeren Vibrationen der zweiten. Sie werden überlappt von gelegentlichen Ausbrüchen von Aktivitätswellen, die als Schlafspindel bekannt sind. Manchmal wird das Muster durch

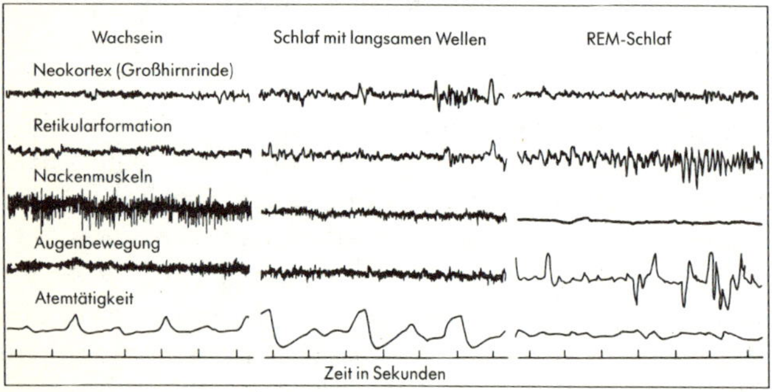

Die Kennzeichen des Schlafs ändern sich im Laufe der Nacht.

das Auftreten von großen, übergreifenden Wellen unterbrochen, den sogenannten K-Komplexen. In der Zwischenzeit sind die Muskeln nur etwas weniger angespannt als zu dem Zeitpunkt, da wir wach waren. Die Augen bleiben bewegungslos.

In der Stufe 2 verharren wir zehn bis fünfzehn Minuten, bevor wir zur dritten Ebene abdriften. Die EEG-Rhythmen des Gehirns heißen nun Delta-Wellen. Sie sind groß, langsam und träge und weisen darauf hin, daß der Körper den Zustand des Tiefschlafs erreicht hat. Im Verlauf dieser Phase sendet die Hypophyse große Mengen des Wachstumshormons auf die Reise, eines Moleküls, das den Stoffwechsel des Körpers koordiniert. Hier befindet sich auch die Stelle, an der – während der Pubertät – der größte Teil des männlichen Sexualhormons Testosteron und der Chemikalie LH in das Blut eingelassen werden, die von Frauen benötigt wird, um den monatlichen Eisprung zu bewerkstelligen.

Nun sinken wir langsam in die tiefste Phase, die Stufe 4. In dieser »Kammer des Schlafs« bleiben wir dreißig Minuten, wobei unsere Augen und Muskeln relativ ruhig sind. Danach geht es wieder aufwärts zur dritten Stufe, auf der wir nur zehn Minuten halten, bevor uns der psychische Aufzug für weitere zehn Minuten auf die Stufe 2 befördert.

Für etwa eine Stunde und 20 Minuten ist unser Geist wie eine verkorkte Flasche, die auf den langsamen Wellen des Schlafs reitet. Dann öffnet sich plötzlich eine Tür. Die Visionen sind chaotisch, die Szenen wirken bizarr, hell und bunt. Wir befinden uns in der REM-Phase – und träumen.

Die psychischen Episoden stimmen mit den wilden Bewegungen der Schreibnadel überein. Die Signale, die von den Muskeln kommen, deuten an, daß sie sich rasch umherbewegen. Das EEG-Muster ähnelt dem nervösen Gekritzel der Schlafstufe 1, die noch durch eine mentale Aufmerksamkeit charakterisiert ist, obwohl die Muskeln des übrigen Körpers bereits schlaff und nutzlos sind. Trotzdem erhöhen sich die Atem- und die Pulsfrequenz. Bei Männern erigiert der Penis, selbst wenn es dabei keine sexuellen Träume gibt. Selbst Kleinkinder bekommen Erektionen während dieser Phase.

Wie der Schlaf ist auch die REM-Phase kein einheitliches Ereignis. Sie alterniert zwischen zwei kleineren Ereignissen, die REM-M und REM-Q heißen, wobei diese Namen andeuten, was die Augen machen – sie bewegen sich (M steht für das englische »move«), oder sie sind ruhig (Q steht für »quiescent«). In der REM-M-Phase folgen unsere Augen der Aktivität auf der Traumbühne. Wenn sich die Schauspieler, die wir ins Leben gerufen haben, bewegen, gehen unsere Augen mit. Die Muskeln unserer Beine jagen diesen Bildern allerdings nicht hinterher. Abgesehen von einigen Zukkungen, sorgt das Gehirn für deren Stillstand.

Wenn ein Traum zu Ende geht, betreten wir die Phase REM-Q, die eine Art mystische Pause zwischen zwei Szenen ist. Die Augen bleiben ruhig, aber der Körper tendiert dazu, sich umherzuwälzen. Wenn wir jetzt geweckt würden, könnten wir berichten, daß unser Traum gerade zu Ende wäre, und wir würden uns am nächsten Morgen an ihn erinnern. Blieben wir ungestört, würden wir erneut in die REM-M-Phase eintauchen.

Seit wir eingeschlafen sind, sind neunzig Minuten vergangen, und nun fängt ein neuer Zyklus an. Weggerissen von unserem Traum, reisen wir zu Stufe 2 zurück, um hier nun länger zu verweilen als zuvor, nämlich ungefähr zwanzig bis dreißig Minuten. Dann geht's zurück zu Stufe 3 (für fünf bis zehn Minuten) und schließlich langsam in die Stufe 4. Wir besuchen diese »Insel« nur für etwa zehn Minuten. Dann geht's wieder aufwärts zu Stufe 3 (für fünf Minuten) und zu Stufe 2 (fünf Minuten), nur um wieder in das warme und fließende Meer des REM-Schlafs zu tauchen. Hier dehnen wir unseren Aufenthalt auf fast fünfzehn Minuten aus.

Dieser zweite Zyklus hat etwa so lange gedauert wie der erste (diesmal eine Stunde und dreißig Minuten), aber dabei passierte etwas Interessantes. Die Stufen des Tiefschlafs, 3 und 4, fingen an zu verschwinden. Beim dritten 90-Minuten-Zyklus sind nur noch die Stufe 2 und die REM-Phase geblieben, um sich den Schlafball zu gleichen Teilen bei der Reise durch die Nacht zuzuwerfen. Bis wir aufwachen.

Fliegende Bäume und schwimmende Büromöbel sind der Stoff von Träumen. So gesehen, ist ihre bizarre Anwesenheit ganz natürlich. Doch der Grund für den REM-Schlaf – ein Zustand, den wir alle zwei Stunden pro Nacht einnehmen, und die Mutter all dieser Halluzinationen – ist viel verwirrender. REM ist vermutlich eine primitive Form von Schlaf – Katzen und andere Säugetiere verbringen viel Zeit vor der Geburt in einem Zustand wie diesem –, die sich als ein Programm entwickelt hat, um genetisch festgelegte Funktionen wie Instinkt und Sexualverhalten einer Probe zu unterziehen, ohne sie physisch ausleben zu müssen. REM kann sich auch als die Periode geformt haben, in der die Ereignisse des Tages sortiert und abgelegt werden.

Was auch immer der eigentliche Zweck des Schlafs ist, unsere Art verbringt einen großen Teil des Sonnentages in seinen Armen. In den frühen Lebensmonaten verschlafen die Kinder den größten Teil des Tages. Seltsamerweise sehen die EEG-Muster ihres REM-Schlafs den EEG-Mustern ihres Wachzustands sehr ähnlich.

Ältere Menschen tendieren dazu, mehr im Laufe des Tages als in der Nacht zu schlafen, wenn die meisten anderen Leute im Bett liegen. Wenn sie einschlafen, geht dies oft ruckartig vor sich, und sie wachen oft wieder auf. Sie verbringen auch weniger Zeit im Tiefschlaf als jüngere Leute. Konstant bei Alten und Jungen bleibt allerdings der Prozentsatz des REM-Schlafs.

Die Tatsache, daß er so stark in unser Leben eindringt, spricht für die Macht und Bedeutung des Schlafs. Er spielt eine entscheidende Rolle selbst in der Pubertät, wenn viele Hormone vor allem während des Schlafs freigesetzt werden. Trotz seiner herausragenden Bedeutung bleibt der Schlaf aber einem circadianen Rhythmus unterworfen. Und sein Meister ist gefunden worden.

Die Kontrolluhr

In den zwanziger Jahren dieses Jahrhunderts bemerkte der Psychobiologe Curt Richter von der Johns-Hopkins-Universität in Maryland, daß die Ratten in seinem Laboratorium nach wie vor nachts aßen und am Nachmittag schliefen, obwohl er das Licht in dem Zimmer seit Tagen nicht mehr ausgeschaltet hatte. Die Tiere zeigten, so vermutete er, offenbar einen circadianen Rhythmus. Doch wovon gingen diese Rhythmen aus? Wo war die Uhr, die sie kontrollierte?

Richter erhielt seine Antwort nach einem langwierigen Prozeß der Eliminierung. Er brachte einen kleinen Schnitt in einem Stückchen Hirngewebe an, sah, daß die Tiere weiter ihren Ruhe-/Aktivitäts-Rhythmus beibehielten, und schnitt dann in ein anderes Stück des Nervenpuddings hinein.

Dies ging so mehrere Jahre lang, bis er eines Tages den Hypothalamus erreichte, der am Fuß des Gehirns zu finden ist. Nach der Operation ließ er die Ratten in Ruhe. Als er dann später nach ihnen sah, stellte er zu seiner Überraschung fest, daß die Tiere keinerlei normales circadianes Verhalten mehr zeigten. Sie aßen zu allen Zeiten des Tages und schliefen unsystematisch.

Als Richter später die Gehirne dieser Ratten untersuchte, entdeckte er, daß die Region, die er verletzt hatte, nur aus einem winzigen Nervenhaufen bestand, der direkt oberhalb der Stelle lag, an der sich die optischen Nerven kreuzen (Chiasma). Diese »Kreuzung« hinter den Augenrücken ist ein Teil des Hypothalamus. Wegen dieser Position erhielt der Nervenhaufen die Bezeichnung »Suprachiasmatischer Kern« (SCN).

Die Arbeiten von Richter blieben jahrelang unbeachtet, bis im Jahre 1972 zwei Experimentalpsychologen der Universität von Kalifornien, Fred Stephan und Irving Zucker, einen Schnitt durch den SCN legten, dessen Verbindung mit dem übrigen Nervensystem unterbrachen und dabei erneut entdeckten, daß die so behandelten Ratten ihren circadianen Rhythmus verloren. Die Tiere aßen, schliefen und rannten umher während des ganzen Tages. Dies war sehr ungewöhnlich.

Wichtiger noch aber war eine andere Entdeckung: Als Stephan und Zucker die optischen Nerven der Ratten verletzten und die Tiere erblindeten, lief deren biologischer Rhythmus unvermindert weiter. Dies bedeutete, daß der SCN eine private Nervenverbindung mit der Netzhaut hat, die unabhängig vom optischen Nerv existiert. Der SCN war immer noch mit der Sonne verbunden.

Die Forscher schlossen daraus, daß der SCN Befehle durch den Lauf der Sonne bekommt – aber dann kamen sie nicht weiter. Noch gab es keinen Beweis, daß die Rhythmen des SCN die Aktionen des Körpers ganz aus sich heraus dirigieren konnten. Diese Antwort wurde erst ein paar Jahre später von zwei unabhängig voneinander arbeitenden Forschergruppen gefunden.

1977 benutzten William Schwartz und Harold Gainer von den National Institutes of Health eine raffinierte biochemische Technik, um die Stoffwechselaktivität der Nervenzellen in Rattengehirnen zu messen. Dabei stellten sie fest, daß die Zellen des SCN ihren eigenen circadianen Rhythmus haben. Die Zellen waren tagsüber aktiv, nachts aber nicht.

Durch diese Entdeckung faßten zwei japanische Wissenschaftler Mut. Shin-ichi Inouye und Hiroshi Kawamura aus dem Mitsubishi-Institut bei Tokio wollten beweisen, daß der SCN keine Instruktionen von anderen Regionen des Gehirns bekommt, sondern die Rhythmen dieser Gebiete durch seine eigene Aktivität lenkt.

Um dies zu zeigen, brachten sie mehrere Elektroden im Gehirn der Ratte an – eine davon reichte in den SCN – und betrachteten die elektrischen Signale, die von ihnen registriert wurden. Zuerst erlebten sie eine Enttäuschung. Alle Regionen des Gehirns wiesen einen circadianen Rhythmus in ihrer Aktivität auf. Danach schnitten sie durch den SCN und verletzten seine Verbindungen mit dem übrigen Gehirn. Das Resultat war dramatisch: Nun zeigte – vom SCN abgesehen – keine einzige Region des Gehirns mehr irgendeine Form von circadianem Rhythmus in ihrer Aktivität. Die beiden japanischen Forscher hatten endlich bestätigt, daß der SCN die »Kontrolluhr« war, auf die Curt Richter rund sechzig Jahre zuvor bei seinen Experimenten gestoßen war.

Der Besitz einer Uhr, mit der circadiane Aktivitäten des menschlichen Körpers koordiniert werden können, ist so wichtig für unser Leben, daß es im evolutionären Rahmen Sinn ergeben würde, wenn sie mit der Sonne abgestimmt sein würde, sobald wir geboren werden. Und genau das passiert zumindest bei Ratten und Büscheläffchen. Die SCN-Uhr läuft in diesen Tieren schon tagelang, bevor die Verbindungen zur Netzhaut hergestellt werden und bevor der Körper selbst circadiane Rhythmen zum Ausdruck bringt. Neugeborene Tiere – und selbst neugeborene Menschen – zeigen nicht sofort tägliche enzymatische und hormonelle Rhythmen oder regelmäßige Schlaf-Wach-Rhythmen. Eine Zeitlang tickt also die SCN-Uhr schon, aber noch »hört« der Körper sie nicht.

Der Grund für diese einsame Nachtwache besteht darin, daß die SCN-Uhr nicht erst eingestellt wird, wenn die Lebewesen geboren werden, sondern bereits dann, wenn sie noch in der Gebärmutter sind. Sobald sie auf die Welt gekommen sind, noch während ihr Gehirn heranreift, setzt die Mutter ihren Einfluß auf die tickende Uhr ihrer Nachkommen fort.

Wie es die Mutter fertigbringt, den SCN ihrer Kinder auf den Hell-Dunkel-Zyklus der Welt draußen einzustellen, bevor sie die Gebärmutter verlassen, ist viele Jahre lang ein Geheimnis geblieben. Diese Frage wurde erst 1983 durch Steven Reppert und William Schwartz in Massachusetts gelöst. In einem clever entworfenen Experiment injizierten sie Ratten mehrmals am Tag radioaktiv markierte »Deoxyglukose«. Diese Substanz ist ein Analog der normalen Glukose, die von den Zellen des Gehirns gehortet wird, ohne vollständig abgebaut zu werden. Sie dient daher als Markierung der Stoffwechsel-Aktivität einer Zelle. Je aktiver eine Region ist, desto mehr Deoxyglukose wird dort vorhanden sein. Darüber hinaus gelangen die Isotopen durch die Plazenta und lassen sich sowohl im fötalen Gehirn als auch in dem der Mutter nieder. Auf diese Weise konnten die beiden Forscher die Aktivität des SCN in Mutter und Kind bestimmen.

Reppert und Schwartz entdeckten dabei, daß sich ein circadianer Rhythmus in den Rattenföten drei Tage vor deren Geburt einstellte, kurz nachdem die Zellen gebildet worden waren, aus denen der SCN besteht. Die Schwangerschaft dauert bei Ratten etwa 21 Tage. Die Frage war: Wie passiert das?

Irgendwie wußten die Föten, welche Tageszeit herrschte, selbst ohne daß sie die Möglichkeit hatten, sie direkt wahrzunehmen. Sie erhielten die Information nicht unmittelbar durch das Sonnenlicht, das durch den Bauch der Mutter in die Gebärmutter gelangte. Die beiden Forscher aus Massachusetts zeigten dies, indem sie die Mütter blendeten und Tag-Nacht-Rhythmus im Laboratorium umkehrten. Bei den blinden Müttern lief der Zyklus dann immer noch in der alten Weise, und die Föten konnten sich entscheiden zwischen diesem Zyklus und dem umgekehrten, der im Labor herrschte. Überraschenderweise wählten die unreifen Ratten den circadianen Zyklus ihrer Mutter. Als Reppert gemeinsam mit Fred Davies von der Universität in Virginia den SCN der Mutter in einem frühen Stadium der Schwangerschaft entfernte und so ihren circadianen Rhythmus zerstörte, lief die fötale Uhr weiter, sie war allerdings nicht mehr in Übereinstimmung mit der äußeren Welt. Fötale Büscheläffchen zeigten dasselbe Verhalten.

Die Föten bekommen ihre Information indirekt von ihrer Mutter. Die Theorie lautet, daß Sonnenlicht auf die Netzhaut der Mutter fällt und zunächst den Rhythmus ihres SCN neu einstellt. Dann bewegt sich ein chemisches Signal – das niemand kennt – zum SCN der Föten, um auch dieses neu einzustellen.

- Nachdem man sich die Zähne geputzt hat, fängt der Zahnstein an, sich innerhalb von sechs Stunden zu bilden. Nachts geht dies sogar noch schneller.

- Zwillinge werden im Durchschnitt 19 Tage früher als einzelne Kinder geboren. Ihre größeren Ausmaße strecken die Muskeln der Mutter im Uterus, was zu früheren Kontraktionen führt, die die Kinder eher hinausdrücken.

Was das für unsere Art bedeutet, ist nicht so ohne weiteres klar: Menschen haben tatsächlich einen SCN, der vom siebten Monat der Schwangerschaft an läuft. Wenn nun aber die Uhr auf dieselbe Weise funktioniert wie in Büscheläffchen, dann müssen wir über die Konsequenzen für unsere Kinder nachdenken. Schichtarbeit und Flüge über viele Zeitzonen bringen bekanntlich den circadianen Rhythmus von Erwachsenen durcheinander. Welche

Auswirkungen haben diese Ereignisse aber auf einen Fötus, der in der Gebärmutter einer vielfliegenden Frau oder einer Schichtarbeiterin liegt?

Wir wissen noch nicht, ob die Uhren von menschlichen Föten auf dieselbe Weise funktionieren, wie sie dies bei Ratten tun. Sollte dies der Fall sein, dann könnte ein abnormales Signal vom SCN der Mutter ernsthafte Auswirkungen auf das Timing einer normalen Geburt haben. Kinder, die am Nachmittag geboren werden (zwischen 14 und 16 Uhr), haben häufiger medizinische Komplikationen. Interessanterweise ist die Anzahl der Totgeburten am Nachmittag etwas größer als zu anderen Tag- und Nachtzeiten.

Zeit der Geburt

Ob der SCN für das Timing der Drangsale der nächtlichen Wehen und der morgendlichen Geburt in unserer Art verantwortlich ist oder nicht – eine Frage bleibt offen. Vor Millionen von Jahren muß es sicher einen Grund für die Synchronisation dieser Ereignisse mit der Morgendämmerung gegeben haben. Wenn aber das Timing ein uralter Prozeß ist, dann gilt dies auch für die Ereignisse, die zur Geburt eines Kindes führen.

Trotz seiner primitiven und offensichtlichen Notwendigkeit ist die Geburt niemals leicht und schnell gewesen. Vor dem Aufkommen der modernen Medizin mußten die Frauen die Wehen so lange aushalten, wie die Geburt im Normalfall dauerte. Jede Mutter zitterte aber – und zittert noch heute – bei dem Gedanken, daß ihr Kind in einer seltsamen Position in ihrem Bauch liegt. Der Schmerz und das Leiden durch verlängerte Wehen konnten tagelang anhalten, bis die Frau mit ihrem noch ungeborenen Kind starb. Es ist also kein Wunder, daß Frauen an die Geburt mit Schrecken dachten. »Bete für mich, daß ich dieses Kind zur Welt bringe«, schrieb die Gräfin von Egliton einer Freundin im Jahre 1616, »und noch leben kann, um Deine nicht zu zählenden Freundlichkeiten zu verdienen.«

Um die Sache zu beschleunigen, haben Verwandte Kräutersäfte und Zaubersprüche angeboten. Im mittelalterlichen Europa wurden schwangere Frauen während der Wehen manchmal mit der Peitsche geschlagen, um das Kind schneller zur Welt zu bringen. Die Theorie bestand darin, daß der Schmerz die Spannung abbaut, die das Kind zurückhält. Als aber eine deutsche Königin – so erzählt Martin Luther – ihre Wehen bekam, wagte niemand, ihr die Peitsche zu geben. Statt dessen wurden zwei Dutzend Männer in den Raum gebracht, in dem sie lag, und wurden verprügelt.

Während der letzten Phase der Wehen übernahm oft eine Hebamme das Kommando. Normalerweise ließ sie der Natur ihren Lauf. Manchmal reichten Hebammen auch schwere alkoholische Getränke oder Brühen, wenn die werdende Mutter schwach zu sein schien. Sie untersuchten auch den Geburtskanal und prüften, ob die Sache voranging.

Im 17. Jahrhundert brachten nur wenige Mütter ihre Kinder flach liegend zur Welt. Zumeist saßen sie auf einem Stuhl oder auf dem Schoß einer anderen Frau, oder sie knieten auf einem sauberen Brett. Wenn das Kind dann aus dem Geburtskanal herausgepreßt wurde, fing die Hebamme es auf, durchtrennte die Nabelschnur und holte die Plazenta hervor, die noch in der Gebärmutter war. Wenn der ganze Vorgang zu lange dauerte, hielt sie einen Magneten oder ein Hufeisen vor die Vagina der Mutter in der Annahme, das Kind so herausziehen zu können.

Manchmal kamen die Kinder mit den Füßen zuerst zur Welt. Die Frauen, die diese Quälerei ohne größeren Schaden überlebten, konnten sich glücklich schätzen. »Es hat Gott gefallen, mir die sichere Geburt einer lebenden

Tochter zu gewähren«, schrieb Lady Christian Lindsay im Jahre 1666, »obwohl ich mich sowohl ihret- als auch meinetwegen zu Tode fürchtete, bevor ich ins Bett gelegt wurde, da ich so sehr krank war.«

Wie immer auch die soziale Geschichte aussieht, die Geburt eines Menschen als ein biologischer Vorgang ist stets nach demselben Schema abgelaufen, das entstanden ist, als unsere Art in Erscheinung trat. Die langsame und oft einen halben Tag dauernde Reise durch die Wehen wird von der Natur des Kindes und nicht der Eltern wegen unternommen. Bei dem letzten Teil der letzten Reifung muß das Kind seine Lungen, sein Herz und sein Gehirn für eine Welt präparieren, die es noch nicht gesehen hat. Um hierherzukommen, muß es zunächst aus seiner warmen und geschützten Abgeschiedenheit – der Fruchtwasserhülle – gestoßen werden. Und zwar mit den Muskeln des mütterlichen Uterus, um anschließend erneut gezwungen zu werden, durch einen dunklen, engen Kanal abzusteigen, der durch die natürliche Form des Beckens einem gebogenen Zylinder ähnelt. Dies bedeutet für den Kopf nicht nur, daß er sich drehen muß, um durch den Geburtskanal zu gelangen, er muß sich auch stauchen lassen und seine Form (noch sind die Knochen weich) den Umrissen des Kanals anpassen. Es ist nur zu verständlich, daß er sich dabei Zeit läßt.

Für eine Frau, die zum erstenmal ein Kind zur Welt bringt, ist der Beginn der Wehen – das Ereignis also, das zum tatsächlichen Ausstoßen des Kindes aus der Gebärmutter (Uterus) führt – ebenso geheimnisvoll wie unverzeihlich. Die Wehen werden durch den Fötus ausgelöst, wenn er neun Monate im Bauch der Mutter verbracht hat. Die fötale Hypophyse, die vom über ihr liegenden Hypothalamus angestoßen wird, scheidet vermehrt die Hormone ACTH und Oxytocin aus. ACTH aktiviert die fötalen Bauchspeicheldrüsen über den Nieren, um noch größere Mengen des Hormons freizusetzen, die ihrerseits eine ganze Kaskade von Ereignissen auslösen, die die Wehen einleiten. In der Zwischenzeit stimuliert das Oxytocin in der Gegenwart von Östrogen (aus den Eierstöcken) die Kontraktion der Uterus-Muskeln. Die junge Mutter spürt dumpf tiefsitzende Rückenschmerzen und einen Krampf in ihrem Bauch.

Zwei Wochen zuvor hat die Erstgebärende – so der intelligente Ausdruck der Frauenärzte – vielleicht gespürt, wie das Baby tiefer gesunken ist. Und wenig später wurde dann die Atmung erschwert – ein sicheres Zeichen dafür, daß sich die Zeit der Wehen nähert. Bei dieser Erscheinung änderte das Baby seinen Platz in der Gebärmutter, um sich selbst dem Geburtskanal zuzuwenden. Wie die meisten normalen Kinder wird es mit dem Kopf zuerst die Mutter verlassen.

Nun, zwei Wochen später, läuft die Mutter ängstlich und aufgeregt im Krankenhaus umher. Es ist schon bald sieben Uhr abends, und die mächtigen Kontraktionen der Uterus-Muskeln treten etwa alle zwanzig Minuten auf. Jede Anspannung dieser Muskeln scheint eine Ewigkeit zu dauern, obwohl sie in Wirklichkeit nur etwa fünfzehn Sekunden anhält.

Eine Inspektion der erweiterten Zervix, des Uterus-Ausgangs, in dem das Kind nun liegt, zeigt, daß die Öffnung erst einen Zentimeter Durchmesser hat, was gerade ausreicht, um eine Fingerspitze durchzulassen. Wenn die Wehen andauern, erweitert sich die Öffnung bis zu rund zehn Zentimeter, was ausreicht, um eine geschlossene Faust ein- oder den Kopf des Kindes austreten zu lassen.

Im Laufe der Zeit werden die Kontraktionen nun stärker, sie dauern länger und kommen häufiger. Die Schmerzen nehmen zu, aber noch findet die Mutter sie erträglich. Es wird Mitternacht, und die Zervix hat sich erst zweieinhalb Zentimeter weit geöffnet, was gerade für einen Daumen reicht.

Um drei Uhr morgens legt sich die werdende Mutter hin. Sie ist immer noch aufgeregt, aber auch müde von dem stetigen rhythmischen Schmerz, der auf ihren Darm drückt. Eine halbe Stunde später reißt die membranöse Fruchtblase, die ihr Kind umgibt, und eine warme, gelbe amniotische Flüssigkeit strömt aus dem Geburtskanal. Der Kopf des Kindes drückt gegen die Zervix.

Die Kontraktionen des Uterus kommen bald in Intervallen von drei bis fünf Minuten, und jede dauert etwa sechzig Sekunden. Die Mutter muß nun liegenbleiben. Sie konzentriert sich auf das Atmen, denn wenn sie dies vergißt, fängt sie an, nach Luft zu schnappen. Der Schmerz tief in ihrem Rücken und im Bauchraum wird stärker.

Es ist sechs Uhr morgens. Ihre Zervix ist neun Zentimeter weit geöffnet. Die Muskeln ihres Uterus ziehen sich nun alle zwei bis drei Minuten zusammen, und jede Kontraktion dauert etwa achtzig Sekunden. Die Mutter wird müde, und sie fühlt sich elend.

Um acht Uhr in der Frühe – etwa dreizehn Stunden nach den ersten Kontraktionen – will das Baby herauskommen. Die Zervix der jungen Mutter ist nun vollständig dilatiert und so dünn wie Papier. Das Baby kann sie passieren. Die Muskeln des Uterus pumpen den Fötus langsam in den Geburtskanal, wie ein Stück feste Zahnpasta, die in der Tube steckengeblieben ist. Mütter helfen dabei, indem sie pressen, das heißt, indem sie die Kontraktionen der Bauchmuskeln ausnutzen, um das Kind aus seiner alten Heimstatt zu zwingen. Dieses Verhalten ist zunächst willentlich. Dann scheint der Körper diese Aufgabe ganz alleine zu übernehmen. Die Mutter muß nicht weiter darüber nachdenken. Sie ist nun naßgeschwitzt.

Der Fötus, der inzwischen eingequetscht und zeitweise ohne Sauerstoff ist, fängt an, die Chemie seines Körpers zu ändern. Er sondert riesige Mengen des Streßhormons Adrenalin innerhalb seines Körpers ab. Die Hormone beschleunigen die Stoffwechselrate und den Abbau der gespeicherten Fette, die als Treibstoff dienen. Sie befreien die kindlichen Lungen auch von der Flüssigkeit, so daß das Kind atmen kann, wenn es nun bald draußen ist. Darüber hinaus fügt sich sein Kopf an die Innenseite des Geburtskanals, wenn es sich hierin abwärts bewegt.

Wenn die dunkle Krone des Kindes eineinhalb Stunden später an der Öffnung der Vagina zu sehen ist, ist die Mutter nur noch erschöpft. Jetzt fehlen noch zwei Kontraktionen, und der Kopf des Kindes ist draußen. Zwei weitere sorgen dafür, daß der Körper selbst nachkommt. Die Nabelschnur des Kindes wird abgeklemmt und durchschnitten. Und zum erstenmal in seinem Leben zieht dieses perfekte Baby die kalte und fremde Luft ein – und es schreit.

Die Reise nach draußen war lange und traumatisch, und bald schläft das Kind ein. Vor einer Million Jahren kämpften sich unsere Vorfahren wahrscheinlich auf dieselbe Weise aus ihren warmen amniotischen Hüllen, wobei sie die flüssige Existenz gegen eine Welt eintauschten, die so ausgesehen haben muß, als die Fische an Land kamen. Für die ältesten unserer Vorfahren bot dieser monumentale Schritt von der Flüssigkeit an die Luft die Chance für einen neuen Anfang.

Für das Baby ist es nun Morgen, ein neuer Tag. Für die Mutter – und vielleicht für die Zwecke der Evolution – kam diese Geburt gerade zur richtigen Zeit.

Kapitel 6:
Der Körper in Tagen

Auf einem Berg in den peruanischen Anden, weit mehr als 4000 Meter hoch, steht ein amerikanischer Student aus New York. Er friert und hat Schwierigkeiten, die dünne Luft zu atmen. Ruhig steht er neben einem blauen Ford, der ihn und sechs Begleiter hier hochgebracht hat, und nun bewundern sie alle die herrliche Aussicht. Der bitterkalte Wind bläst ihnen ins Gesicht und macht es schwierig, sich auf das überwältigende Panorama zu konzentrieren. Der Student versucht, sich so eng wie möglich in seinen Parka einzuhüllen, aber es nützt nicht viel. Er zittert immer noch.

Trotz der dünnen Luft und der brutalen Kälte besteht er jedoch darauf, Bilder von einem halb zugefrorenen See zu machen, der zweihundert Meter entfernt ist, und von den mächtigen Bergen, die sich über ihn erheben. Als er rasch auf den See zumarschiert, fühlt er plötzlich fürchterliche Kopfschmerzen. Ihm wird schwindlig, und er glaubt, ohnmächtig zu werden. Sein Herz schlägt schnell. In seinen Ohren dröhnt der Puls wie eine Kesselpauke, auf die eine riesige Hantel prallt.

Der Fahrer des Wagens ruft, es sei Zeit zurückzufahren. Der Student macht noch ein paar Aufnahmen von den herrlichen schneebedeckten Bergen, dann rennt er auf das Auto zu. Doch er kommt nur ein paar Meter weit; er stürzt hin und wird aus Luftmangel beinahe ohnmächtig. Langsam erholt er sich wieder und geht weiter, aber er meint, dabei durch tiefen Lehm zu stampfen. Es fällt ihm schwer, seine Beine zu heben – es ist, als ob er jedesmal einen Baum ausreißen müßte. Um Luft zu holen, atmet er lange und tief ein, aber noch immer denkt er, ersticken zu müssen. Er wird immer nervöser.

Im Auto lachen zwei seiner Mitfahrerinnen. Sie stammen aus Peru und haben klugerweise den Wagen hier oben gar nicht erst verlassen. Sie schütteln ungläubig ihren Kopf über das Verhalten dieses dummen Amerikaners.

Vor sieben Jahren war ich dieser amerikanische Tourist. Ich war zu den »altiplano« gefahren, wie die Peruaner diese Stelle in den Bergen nennen, und sogar noch höher hinaus, dorthin, wo keine Flechten mehr wachsen. Doch mein Körper war ebenso wie der von vielen anderen Besuchern nicht an die dünne Höhenluft gewöhnt.

Wenn ich ein paar Tage länger geblieben wäre, hätte ich mich seltsamerweise an den Sauerstoffmangel gewöhnt. Und nach dreißig bis neunzig Tagen hätte ich mich der Situation vollständig angepaßt. Ich hätte dann leichter atmen und besser gehen können, ohne mir Sorgen machen zu müssen. Wie kommt es, daß sich der menschliche Körper solch einer Situation im Laufe der Zeit anpaßt?

Vor dreihundert Jahren hätten die spanischen Konquistadoren vielleicht diese Frage stellen können. Trotz ihrer wilden Entschlossenheit, die Inkas in den Bergen Perus zu vernichten, hatten sie damals Angst, in die großen Höhen vorzudringen, wo die Inkas lebten. »Es gibt in Peru bewohntes Gebiet, in dem die Qualität der Luft so ist, daß sie eines Mannes Leben ohne Gefühl abschneidet«, schrieb Alexander von Humboldt im frühen 19. Jahrhundert, als er seine Erfahrungen in den Höhen der Anden festhielt. Er beobachtete Zahnfleischbluten und Blut in Mund und Augen bei denjenigen, die unter den Auswirkungen des Sauerstoffmangels (Hypoxie) litten.

Im späten 18. Jahrhundert war der Grund für die Hypoxie noch unbekannt, obwohl der »Bösewicht« gerade entdeckt worden war. Im Jahre 1774 experimentierte der Engländer Joseph Priestley mit einem gasförmigen Element. Vier Jahre später gab der französische Chemiker Antoine Laurent Lavoisier dem Gas den Namen Sauerstoff, und er beschrieb sogar dessen kritische Rolle bei der Atmung. Lavoisier stellte aber keine Verbindung zwischen seinem neu entdeckten Element und den Krankheiten der Bergsteiger seiner Zeit her.

An dieser Stelle griff Paul Bert, ein französischer Wissenschaftler, der sich im späten 19. Jahrhundert für die Physiologie des Körpers in großen Höhen interessierte, in das Geschehen ein. In den Jahren nach 1870 führte Bert einige experimentelle Studien mit Menschen und Tieren in höheren Atmosphären durch, und er war einer der ersten, die entdeckten, warum die spanischen Eroberer und andere soviel Mühe bei ihren ersten Ausflügen in große Höhen hatten.

Der wirkliche Schuldige für die Unfähigkeit, sich in großen Höhen wohl zu fühlen, war nicht der Mangel an Sauerstoff selbst. Der Anteil von Sauerstoff nimmt hier nicht ab (er bleibt konstant 21 Prozent in der Atmosphäre). Was den Unterschied zur Ebene ausmacht, ist vielmehr die Abnahme des Partialdrucks von Sauerstoff in diesen Höhen.

Luft läßt sich komprimieren. Man kann eine riesige Menge davon zum Beispiel in eine Stahlflasche füllen. Wegen dieser Fähigkeit enthält die Erdatmosphäre mehr Moleküle auf geringen Höhen als auf großen Höhen. Der Druck, den die Gase der Atmosphäre ausüben – der barometrische Druck –, nimmt zu mit abnehmender Höhe. Aus denselben Gründen nimmt auch der Partialdruck des Sauerstoffs – dies ist der Druck, den dieses Gas allein ausübt – ab, wenn die Höhe zunimmt. Wenn wir aufsteigen, wird die Luft dünner.

Um 1875 herum zog Bert aus seinen Studien den Schluß, der verminderte Sauerstoffdruck in großen Höhen würde dazu führen, daß weniger Sauerstoff in die Lunge gelange. Dies wiederum würde die Menge reduzieren, die für das Körpergewebe zur Verfügung stehe. Und wenn nicht ausreichend Sauerstoff vorhanden sei, um das Gehirn zu versorgen, dann höre es einfach auf zu funktionieren.

Um seine Hypothese zu stützen, wies Bert auf eine Ballonfahrt hin, die einer seiner Kollegen, Gaston Tissandier, unternommen hatte. Tissandier hatte sich von zwei anderen Wissenschaftlern begleiten lassen, die beobachten sollten, welche Auswirkungen extreme Höhen auf seinen Körper haben würden. Sie fanden dies auf tragische Weise heraus, als der Ballon höher als 8000 Meter stieg. »Ich fühlte mich bald so schwach, daß ich meinen Kopf nicht mehr drehen und zu meinen Mitreisenden sehen konnte«, beschrieb Tissandier seine schrecklichen Erfahrungen. »Schnell wollte ich das Sauerstoffgerät fassen, aber ich konnte meine Arme nicht heben. Ich wollte rufen, aber meine Zunge war paralysiert. Ich schloß meine Augen, fiel wie ein Sack nach unten und verlor vollständig das Bewußtsein.«

Tissandier erwachte ein paar Minuten später, als der Ballon sich wieder der Erde näherte. Seine beiden Begleiter aber waren aus Sauerstoffmangel gestorben. Der Sauerstoff war so schnell aus dem Blut gewichen, das Hirn und Nerven versorgte, daß ihre Muskeln gelähmt waren. Sie waren nicht mehr in der Lage, die Mundstücke der Sauerstofftanks zu ihren Lippen zu führen.

Wenn der Körper niemals in der Lage wäre, sich auf den Sauerstoffmangel in großen Höhen einzustellen, wäre niemand in der Lage, sich dort dauernd aufzuhalten. Dennoch gelingt es mehr als 25 Millionen Menschen, in den hohen Anden Südamerikas und auf den Gebirgszügen des Himalaja in Asien zu leben. Mehr als zehn Millionen von ihnen hausen in Höhen von über viertausend Metern, und es gibt Bergbewohner in Peru, die täglich in Kupferminen arbeiten, die höher als fünftausend Meter über dem Meeresspiegel liegen. Darüber hinaus reisen jährlich Millionen Touristen in Gebiete, die mehr als 2500 Meter hoch liegen, um dort zu wandern oder Ski zu laufen, und sie kehren gesund nach Hause zurück. Offensichtlich tut der Körper dieser Individuen etwas, um rasch den Abfall des Sauerstoffdrucks zu kompensieren.

Es ist verständlich, daß die erste Reaktion des Körpers auf Hypoxie darin besteht, sicherzustellen, daß das Körpergewebe und vor allem das Gehirn genug Sauerstoff bekommen. Das respiratorische und das kardiovaskuläre System haben eine Reihe von Mechanismen entwickelt, um dies zu erreichen. Viele der wichtigen Blutgefäße in der Nähe des Herzens sind mit Chemorezeptoren ausgestattet, mit biologischen Einrichtungen gewissermaßen, die empfindlich auf jeden Abfall im Sauerstoffdruck reagieren und dies weitermelden. Wenn die Zellen der Lunge davon erfahren, verstärkt sich die Aktivität der Muskeln, so daß mehr Luft in die Lungen strömt. Darüber hinaus hat das Gehirn sein eigenes chemisches Meßgerät, das dem Herzen den Auftrag gibt, stärker und schneller zu pumpen, damit das vorhandene sauerstoffreiche Blut rasch zu dem Körpergewebe gelangt.

Dies sind aber nur vorübergehende Maßnahmen. Bliebe es dabei, würden wir sicher ermüden. Daher hat der Körper noch weitere Mechanismen entwickelt, um sich im Laufe der Zeit an die dünne Luft zu gewöhnen. Bei Leuten, die auf normalen Höhen zwischen dem Meeresspiegel und zweitausend Meter wohnen, enthält ein Tropfen Blut runde fünf Millionen rote Blutzellen. Wenn jemand in großen Höhen lebt, dann nimmt deren Konzentration in Abhängigkeit von der Höhe zu. Wer etwas über viertausend Meter hoch lebt, bei dem befinden sich etwa sieben Millionen rote Blutzellen in einem Tropfen Blut.

Der Vorgang, mit dem mehr rote Blutzellen produziert werden, um all den vorhandenen Sauerstoff zu erwischen und zu transportieren, wird sofort eingeleitet. Innerhalb der ersten zwei Stunden, in denen wir die Erfahrung der Hypoxie machen, wird ein Hormon namens »Erythropoietin« von den Nieren freigesetzt (und auch von der Leber). Dieses Hormon fordert das Knochenmark auf, mehr rote Blutzellen zu produzieren. Drei bis fünf Tage später erscheinen dann die ersten neuen roten Blutzellen im Kreislauf, um ihren Brüdern beizustehen. Nach vierzehn bis zwanzig Tagen flacht sich die Produktion dieser sauerstofftragenden Zellen wieder ab, und dasselbe gilt auch für die Freisetzung des Erythropoietins.

Die frischen roten Blutzellen werden mit einem speziellen Bonus geliefert. Sie alle sind vollgepackt mit dem Molekül Hämoglobin. Im Grunde sind die roten Blutkörperchen nichts anderes als Säcke, vollgestopft mit Hämoglobin. Dieses Molekül ist es nämlich, das den Sauerstoff in den Lungen aufnimmt und im Gewebe wieder abgibt. Wenn man in großen Höhen unterwegs ist, dann sind die neuen roten Blutzellen, die aus dem Knochenmark kommen, mit noch mehr Hämoglobin-Molekülen versehen als die alten. Darüber hinaus hat das Hämoglobin eine Eigenschaft, die es in die Lage versetzt, den Sauerstoff schneller aufzunehmen und abzugeben, wenn dies in großen Höhen erforderlich wird. Wenn jemand länger in den Bergen bleibt, tritt diese Akklimatisation fünfzehn bis zwanzig Tage nach der Zeit ein, in der wir die ersten Schwindelgefühle hatten.

Alle Änderungen machen es leichter zu atmen. In ein paar Tagen verlangsamt sich die Herzfrequenz und kehrt zu normalen Werten zurück. Und nach dreißig Tagen braucht niemand mehr tief zu atmen, um sich angenehm zu fühlen.

Wem all dies zu schön klingt, um wahr zu sein, der sollte die Rückseite der Medaille betrachten. Da gibt es zunächst die Höhenkrankheit, die »soroche«, wie sie die Bewohner der Anden nennen. Sie wird durch den erniedrigten Sauerstoff-Partialdruck verursacht. Ich hatte damals ihre akute Form mitgemacht. Der erhöhte Puls, das erschwerte Atmen, der niederdrückende Kopfschmerz, die Übelkeit – alles Erscheinungen, die an die Seekrankheit erinnern – sind vorübergehend. Ein paar Augenblikke des Ausruhens genügen, um sie loszuwerden.

Doch für einige der Neulinge, die längere Zeit auf großen Höhen verbringen wollen, können sich diese zunächst milden Symptome im Verlauf von Stunden auswachsen. Lungen- und Nasenbluten können auftreten, der Blutdruck sinkt, und wenn der Betroffene weiter oben bleibt, kann es zum Herzversagen und zum Tod kommen.

Es gibt auch den Verlust von Appetit und dann auch bald den Gewichtsverlust auf großen Höhen. »Alle Mitglieder der Winterexpedition stellten fest, daß sie kaum noch Appetit hatten, vor allem nicht auf fetthaltige Nahrung«, schrieb einer der Wissenschaftler, der an einer Himalaja-Expedition teilnahm, die von Sir Edmund Hillary (dem Erstbezwinger des Mount Everest, 1953) geleitet wurde. Nach einer Woche hatten Hillary und viele andere etwa drei Pfund verloren. Am Ende der Expedition – nach einem Monat – waren es etwa fünfzehn Pfund.

Der rasche Gewichtsverlust hängt zum Teil damit zusammen, daß der Körper in großen Höhen Wasser aus den Lungen verliert. Die Höhenluft ist sehr trocken. Der Gewichtsverlust kommt aber auch dadurch zustande, daß – aus noch unbekannten Gründen – in Höhen von über 3500 Metern die Nahrung immer weniger schmeckt. Zucker zum Beispiel schmeckt dann mit fortlaufender Zeit immer weniger süß. Auch salzige, bittere und saure Substanzen werden immer fader im Geschmack. »Nach und nach entwickelten wir eine Vorliebe für sehr stark gewürzte Speisen und Kräuter«, erinnert sich einer der Bergsteiger.

Von allen Auswirkungen auf die Gesundheit in großen Höhen bereitet – wenigstens für Männer – der Verlust der Sexualfunktion die meiste Sorge. Tatsächlich sind Neulinge in den Bergen weniger erfolgreich bei der Fortpflanzung als die ständigen Bewohner, selbst dann noch, wenn sich der Körper längst an die Umgebung gewöhnt hat. Die spanischen Eroberer bekamen das bald zu spüren, als sie sich in den Anden niederließen und versuchten, Kinder zu zeugen. Die meisten von ihnen konnten es nicht, sie waren – zum eigenen Bedauern und zur Freude der Inkas – unfruchtbar.

Heute weiß man, daß bei Männern, die auf Höhen von über viertausend Metern klettern und dort nur drei Tage bleiben, der Hormonspiegel für das Testosteron, das männliche Sexualhormon, um mehr als fünfzig Prozent gegenüber dem Wert in der Ebene sinkt. Wenn sie länger als fünf Tage bleiben, geht die Zahl ihrer Spermien »auf Tauchstation«. Sie haben nun nicht nur weniger als die Hälfte als vorher, sie bringen auch mehr defekte Samen hervor. Bizarre Erscheinungen sind da zu sehen, Samen mit zwei Köpfen oder mit zwei Schwänzen oder völlig ohne.

Am dreizehnten Tag ist die Zahl der gesunden Samen auf ein Drittel gesunken, und nach dreißig Tagen finden sich fast so viele abnormale wie normale Samen in den Hoden. Zum Glück kehrt sich dies wieder um, wenn man ins Tal zurückkehrt, aber erst, wenn man länger als 25 Tage wieder unten verbracht hat.

Der Verlust der Samenzellen in großen Höhen tritt ein, weil die Vorgänge, die an der Produktion der Samen beteiligt sind, sehr empfindlich vom Sauerstoffdruck abhängen. Während sich der Körper im Laufe der Zeit an die dünnere Luft gewöhnen kann, schaffen die Samenzellen dies nicht.

Der Mangel an Erben ist zweifellos ein großes Problem für die spanischen Eroberer und die anderen aus tieferen Regionen gewesen, die versucht haben, in den Bergen eine Familie zu gründen. Es ist allerdings nicht immer die Schuld des Mannes, daß keine Kinder gezeugt werden. Im Verlauf mehrerer Tage werden offenbar auch Frauen von der Hypoxie betroffen. In großen Höhen bekommen Frauen ihre Periode häufiger als sonst in unregelmäßigen Abständen oder gar nicht. Und bei weiblichen Ratten, so ergaben spezielle Experimente, sorgt verdünnte Luft dafür, daß sie ungewöhnlich kleine Junge zur Welt bringen, von denen auch noch zwanzig Prozent innerhalb der ersten zehn Tage sterben. Die Sterberate ist zehnmal höher als in vergleichbaren Gruppen auf Meereshöhe.

- Der Körper verliert pro Tag etwa einen halben Liter Wasser durch die Haut (durch Diffusion). Und die gleiche Menge an Wasser verliert er aus den Lungen (beim Atmen).

- Schlucken dauert ein bis zwei Sekunden. Es umfaßt die koordinierte Aktivität der Zunge, der Stimmbänder, der Epiglottis (Stimmritze) und der Speiseröhre.

- Atmen dauert ungefähr fünf Sekunden. Zwei Sekunden inhaliert man, und drei Sekunden exhaliert man.

- Ein Mensch ohne Sauerstoff wird das Bewußtsein in etwa 30 Sekunden verlieren und nach einer Minute im Koma sein.

- Das Gehirn produziert etwa einen halben Liter Cerebrospinal-Flüssigkeit pro Tag.

- Die Fähigkeit des Gehirns, die Stelle zu lokalisieren, von der ein Ton kommt, hängt von der Zeitdifferenz ab, mit der das Signal in den beiden Ohren ankommt. Wir können die Quelle eines Tons auch dann noch lokalisieren, wenn er das erste Ohr nur $\frac{1}{100}$ einer Sekunde vor dem zweiten Ohr erreicht.

Trotz dieser Probleme ist der menschliche Körper ein bemerkenswert plastischer Organismus. Die Quechua-Indianer der Anden und die tibetischen Sherpas im Himalaja legen Zeugnis davon ab. Vermutlich erwerben diese Menschen ihre besondere Physiologie für das Leben in den Bergen schon im Bauch der Mutter. Die Kinder werden im Vergleich zu normalen Säuglingen aus der Ebene mit einer größeren Zahl an roten Blutkörperchen und mit außergewöhnlich großen Lungen und Herzen geboren. Die Lungen erlauben ihnen, mit jedem Atemzug mehr Luft aufzunehmen, und das Herz sorgt dafür, daß mehr Blut gepumpt wird. Mit diesen Adaptationen können sich die Menschen seit mehr als zehntausend Jahren erfolgreich in den Bergen behaupten.

Es ist klar, daß sich der menschliche Körper an nahezu jede Umgebung anpassen wird, wenn ihm dafür Zeit gelassen wird. Diese Tatsache hat nirgendwo so viele Konsequenzen wie bei Raumflügen im All, für die sich die Menschen seit 25 Jahren die Gewichtslosigkeit an- und abgewöhnen. Diese Anpassung hat allerdings ihren Preis, den die Körper der amerikanischen Astronauten und sowjetischen Kosmonauten zahlen müssen, die für eine längere Zeit im Weltraum geblieben sind. Die Geschichte, daß einige russische Raumfahrer auf Bahren weggetragen werden mußten, nachdem sie von einer langen Mission zurückgekehrt waren, sind nicht bloß irgendwelche Gerüchte.

Die meisten Space-Shuttle-Unternehmungen haben nur sieben bis zehn Tage gedauert. Im Jahre 1974 blieben Astronauten allerdings einmal 84 Tage lang im All, was amerikanischen Rekord bedeutete. Diese Dauer ist nur kurz im Vergleich zu dem russischen Rekord, den die Kosmonauten Leonid Kizim, Vladimir Soloviov und Oleg Atkov 1984 aufgestellt haben, als sie 237 Tage an Bord des Raumschiffs ›Salyut 7‹ blieben. Wie paßt sich nun der Körper im Laufe der Zeit an diese Umgebung an?

Der menschliche Körper ist eine Kreatur der Gravitation. Durch den Einfluß der Schwerkraft sackt die Haut nach unten, und die Beinknochen wachsen in rechtem Winkel zum Boden. Die Gravitation neigt auch dazu, die Körperflüssigkeiten nach unten zu zwingen. Zum Glück gibt es jedoch zwei Mechanismen, die dafür sorgen, daß das Gehirn und alle übrigen Organe ständig von Blut umspült werden. Da sind zuerst natürlich das Herz und das kardiovaskuläre System, die von der Evolution geschaffen worden sind, um gegen die Gravitation zu arbeiten und Blut durch Druck hochzupumpen. Der zweite Mechanismus betrifft den normalen Gewebedruck in den Beinen selbst, der gegen die Gravitation gerichtet ist, die die Körperflüssigkeiten nach unten zieht.

Unmittelbar nachdem der Körper schwerelos geworden ist, sorgt der Gewebedruck in den Beinen dafür, daß das Blut und andere Gewebeflüssigkeiten im Körper nach oben fließen, was dazu führt, daß die Gesichter der Astronauten anschwellen. Sie spüren auch, daß sich die Nase verstopft. Nach und nach werden diese Flüssigkeiten mit dem Urin und von den Lungen als Wasserdampf ausgeschieden. Dies geschieht normalerweise innerhalb von vier bis fünf Tagen. Schließlich geht das Gefühl, aufgeschwemmt zu sein, zurück.

Um einen Ausgleich zu schaffen für diese plötzliche Verschiebung der Flüssigkeiten im Körper und um den Streß dieser neuen Situation zu mildern, sorgt das Gehirn für die Freisetzung einer Reihe von Hormonen aus den endokrinen Drüsen. Hormone wie Adrenalin und ACTH dringen in das Blut ein. Eine Zeitlang schlägt das Herz schnell. Dann – im Verlaufe eines Tages – paßt sich der hormonale Output der neuen Situation an. Das Gehirn akkommodiert die Mikrogravitation.

In den ersten beiden Tagen sind die Besucher einer schwerelosen Umgebung geringfügig desorientiert, da im Weltraum keine Möglichkeit besteht, festzustellen, wo oben und unten ist. Ein Astronaut, der eine Leiter hochklettert, kann das seltsame Gefühl haben, er geht mit dem Kopf zuerst nach unten. Wenn er seine Augen schließt, kann er denken, daß er fällt.

Dieses unangenehme Gefühl der fehlenden Orientierung wird durch das Gleichgewichtsorgan (Vestibularsystem) verursacht. Dieses Organ ist dafür verantwortlich, dem Körper mitzuteilen, ob er sich dreht oder wendet, und es benötigt dazu die Gravitation, um dies tun zu können. Innerhalb des Innenohrs befinden sich zwei Sinnesepithelien (Makula). Beide Säckchen enthalten eine

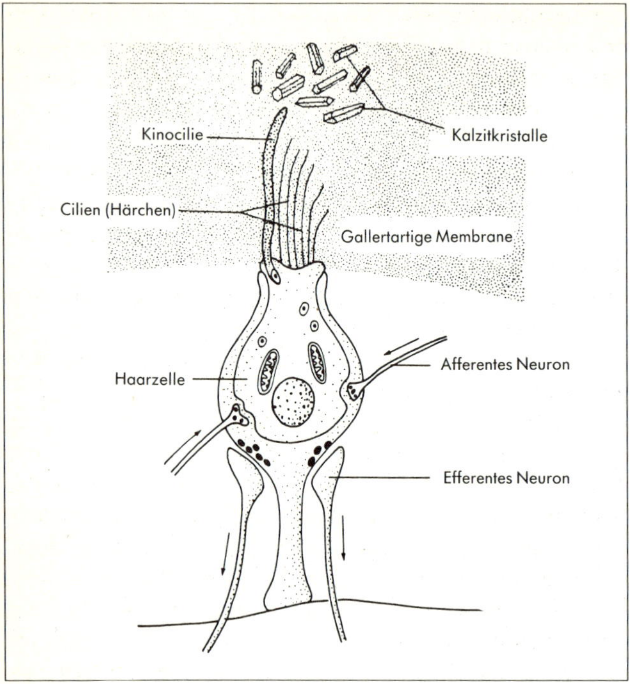

Das Gehirn braucht Tage, um sich den Signalen anzupassen, die von dem Gleichgewichtsorgan (Vestibularsystem) des Innenohrs kommen.

gallertartige Membran, in der sich Kalzitkristalle befinden, die Statolithen heißen. Darunter pflanzen sogenannte Haarzellen ihre »Haare« in die Gelatine. Normalerweise sorgen Änderungen der Kopflage dafür, daß die Kräfte der Gravitation die Lage des »Wackelpeters« verändern. Dabei verschieben sich die »Haare« der Haarzellen, die mit Nervenzellen verbunden sind, um ihnen so ein Signal zu übermitteln, das zusammen mit anderen Hinweisen den Orientierungssinn ausmacht.

Wenn nun die Gravitation weggenommen wird, senden die darauf reagierenden Organe des Ohres keine korrekten Signale mehr aus. Die Augen sagen dem Körper, daß er sich aufwärts bewegt, aber das Vestibularsystem bestätigt es nicht mehr. In den ersten zwei bis vier Tagen ist der Körper also desorientiert. In schweren Fällen setzt eine Art von Raumkrankheit ein, die der Seekrankheit zu vergleichen ist und etwa die Hälfte der Raumfahrer betroffen hat. Wer damit zu tun hat, fühlt sich schwindlig und schlecht. Allmählich verschwindet dieses Gefühl jedoch, was nicht zu erklären ist. Irgendwie lernt das Gehirn, mit den neuen Signalen umzugehen, die aus dem Gleichgewichtsorgan kommen.

Doch die am meisten störende Konsequenz einer langen Schwerelosigkeit ist ihre Auswirkung auf die Knochen. Knochen, die primär durch Kalzium gestärkt werden, bewahren ihre Stärke durch Anspannung und Druck. Wenn die Anspannung nachläßt, löst sich der Knochen auf, das Kalzium wird ausgewaschen und mit dem Urin ausgeschieden. Die Knochen werden schließlich brüchig. Sie verlieren im Weltraum alle Mineralien, da es dort nichts gibt, das auf sie Druck ausübt. In einer Untersuchung wurde festgestellt, daß die Kalziumkonzentration im Urin der Skylab-Astronauten um hundert Prozent anstieg, was auf einen Knochenverlust von einem halben Prozent pro Monat hindeutet. Selbst heftigste Übungen konnten diese Metamorphose nicht mildern.

Und trotzdem, so heimtückisch diese Veränderungen auch sein mögen, der Körper paßt sich einfach der neuen Umgebung an. Es ist eine Sache von Tagen, um die Physiologie, die perfekt für eine Situation geeignet ist, an eine neue Lage anzupassen. Ob er in einem Raumschiff oder in den Bergen unterwegs ist, der Körper wird sich im Laufe der Zeit fügen.

Eines Tages – vielleicht schneller, als wir denken – wird jemand von uns auf dem Mond oder auf dem Mars wohnen. Wir kennen jetzt die Plastizität und Anpassungsfähigkeit des Körpers, und so können wir uns fragen, welche Art von Menschen dort oben aus uns werden könnte.

Kapitel 7: Der Körper in Monaten

Am 17. Dezember 1982 wurde in einem südkalifornischen Krankenhaus ein Kind geboren. Der Junge war eines von vielen Babys, die an diesem Tage zur Welt kamen. Und doch war dies ein besonderes Ereignis, sowohl für die Eltern als auch für die Angestellten des Krankenhauses – die Geburt des Jungen kam drei Monate zu früh.

Als er schließlich in der einhüllenden Wärme des Inkubators lag, sah er zart und zerbrechlich aus. Er war winzig – etwa so groß wie die Hand seiner Mutter –, und die Eltern hatten Angst, ihn anzufassen. Die Waage des Krankenhauses zeigte weniger als zwei Pfund an. Maschinen überwachten seine Temperatur und seinen Herzschlag. Plastikröhrchen sorgten dafür, daß Nahrungsstoffe in sein Blut gelangten. Da er nicht in der Lage war zu atmen und da ihm der Muskeltonus der normalen Kleinkinder fehlte, mußte dem Kind mit einem Atemgerät Luft in die noch unreifen Lungen gepumpt werden.

Der Kleine – sein Name war Dustin Kemp – überlebte seinen frühen Eintritt in die Welt und erwarb sogar die vitale, engelhafte Gesundheit, die Kindern zu eigen ist, die vollständig ausgetragen wurden. Er war allerdings die Ausnahme. Nur wenige Kinder, die so früh geboren werden, haben ähnlich gut überlebt, wenn sie es überhaupt geschafft haben. Doch Dustin war eine Ausnahme auch in einem anderen Sinne. Seine frühe Geburt weist auf das hin, was so besonders an der Biologie ist, die in der Gebärmutter stattfindet. Sie folgt einem spezifischen Programm, das nur abgeschlossen ist, wenn im Durchschnitt neun Monate vergangen sind.

Von allen Primaten verbringen die Menschen die längste Zeit im Bauch der Mutter. Bei Lemuren, den Cousinen der frühesten Primaten-Vorfahren, dauert die Zeit der Gestation nur vier Monate. Makaken und Büscheläffchen verbringen nicht mehr als sechs Monate in der Gebärmutter. Gibbons, die zu den großen Affen zählen, werden nach einem sieben Monate dauernden pränatalen Leben geboren. Der Schimpanse, einer der engsten Verwandten des Menschen, hat eine Schwangerschaftsdauer, die nur wenig kürzer ist als die unsere. Warum also dauert unsere so lange?

Größere Gehirne

Die Evolution hat die Menschen mit einem großen Gehirn und vor allem mit einem riesigen Kortex ausgestattet. Unser komplexes Nervensystem ist eines der wenigen Charakteristika, die den Homo sapiens so sehr verschieden von anderen Primaten machen. Nur ein Mensch kann Fragen über sich selbst stellen. (Woher komme ich? Warum sehe ich wie der Postbote aus?) Der talentierteste Schimpanse, dem man die Zeichensprache der Taubstummen beigebracht hat, kann nur auf die einfachste Weise kommunizieren, etwa in der Form: »Ich esse, mehr trinken.« Wenn es da ein Muster gibt, dann dies, daß die Menschen größere Gehirne besitzen, und größere Gehirne benötigen eine längere Gestation.

Das Problem mit dieser Argumentation besteht darin, daß sie nicht vollständig mit der Evidenz in Einklang steht. Bei der Geburt ist das Gehirn eines Menschenkindes nicht viel größer als das eines Affenkindes. Genaugenommen ist es sogar nur geringfügig größer als das von neugeborenen Schimpansen. Das Argument verliert zusätzlich an Wert, wenn man sich die Körper der Menschenkinder ansieht. Sie sind bei der Geburt tatsächlich unproportional größer als die der Affen. Es sieht also eher so aus, als ob folgende Linie einzuschlagen wäre:

Größere und komplexere Körper müssen für größere Gehirne sorgen. Und sowohl größere Gehirne als auch größere Körper benötigen eine längere Schwangerschaft. Vielleicht.

Für Menschen wären große fötale Gebilde ein hübscher Zug der Evolution. Der Überschuß an Fett, den sie mit sich führten, würde sie für die Zeit unmittelbar nach der Geburt mit einem Energievorrat ausrüsten. Allerdings wäre es unmöglich gewesen, große Körper auf die Welt zu bringen, ohne den Geburtskanal in der Mutter zu vergrößern und die Tendenz zur Einzelgeburt zu steigern – eine Erscheinung, die wir mit den meisten großen Affen teilen.

Was den Homo sapiens angeht, so hat die Evolution die Karten gemischt. Wir sind Kreaturen, die auf zwei Beinen laufen. Um unsere Vorfahren in die Lage zu versetzen, aufrecht zu gehen, mußte das Becken enger werden. Als sich die Hüften über die Jahrtausende hin näherten, schrumpfte der Geburtskanal mehr und mehr zusammen, während zur gleichen Zeit das Gehirn und der Schädel immer größer wurden. Tatsächlich besteht zwischen dem Durchmesser des Geburtskanals und dem des Kopfes eines Neugeborenen heute fast kein Unterschied mehr. Eine erfolgreiche Geburt ist nur möglich, wenn sich kurz vor und während der Geburt die Bänder dehnen, die die Beckenknochen zusammenhalten. Trotz der Evolution eines biegsamen Beckens können die Wehen für eine Mutter extrem schmerzhaft und verdammt gefährlich sein.

Wenn man zusieht, wie die Büscheläffchen ihre Kinder zur Welt bringen – diese kleinen Primaten haben auch nur kleine Beckenöffnungen –, sieht man, wie die Evolution »über Bord« gegangen ist. Spät in der Nacht, etwa vier Stunden vor dem Beginn der Wehen, entfernt sich ein schwangeres Weibchen von den anderen und lehnt sich stumm gegen eine Wand. Wenn die Pulsationen der Wehen schließlich einsetzen, bleibt die Mutter fest an ihrem Platz, wobei sie gelegentlich ihren Rücken krümmt. Sie öffnet und schließt ihren Mund, ohne einen Laut von sich zu geben. Die Kontraktionen ihres Uterus dauern zwei Stunden und drücken das Kind langsam aus dem Bauch durch den Geburtskanal. Das Gesicht des Büscheläffchens erscheint zuerst. Einige Mütter greifen danach und fangen an, sowohl den Kopf als auch den Körper aus dem Geburtskanal zu ziehen. Manchmal greift ein Kind nach dem Fell auf dem Bauch der Mutter und fängt an, seinen übrigen Körper selbst herauszuziehen. Nach ein paar Minuten ist der Kampf vorüber. Das Fell des Babys ist verklebt und feucht. Es fängt an, nach der warmen Milch seiner Mutter zu suchen, die ganz offensichtlich völlig erschöpft von der Anstrengung ist. Die Affenkinder, die es so weit schaffen, können als glücklich eingeschätzt werden. Im allgemeinen sterben, als Ergebnis einer »cephalopelvischen Disproportion«, mehr als die Hälfte der Föten. Wenn der Schädel größer als der Geburtskanal ist, kommt das Kind nicht durch. Mutter und Kind sterben.

Die erwähnte Disproportion kommt sehr viel weniger häufig bei großen Affen vor. Neugeborene Gorillas zum Beispiel sind extrem winzig, und ihre Köpfe sind kleiner als die Beckenausgänge ihrer Mütter. Die Geburt geht schnell und leicht vonstatten, und was bei Büscheläffchen eine traumatische Erfahrung ist, wird bei Gorillas kaum bemerkt.

Wenn wir uns also auf einem prekären evolutionären Bein weit entfernt von den großen Affen wiederfinden, dann hat das seinen Grund. Wir mußten die Notwendigkeit, aufrecht zu gehen, gegen die Vorteile abwägen, größere Nachkommen zur Welt zu bringen. Dennoch bleibt ein quälendes Problem zurück. Wenn wir mit einem Schädel geboren werden, der nicht größer als der kleine Beckenkanal unserer zweibeinigen Mutter ist, warum dauert dann die Schwangerschaft so lange?

Ein wichtiger Teil der Antwort kommt aus der warmen und flüssigen Umgebung der menschlichen Gebärmutter. Hier wird ein Programm der Entwicklung durchgeführt, das nach allen Kriterien die Evolution des animalischen Lebens selbst wiederholt. Der deutsche Embryologe Karl von Baer entdeckte dies im 19. Jahrhundert, als er bei embryonischen Proben bewußt die Beschriftung wegnahm. »Ich bin nicht in der Lage zu sagen, zu welcher Klasse sie gehören«, schrieb er in seiner ›Geschichte der Entwicklung von Tieren‹ im Jahre 1828. »Sie können Eidechsen sein oder kleine Vögel oder sehr junge Säugetiere, so vollständig ist die Ähnlichkeit in der Bildungsweise des Kopfes oder der des Schwanzes dieser Tiere.« Von Baer war auch der erste, der eine Eizelle identifizierte und dem es gelang, einem befruchteten Ei (Zygote) durch seine Entwicklung zu folgen. Dabei sah er, wie eine Form langsam dahinschmolz und unerklärlich in eine andere überging. Da folgte immer ein Schritt dem anderen, keiner fehlte, und keiner wurde übersprungen. Erst viele Jahrzehnte später haben Wissenschaftler die Moleküle der Vererbung entdeckt, welche die »Reise« eines Embryos lenken, sowie einige der Wanderungen und Teilungen der Zellen, die ihn formen.

Inzwischen konnte ein großer Teil des Entwicklungsprogramms, das für das pränatale Leben eines Menschen zuständig ist, mit extremer Genauigkeit aufgezeichnet werden. Was man dabei vor allem erkannt hat, ist die Tatsache, daß unser Leben im Bauch viel aktiver und fortgeschrittener ist, als wir jemals gedacht haben.

Ein Kleinkind durchläuft drei Hauptstufen, bevor es die Gebärmutter verläßt. Auf der ersten Stufe teilt sich die Zygote und teilt sich und teilt sich, bis daraus eine Zellmasse wird, die etwa so groß ist wie das ursprüngliche Ei. Drei Tage später höhlt sich dieser Ball aus und faltet sich. Bei diesem Vorgang entsteht eine Art platter Fußball, gegen den jemand getreten hat, wobei die Höhle dicht verschlossen wird. Am Ende der ersten Woche haftet sich dieser seltsam geformte Haufen an die Wand des Uterus, die nun dick und durch Hormone auf die Ankunft vorbereitet worden ist. Der Zellhaufen nistet sich ein, das heißt, er findet eine tiefe Stelle in der Wand, wobei einige Zellen aufgelöst werden, die den Weg blokkieren. Am zwölften Tag nach der Befruchtung hat er sich dort bequem eingerichtet.

Nachdem diese seltsam aussehende Zellmasse ihren Platz gefunden hat, beginnt die zweite Stufe in der Entwicklung dieses Winzlings, das Leben als Embryo. Für den Rest des ersten Monats bis zum Ende des zweiten fangen die Zellen an, sich zu teilen und in Gewebe und Organe zu sortieren, wobei dies nach Instruktionen geschieht, die in ihrem Erbmaterial DNA niedergelegt sind. Die Zellen, die dazu bestimmt sind, Mitglieder der Niere zu werden, machen sich nun auf diesen Weg. Andere, die zunächst überhaupt nicht anders als die Zellen um sie herum aussehen, organisieren sich plötzlich als Milz oder Leber in Miniatur. Ihre Nachbarn wiederum sammeln sich zu einem kleinen Herzen und fangen an, im Takt zu schlagen. Lippen formen sich, Ellbogen tauchen auf, Arme sprießen, Finger entfalten sich – alles in einem Kindchen, daß nicht größer als ein Groschen ist.

Selbst wenn das winzige Kind fertig aussieht, ist es noch weit davon entfernt. In dem menschlichen Embryo kennen zwar am Ende des zweiten Monats die Zellen der Körperteile – Arme, Beine, Leber, Lippen – ihre Identität und wissen, wo sie hingehören, aber die Zellen des Gehirns sind noch nicht festgelegt. Tatsächlich ist es so, daß es zwar schon Organe wie Augen und Ohren gibt, die auch schon fast vollständig sind, aber noch ist kein Gehirn mit ihnen verbunden. Das ist so, als ob das Telefon schon da ist, aber noch fehlen die Leitungen. Das Gehirn hinkt also der übrigen Körperentwicklung hinterher. Warum? Offensichtlich muß das menschliche Gehirn plastisch und offenbleiben, um sich der dauernd ändernden Umgebung anpassen zu können. Um dazu in der Lage zu sein, durchläuft es eine extrem große Zahl von komplexen Änderungen über einen langen, ausgedehnten Zeitraum.

Natürlich tragen die sorglosen Mütter nicht zwei Monate lang irgendwelche Zombie-Kinder mit sich herum.

- Die amniotische Flüssigkeit, die den Embryo und den Fötus umgibt, ist keineswegs ein abgestandenes Gewässer. Mehr als 98 Prozent bestehen aus Wasser, während sich ein bis zwei Prozent der amniotischen Flüssigkeit aus Substanzen wie fötalem Haar, Hautzellen, Enzymen, Zucker, Hormonen und Lipiden zusammensetzen. Und dieser Anteil wird kontinuierlich etwa alle drei Stunden vollständig erneuert.

- Geschmacksknospen gehören zu den ersten Sinnesorganen, die im Fötus erscheinen. Im dritten Trimester der Schwangerschaft reagieren diese Zellen auf die Chemikalien in der amniotischen Flüssigkeit.

- In einem fötalen Gehirn entwickeln sich im Durchschnitt pro Minute 250000 Nervenzellen. Wenn ein Kind geboren wird, besitzt es fast drei Billionen Nervenzellen. Danach kommen nur noch wenige hinzu.

- Die Hautformationen, die unsere Fingerabdrükke ergeben, bilden sich sechs bis acht Wochen vor der Geburt.

Schon in der dritten Woche des Lebens, wenn der menschliche Embryo nicht mehr als eine zweischichtige Scheibe von der Größe eines Punktes auf einem Pfennigstück ist, läßt sich ein Nervensystem erkennen, obwohl es sich nur um einen dünnen Zellstreifen handelt, der auf der Oberfläche des Embryos liegt. In ein paar Monaten streckt sich diese sogenannte neutrale Platte etwas, um eine flache Einbuchtung an der Spitze des Embryos zu bilden, die sogenannte neurale Rinne. Am Ende des ersten Lebensmonats, wenn das Herz gerade zu schlagen anfängt, schließen sich die Faltungen an beiden Seiten der Rinne und bilden eine Art Tunnel. Viele dieser Zellen werden später im Gehirn oder im Rückenmark landen. In der fünften Woche des Lebens, wenn der Embryo, der nun so groß wie eine Rosine ist, kleine Hände und Füße hat, die eher wie Paddel aussehen, bildet sich ein primitives Gehirn. In der sechsten Woche, wenn die Nase eine Spitze bekommt, das Gesicht kleine Lappen für die Ohren ansetzt und der Mund Lippen und Speicheldrüsen hat, dann passiert etwas Herrliches im Embryo: Er zuckt, wenn man ihn berührt. Er verfügt nun über ein rudimentäres Nervensystem.

Wenn der zweite Monat vorbei ist, sieht der Embryo fast wie ein Mensch aus. Er schwimmt nun wie ein Astronaut in dem warmen, flüssigen Sack der Plazenta. Die Augen haben kleine Lider. Der Kopf hat einen Kiefer, die Füße haben Zehen, der Körper eine dünne Haut. Und das Großhirn, das Zentrum zukünftiger Entscheidungen von Intelligenz und Vernunft, hat sich in zwei niedliche Hemisphären geteilt, die beide etwa so groß sind wie Sesamkörner.

Alles, was nun für die Organe und Gewebe, die während der Embryonalphase angelegt wurden, zu tun bleibt, ist zu wachsen und zu reifen. Und genau das passiert auch. In der verbleibenden Zeit wächst das Kind, das nun Fötus heißt, in der Gebärmutter an Größe und Komplexität.

Während des dritten Lebensmonats bilden sich Zähne unter dem Zahnfleisch. Fingernägel tauchen auf. Die Nieren lassen Urin in die amniotische Flüssigkeit. Die Nasenflügel, die bislang nur kleine Täßchen waren, verbinden sich mit der Luftröhre. Die Schleifen des Darms, die ihren Sitz in der Nabelschnur hatten, rutschen in den Bauch des Fötus.

Am Ende des vierten Monats kann der Fötus schlukken, und er nimmt tatsächlich »einige Teelöffel« von der amniotischen Flüssigkeit zu sich und nutzt sie als Zusatz zur Ernährung. Der Fötus »atmet« geringfügig.

Wenn der fünfte Monat sich dem Ende zuneigt, bewegt er die Beine so, daß andere es spüren. Sein Herzschlag kann mit einem Stethoskop gehört werden. Auf dem Kopf wachsen die ersten Haare.

Ich sechsten Monat bedeckt sich die Haut mit einem zarten Flaum aus Haar und mit einer schmierigen, käseartigen Substanz, die sich aus Ausscheidungen der Talgdrüsen mit Namen »vernix caseosa« zusammensetzt. Der Fötus ist nun so groß wie ein Laib Brot und wiegt etwa zwei Pfund.

Danach beschleunigen sich die Ereignisse. Die Augen, die seit dem dritten Monat geschlossen waren, öffnen sich plötzlich. Wenn es ein Junge ist, formen sich fötale Hoden, die in einen skrotalen Sack absteigen. Wenn es ein Mädchen ist, vermehren sich fötale Eier in einem fötalen Eierstock (daraus werden dann die zukünftigen Föten). Lippen saugen an unsichtbaren Warzen. Hände greifen nach ungesehenen Gegenständen. Der Haarflaum verschwindet wieder. Die Zunge bewegt sich. Die Enzyme des Darms werden tätig. Der Fötus wird größer. Lungen bilden sich. Drüsen vergrößern sich. Die Haut wird dunkler. Hormone strömen. Und dann die Geburt!

Dies ist das Bild, das die Entwicklung dem Blick von außen zeigt. Während nun die außerordentlichen Ereignisse ablaufen, geht auch etwas Phantastisches innerhalb der verborgenen Zonen des fötalen Gehirns vor sich. Es sortiert sich selbst, organisiert sich und sucht seine Identität.

Zu Beginn der fötalen Stufe befindet sich der »cerebrale Kortex« (Hirnrinde) in einem primitiven Zustand. Für eine gewisse Zeit tun die Tausenden von kleinen kugel-

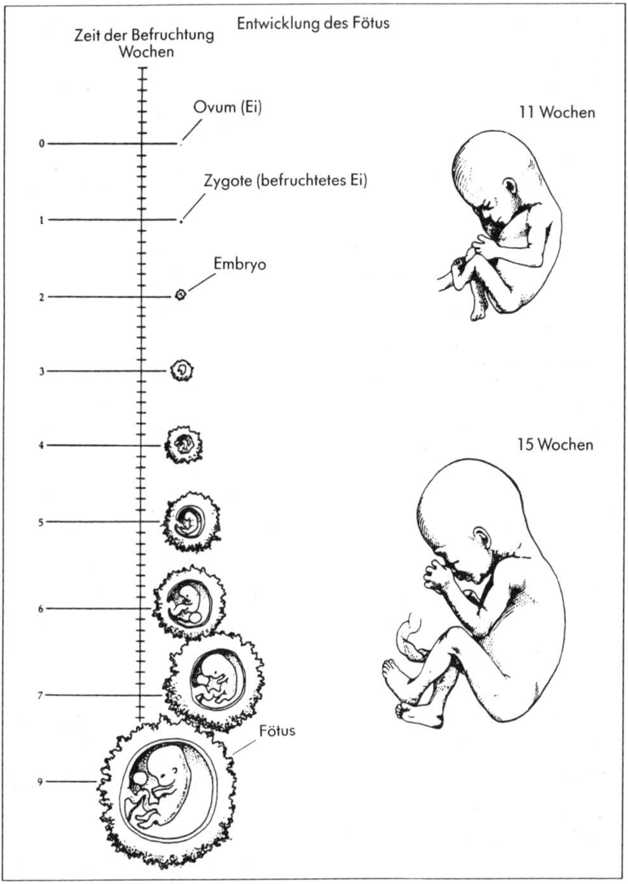

Das Wachstum in der Gebärmutter ist ein langsames Fortschreiten über mehrere Stufen (Quelle: McGraw-Hill Book Company, 1968).

förmigen Zellen in ihm nichts anderes, als sich zu vermehren. Am Ende des dritten Monats aber gehen diese sogenannten »Neuroblasten« wellenförmig auf Wanderschaft. Auf ihrem Weg an die Oberfläche bilden sie Schichten aus Zellkörpern. In der Zwischenzeit dringen aus dem Hintergrund des Gehirns – ganz in der Nähe des sich entwickelnden Rückenmarks – dünne, stammförmige »Axone« von Nervenzellen, die reifer als die des cerebralen Kortex sind, wie Rebstöcke in die sich teilende Masse des Kortex vor.

Im vierten und fünften Monat teilen sich überall im Gehirn die Zellen mit der unglaublichen Geschwindigkeit von 300000 neuen Zellen pro Minute (zur Zeit der Geburt wird das Gehirn alle Nervenzellen haben, die es jemals brauchen wird, nämlich etwa eine Billion), und erst nach zwanzig Wochen läßt dieses Tempo etwas nach. Danach beginnen die Übergriffe. Aus jeder Region des Gehirns senden Nervenzellen ihre spindeldürren Axonarme aus, um in andere Bereiche vorzudringen. Dabei »grüßen sich« die Zellen überall. Viele Synapsen (Kontaktstellen von Nervenzellen) bilden sich. Die Wurzeln von Nerven überschwemmen das Gehirn. Ein Netz wird aufgebaut. Der Körper bewegt sich.

Nach sieben Monaten ist das Gehirn vollständig aktiv. Wissenschaftler können bei Föten tatsächlich Gehirnwellen nachweisen, die denjenigen von neugeborenen Kindern auffallend ähnlich sind. Aus den elektrischen Aktivitäten des Gehirns können sie registrieren, daß die Föten im REM-Schlaf dösen. Ultraschall-Aufnahmen mit Hilfe von hochfrequenten Schwallwellen, die in die Gebärmutter gelenkt und vom werdenden Kind reflektiert werden, zeigen, wie der Fötus am Daumen lutscht, wie er einen Schluckauf bekommt, wie er lacht oder wie er seine Glieder streckt. Er fühlt seine Umgebung, spürt seine Nabelschnur und versucht, ihr aus dem Weg zu »gehen«. Wenn ein helles Licht auf den Bauch der Mutter fällt, wird der

Fötus seine Augen schließen. Er kann sogar seine Hand heben und zum Gesicht führen.

Was die Wissenschaftler aber am stärksten begeistert, ist die Tatsache, daß der Fötus in der Gebärmutter hören kann – den Herzschlag seiner Mutter, ihren rumorenden Bauch, ihr rhythmisches Atmen, ihre Stimme – und daß er sich erinnert an das, was er gehört hat. Im Jahre 1980 versuchten die Psychologen Anthony DeCasper und Melanie Spence an der Universität von North Carolina ein raffiniertes Experiment. Sie baten sechzehn schwangere Frauen, zweimal am Tag laut aus dem Kinderbuch ›Die Katze im Hut‹ von Dr. Seuss vorzulesen, und zwar nur ihrem Bauch. Die Frauen taten dies regelmäßig die letzten zwei Monate vor der Geburt.

Nachdem die Kinder geboren waren, erhielten diese die Möglichkeit, an zwei Plastiklutschern zu saugen, die mit einem Tonband verbunden waren. Auf einem Band war die Stimme der Mutter zu hören, die das Märchen von Dr. Seuss vorlas. Auf dem zweiten Band las die Mutter ein anderes Märchen vor, ›Der König, die Mäuse und der Käse‹. Jedes dieser Märchen hat ein ganz anderes Versmaß. Es ist nun bemerkenswert, daß die Kinder stets an dem Lutscher saugten, der ihnen die Geschichte von Dr. Seuss einbrachte, also die Geschichte, die sie schon gehört hatten, als sie noch im Bauch der Mutter gewesen waren. Entweder ist Dr. Seuss der Lieblingsschriftsteller der Kleinsten, oder die Kinder können sich an das erinnern, was sie gehört haben, als sie noch in einer amniotischen Hülle lebten.

Wir stehen also vor einem Rätsel der Evolution. Wir verfügen über ein fötales Gehirn, das weiter fortgeschritten ist, als wir erwartet haben, und doch ist es am Ende der Schwangerschaft immer noch völlig unterentwickelt. Die meisten der zellulären Strukturen des Gehirns müssen erst noch aufgebaut werden. Darüber hinaus ist das Gehirn zur Zeit der Geburt im Schnitt nicht größer als das eines Schimpansen, es enthält aber viele Tausende von

Nerven und Nervenverbindungen mehr als unser engster Verwandter unter den Primaten.

Wir sind – so scheint es – ein Kompromiß der Evolution. Der Paläontologe Stephen Gould von der Harvard-Universität ist sicher, daß die Zunahme der Hirngröße, die im Verlauf der menschlichen Evolution stattgefunden hat, das Ergebnis einer Ausdehnung des raschen pränatalen Wachstums gewesen ist. Und trotzdem wurden drei Viertel dieses Wachstums auf den Zeitpunkt nach der Geburt verschoben.

Der Grund dafür ist ausschließlich in der Geburtshilfe zu suchen. Um durch den Beckenkanal kommen zu können, muß der neugeborene Mensch in einem unreifen Zustand zur Welt kommen. Mit anderen Worten, das Gehirn muß klein bleiben, damit der Fötus überhaupt die Gebärmutter verlassen kann. Die fossilen Daten stützen diese Auffassung. Die Gehirne von Neugeborenen haben im Vergleich zu den erwachsenen Gehirnen tatsächlich an Größe abgenommen, wenn man die Reihe vom Australopithecus zum Homo sapiens hin verfolgt. Unsere komplexen Gehirne sind daher das Ergebnis einer Zunahme des postnatalen Hirnwachstums.

Die dichte »Verpackung« des menschlichen Gehirns vor der Geburt ist ein hübscher Trick der Evolution. Das Gehirn bleibt so klein genug, um durch den Geburtskanal zu passen, und doch steckt es bereits voller Möglichkeiten. Das beschränkte Wachstum des fötalen Gehirns muß daher zu dem Zweck entworfen worden sein, ein Basisnetz für die komplexeren Reifungs- und umfassenderen Wachstumsvorgänge zu schaffen, die noch kommen. Das Timing unserer Geburt wird wahrscheinlich ausgelöst, wenn dieses Basisnetz steht. Erst dann sind wir in der Lage, der äußeren Welt entgegenzutreten.

Unter den Primaten besitzen wir Menschen die größten Gehirne und die längste Lebensdauer. Möglicherweise sind in der Evolution bis zu unserer derzeitigen Form diese beiden Attribute Hand in Hand gegangen. Unsere lange Lebensdauer erlaubte dem Gehirn eine längere Zeit des Wachstums und ermöglichte eine Entwicklung innerhalb der Gebärmutter, die sich dann in der Kindheit fortsetzte. Als Ergebnis dieser in die Länge gezogenen Periode haben Erwachsene unserer Art größere und komplexere Gehirne. Und ohne Zweifel versorgen uns größere Gehirne mit einer größeren Intelligenz, um erfolgreich für die nächste Generation unserer sich langsam entwikkelnden Art zu sorgen.

Jahreszeiten

Die Vorteile der Verlängerung des pränatalen Lebens waren so wichtig in der menschlichen Evolution, daß es nur natürlich zu sein scheint, daß es auch einen entsprechenden Vorteil für die jahreszeitliche Anpassung der Geburt gibt. Dustin Kemp zum Beispiel, der als Baby nur zwei Pfund gewogen hatte und trotzdem überlebte, wurde im Winter geboren.

Es gibt einen offensichtlichen Rhythmus auf der Erde. Die Neigung ihrer Achse und ihre jährliche Drehung um die Sonne bringen die Jahreszeiten mit sich. Die Tage werden länger und allmählich wieder kürzer. Es wäre also dumm zu denken, daß Pflanzen und Tiere, die auf einem Planeten mit diesen Änderungen leben, davon nicht betroffen wären.

Für die meisten Vögel ist der Frühling der Höhepunkt der Brutzeit. Amerikanische Brook-Forellen laichen im Herbst, Barsche im Spätfrühling und im Sommer. Daß die zunehmende Tageslänge die Entwicklung der Sexualorgane von Vögeln sowie ihr Wanderverhalten verstärkt, demonstrierte vor etwa fünfzig Jahren der Biologe W. R. Rowan: Er zwang Finken, sich außerhalb ihrer Jahreszeit zu paaren, indem er mit Hilfe von Lampen im Laboratorium die Tageslänge künstlich veränderte. Nach der Brutsaison nahmen die Keimdrüsen der Vögel spontan erneut den unreifen Zustand ein.

Die Verhaltensweisen von Tieren (und natürlich auch die von Pflanzen) hängen nicht von der Tages- oder Nachtlänge per se ab. Was viel mehr eine Rolle spielt, ist ein circadianer Rhythmus der Empfindlichkeit gegenüber dem Licht als einem induzierenden oder inhibierenden Agens. Die meisten Wissenschaftler glauben inzwischen, daß Tiere die Zeit intern messen, indem sie entweder mit dem Anbruch des Tages oder der Nacht beginnen. Ein kurzer Zeitabschnitt ist jedoch erforderlich, um einen empfindlichen Impuls auszulösen, der spezifisch auf Licht reagiert. Die Brutzeit des Frettchens kann zum Beispiel vorzeitig gestartet werden, wenn man das Tier zwölf Stunden lang künstlichem Licht aussetzt, und zwar einen Monat lang täglich.

Das der Jahreszeit angepaßte Verhalten der meisten Tiere nehmen wir als naturgegeben hin. Die Tatsache, daß die menschliche Physiologie ebenfalls der Jahreszeit folgt, erscheint uns jedoch rätselhaft. Ein Teil des Problems besteht darin, daß die meisten Menschen in der Stadt leben, in einer Umgebung also, die mehr von der Uhr als von der Sonne bestimmt wird. Darüber hinaus spielen Kultur, Religion, nationale Eigenheiten und die Wirtschaft eine Rolle im menschlichen Verhalten. Die Biologen bedienen sich bei der Erforschung dieses Phänomens nun des Tricks, die Einflüsse der künstlichen Umgebung von der menschlichen Physiologie zu trennen. Wenn dies gelingt – mit Hilfe umfangreicher Testreihen aus der ganzen Welt –, tauchen einige interessante Befunde auf.

Am 9. November 1965 erlebte New York seinen verheerendsten Blackout. Überall gingen die Lichter aus; Radios, Fernsehapparate, Kühlschränke, Uhren – nichts funktionierte mehr. Den Bewohnern blieb in dieser mondbeleuchteten Nacht nicht viel anderes zu tun, als unter die Bettdecke zu kriechen.

Ungefähr ein Jahr später studierte ein Wissenschaftler die Aufzeichnungen der Krankenhäuser und stellte fest, daß die Zahl der Geburten in der Stadt genau neun Monate nach dem Blackout steil in die Höhe gegangen war. Die Implikationen waren offensichtlich. In der Stadt, die niemals dunkel wird und niemals schläft, hatten viele Leute in der Dunkelheit miteinander geschlafen. Als die Presse davon erfuhr, kam der Baby-Boom in die Schlagzeilen, und er ist seitdem ein amüsanter Teil der amerikanischen Folklore geblieben.

Das Witzige an dieser Sache liegt nun darin, daß zwar die Daten stimmen, die Deutung aber nicht. Als einige Wissenschaftler sich auch die Daten der vergangenen Jahre vornahmen, entdeckten sie, daß der gleiche Anstieg der Geburten jedes Jahr auftritt, und zwar immer im selben Monat. Der Blackout im November 1965 hatte also keineswegs die Menschen enthemmt. Die Leute in New York haben vielmehr in dieser Jahreszeit immer viel Sex.

Isolierte Vorfälle sind eine Sache, aber es gibt Hinweise, daß einige Aspekte der menschlichen Reproduktion im Laufe eines Jahres mit den Jahreszeiten variieren. Die Zahl der abnormalen oder nicht-lebenden Samen bei fruchtbaren Männern ist in den Wintermonaten am höchsten. Die Geburtsgewichte von Neugeborenen, die im Sommer und Herbst zur Welt kommen, tendieren dazu, im Schnitt höher zu liegen als die Gewichte von denjenigen, die zu den anderen Jahreszeiten geboren werden.

Es gibt einen auf der ganzen Welt beobachteten jahreszeitlichen oder circajährlichen (»circaannialen«) Rhythmus in der Zahl der menschlichen Befruchtungen eines Jahres. Die Datensammlung von P. H. Jongbloet von der Freien Universität in den Niederlanden zeigt, daß die höchste Empfängnisrate im Frühling und die niedrigste im Herbst zu finden ist. Jongbloets Beobachtung unterstützt den uralten Glauben an das »Frühlingsfieber«, das vor allem Studenten spüren. Warum dies so ist, kann man noch nicht sagen. Falls wir dabei die jahreszeitlichen

Rhythmen der niederen Tiere übernommen haben, wird auch unsere Art von den saisonalen Änderungen in der Tageslänge betroffen sein.

Bei vielen männlichen Tieren fällt die sexuelle Aktivität mit einem Anstieg der Aktivität in den Hoden zusammen, was wiederum mit der Tageslänge im Einklang steht. Sie beeinflußt die Aktivität der Hypophyse im Gehirn, die in dunklen Perioden ein Hormon mit Namen Melatonin ausscheidet und also auf Licht reagiert. Es gibt eine Theorie, derzufolge die jahreszeitliche Aktivität der Hypophyse die Hoden beeinflußt. Die vermehrte Größe der Hoden im Frühling würde zum Beispiel eine Zunahme des Sexualhormons Testosteron im Blut zur Folge haben. Daß dies bei Fröschen und Affen so geschieht, ist seit Jahren bekannt. Aber trifft das tatsächlich auch bei Menschen zu?

Im Jahre 1978 machten sich Alain Reinberg und sein Kollege Michel Lagoguey daran, genau diese Frage zu untersuchen. Mehr als ein Jahr lang registrierten sie die sexuelle Aktivität von fünf männlichen Medizinstudenten.

- In den Hoden werden in jeder Sekunde Tausende von Samenzellen gefertigt. Es dauert zwei Monate, um einen voll ausgereiften Samen zu produzieren. Nach der Ejakulation bewegen sich die Samen in Richtung auf das Ei zu, und zwar tun sie das mit einer Geschwindigkeit von etwas mehr als 10 cm pro Stunde (dies entspricht einem Schwimmer, der etwa 12 Meter pro Sekunde schafft). Die Samen erreichen die Stelle der Befruchtung innerhalb von 50 Minuten. Dort bleiben die Zellen etwa zwei Tage lang am Leben.

- Männer haben vier bis fünf Erektionen pro Nacht (wenn sie schlafen), von denen jede zwischen fünf und zehn Minuten dauert.

Die Studenten führten genaue Protokolle und ließen einmal im Monat Blut- und Urinproben auf Testosteron hin untersuchen. Die angehenden Doktoren mußten aufschreiben, zu welchen Tageszeiten und wie oft sie masturbierten oder sonst ihren Spaß hatten.

Als die Studie zum Abschluß kam, stellten Reinberg und Lagoguey fest, daß es nicht nur einen jahreszeitlichen, sondern auch einen täglichen Rhythmus gab. Sie entdeckten, daß der Testosteron-Spiegel im Frühling morgens (um acht Uhr) und im Herbst nachmittags (um zwei Uhr) am höchsten war. Und im Laufe eines Jahres zeigten sich die größten Werte des Sexualhormons im Oktober und die niedrigsten im Mai.

Wie sich herausstellte, stimmten die Höhen der sexuellen Aktivität mit den Höhen des Testosteron-Spiegels im Körper überein. Die Medizinstudenten gaben an, daß sie im Oktober am häufigsten masturbierten oder Sex hatten und – überraschenderweise – im Frühling am wenigsten. Während die Studie von Reinberg und Lagoguey dem vermeintlichen Frühlingsfieber einen Dämpfer aufsetzte, kam sie dennoch zu dem Schluß, daß die menschliche Sexualität wenigstens teilweise durch die Auswirkungen der jahreszeitlichen Veränderungen in der Tageslänge auf die Gnaden (Geschlechtsdrüsen) beeinflußt wird.

Wenn es einen Saisonrhythmus in der menschlichen Konzeption gibt, dann sollten wir auch einen jahreszeitlichen Rhythmus bei der Geburt erwarten. Jongbloet fiel auf, daß die Geburtenrate im Winter am höchsten ist, wobei es noch einen kleineren Gipfel im Sommer gibt. Falls dies stimmt, könnten die Zyklen einen adaptiven Wert haben. Kinder, die im Winter geboren werden, verbringen die kritischsten Momente ihrer Kindheit im Frühjahr und im Sommer, wenn reichlich für sie zu essen da ist. Die »Gipfel«-Kinder wären dann stärker und erfolgreicher als ihre »Tal«-Brüder und -Schwestern.

Wenn man diese Meßlatte bei erfolgreichen Staatsmännern anlegt, dann sollte man erwarten, daß die meisten

Präsidenten der USA während der »Gipfel«-Monate geboren worden sind. Dies stimmt aber nicht. Ein Blick auf die jahreszeitliche Verteilung ihrer Geburtstage zeigt, daß ebenso viele Präsidenten zu Gipfelzeiten wie zu Talzeiten geboren worden sind. Während Washington, Madison, Lincoln und Roosevelt zu den »Gipfel«-Babys zählten, gehörten Jefferson, Monroe, Kennedy und Johnson zu den »Tal«-Babys.

Präsidenten stellen als Gruppe ganz sicher keinen Querschnitt der Menschheit dar, sie deuten aber an, wie verworren die Studien der heutigen jahreszeitlichen Variationen beim Menschen geworden sind. Auf einer zuverlässigen Grundlage beruhen allerdings die Rhythmen, die bei Kindern zu beobachten sind, die mit angeborenen Mißbildungen zur Welt kommen. Seltsamerweise finden sich diese jahreszeitlichen Variationen auch auf der südlichen Hemisphäre, nur um sechs Monate verschoben.

Über viele Jahre hin haben die Kinderärzte beobachtet, daß es einen jahreszeitlichen Trend bei der Geburt mißgebildeter Kinder gibt. Kinder, die mit einem exponierten Rückenmark (Spina bifida) oder mit einem Augen-Katarakt (grauer Star) geboren werden, haben gewöhnlich im Winter Geburtstag. Kinder, die keine oder deformierte Gliedmaßen haben, die unter einem angeborenen Herzfehler oder einem abnormalen Darm leiden, werden wahrscheinlich im Sommer geboren, ohne daß es dafür eine Erklärung gäbe.

Eine der am häufigsten erwähnten und untersuchten angeborenen Mißbildungen ist die Hüftdislokation (abgekürzt CDH, congenital hip dislocation). Seltsamerweise zeigen die Daten aus der nördlichen Hemisphäre immer dasselbe Ergebnis: Die CDH tritt am häufigsten bei Kindern auf, die im Herbst geboren werden. Ebenso merkwürdig sind Daten aus Australien, also aus der südlichen Hemisphäre, die zeigen, daß dort die CDH meist genau sechs Monate später auftritt, das heißt, wenn dort ebenfalls Herbst ist.

Warum angeborene Mißbildungen häufiger während einer bestimmten Jahreszeit als zu einer anderen auftreten, bleibt ein weiteres großes Rätsel des Lebens. Die Lösung – so spekulieren einige Wissenschaftler – könnte mit dem jahreszeitlichen Auftreten von Infektionskrankheiten bei Kindern zu tun haben; sie könnte auch einfach mit den jährlichen Wetterzyklen zusammenhängen. Beide Theorien haben zuletzt an Wahrscheinlichkeit verloren. Eine eher zutreffende Erklärung geht davon aus, daß die Mißbildungen durch jahreszeitliche Hormonänderungen zustande kämen, die sich im Bauch der Mutter abspielen. Die jahreszeitlichen Schwankungen in der Physiologie der schwangeren Mutter würden die Entwicklung des Fötus beeinflussen. Wenn sie gebeten werden, Beweise für diese Theorie vorzulegen, verweisen die Forscher auf Arbeiten von Harold Kalter am Kinderkrankenhaus in Ohio.

In den späten fünfziger Jahren hatte Kalter die Auswirkungen des Steroidhormons »Cortison« auf den Nachwuchs von schwangeren Mäusen untersucht. Eine der Auswirkungen von Cortison bestand darin, daß Mäusebabys, die mit dem Hormon vor der Geburt behandelt worden waren, einen gespaltenen Gaumen hatten. Kalter erhielt bei seinen Versuchen widersprechende Ergebnisse. Mal bildete sich der gespaltene Gaumen, mal wieder nicht. Er stellte fest, daß die Ergebnisse von jahreszeitlichen Schwankungen betroffen waren. Er beschloß, dieser Idee nachzugehen.

Kalter gab jedem Mitglied einer Gruppe von schwangeren Mäusen die genau gleiche Dosis von Cortison zu verschiedenen Jahreszeiten. Als er sich danach die Resultate ansah, machte er eine überraschende Entdeckung, die seinen Verdacht bestärkte: Die Auswirkungen der Cortison-Behandlung zeigten ein jahreszeitliches Muster. Wenn das Hormon zwischen November und April verabreicht worden war, kamen viel mehr Mäuse mit gespaltenem Gaumen zur Welt, als wenn das Cortison zwischen Mai und Oktober gegeben wurde. Die Schlußfolgerung: Entweder die Mutter oder das sich entwickelnde Junge oder gar beide reagieren in einem Abschnitt des Jahres empfindlicher auf die hormonale Umgebung, die der Körper bereitstellt, als in einem anderen Abschnitt. In jüngster Zeit konnten Wissenschaftler entsprechende jahreszeitliche Empfindlichkeiten auch für andere chemische Substanzen ermitteln.

Wenn uns diese dramatischen saisonalen Unterschiede bei angeborenen Mißbildungen überhaupt etwas sagen, dann könnten sie uns deutlich machen, daß die heutigen Menschen immer noch die Überbleibsel der reproduktiven Biologie unserer entfernten Vorfahren besitzen. Während nahezu alle Frauen im gebärfähigen Alter ihre Periode haben, hat sich herausgestellt, daß einige von ihnen nur im Frühling oder im Spätherbst einen Eisprung zeigen und daß es dazu nur selten im Winter oder im Sommer kommt. Dies könnte bedeuten, daß Frauen ovulatorische und nicht-ovulatorische Jahreszeiten haben, in denen sie mehr oder weniger Eier hervorbringen. Die zu bestimmten Jahreszeiten registrierten angeborenen Mißbildungen könnten folglich das Ergebnis der saisonalen Produktion von überreifen Eiern sein.

Wenn man das saisonale Brüten der mit uns verwandten Primaten beobachtet, findet man eine Erklärung für unsere Lage. Rhesus-Affen paaren sich im Winter und ignorieren sich im Frühling und frühen Sommer, wobei dieses Verhalten mit der Biologie ihres Körpers übereinstimmt. Mehr als die Hälfte der Eier, die aus den Eierstöcken von weiblichen Rhesus-Affen entfernt und in eine Kulturschale gelegt wurden, reiften während der Brutsaison heran. Nur ein kleiner Prozentsatz tat dies außerhalb der Saison.

Wie die Affen können auch unsere Vorfahren einen adaptiven Grund für saisonalen Sex und Geburten gehabt haben. Wer unter den harten Bedingungen der afrikanischen Savanne lebt, für den kann jahreszeitlich angepaßtes Verhalten nicht nur wichtig sein, um Nahrung zu finden, sondern auch, um die Familie zusammenzuhalten.

Ein paar Millionen Jahre später finden wir uns selbst in der Lage, uns das ganze Jahr hindurch zu paaren, und zwar erfolgreich. Unser sexuelles Verhalten geht aber nicht völlig unberührt von den Jahreszeiten vor sich, und unsere Biologie erst recht nicht. Wir folgen immer noch den sanften Rhythmen der Monate. Hormon-Ausscheidungen steigen und fallen im Verlauf eines Jahres. Unsere Gonaden folgen immer noch der Sonne.

Eine Jahreszeit für die Krankheit

Wenn Sex und Geburtstage die einzige Evidenz für jahreszeitliche Variationen in der Humanbiologie wären, dann wären wir sicher einzigartig unter den Lebewesen. Dies trifft aber nicht zu. Allergien, Infektionen, Herzerkrankungen und Schmerzen, sie alle treten häufiger im Verlauf einer Jahreszeit als in einer anderen auf.

Vor mehr als zwanzig Jahren beobachteten europäische Wissenschaftler über einen Zeitraum von elf Jahren die saisonalen Schwankungen von Personen, die unter Asthma litten. Die meisten Anfälle, so stellten sie fest, traten im Spätsommer und im Herbst auf. Nur wenige kamen im Frühling. Viele Forscher blieben skeptisch. Sie nahmen an, daß die Daten die jahreszeitlichen Variationen von Einflüssen durch Staub, Pollen und anderen störenden Faktoren widerspiegelten, auf die Asthmatiker empfindlich reagieren. Im Jahre 1978 stellten dann aber die Franzosen Alain Reinberg und Michel Lagoguey sowie einige andere Wissenschaftler, die den saisonalen Anfällen nachgingen, fest, daß diese Ereignisse nicht so sehr von der Antigen-Menge in der Umgebung ausgelöst wurden, sondern in vielen Fällen eine natürliche Konsequenz der rhythmischen Zyklen waren, die sich in der Sensitivität und Aktivität der Moleküle des Immun- bzw. Hormonsystems zeigten.

Einige Leute reagieren zum Beispiel hypersensibel auf Milben, die mikroskopischen Wanzen, die zu Hunderttausenden alles vom Teppich bis zur Matratze besetzen. Ihre menschlichen Opfer müssen niesen, bekommen jukkende Augen und haben Probleme beim Atmen. Die Angriffe kommen zumeist im Winter, wenn die Betroffenen die meiste Zeit in Räumen verbringen und so verstärkt den Milben ausgesetzt sind. Seltsamerweise zeigen nur wenige der Leidenden allergische Symptome im Sommer, in einer Zeit des Jahres also, in der sich viel mehr Milben in Betten und Teppichen befinden als zu irgendeiner anderen Jahreszeit.

Michael Smolensky von der Universität von Texas argumentiert, daß die allergische Reaktion auf die Milben und andere Allergene das Ergebnis eines saisonalen Rhythmus im Immunsystem des Körpers ist. Und tatsächlich, als Alain Reinberg von jungen Parisern und Pariserinnen Blutproben analysierte, die er alle zwei Monate eingesammelt hatte, stellte er einen jahreszeitlichen Rhythmus in der Zahl ihrer weißen Blutzellen fest. Die größte Menge fand er im Herbst und in den Wintermonaten. Weiße Blutzellen sind ein Hauptbestandteil des Immunsystems.

Daß das Immunsystem den Jahreszeiten folgt, ist eine ziemlich neue Beobachtung. Wenn sie allgemeingültig ist, könnte sie das saisonale Auftreten von Infektionskrankheiten bei Menschen erklären, das schon im Jahre 400 v. Chr. von dem griechischen Gelehrten Hippokrates beobachtet worden ist. Heute hält das Center for Disease Control in Atlanta, Georgia, die Zahl und Tendenz von Krankheiten fest, seien sie so trivial wie eine Erkältung oder so gefährlich wie die Kinderlähmung. Die Daten erscheinen in den ›Morbidity and Mortality Weekly Reports‹ und zeigen, daß es tatsächlich einen saisonalen Rhythmus beim Ausbruch dieser Krankheiten gibt.

- Lungenentzündung hat eine Inkubationszeit von etwa ein bis drei Tagen im Körper.

- Windpocken haben eine Inkubationszeit im Körper von zwei bis drei Wochen, Masern zwischen sieben und vierzehn Tagen. Bei der Grippe dauert sie zwischen 24 und 72 Stunden.

- Mumps ist bereits sieben Tage, bevor sich die ersten Symptome zeigen, ansteckend und bleibt infektiös, bis die Schwellungen verschwunden sind.

- Infektiöse Hepatitis hat eine Inkubationszeit von etwa zehn bis vierzig Tagen.

- Die Inkubationszeit der Gonorrhöe im Körper liegt zwischen zwei und neun Tagen.

- Syphilis hat eine Inkubationszeit im Körper von zehn bis neunzig Tagen.

Wissenschaftler und Spezialisten des Gesundheitswesens haben festgestellt, daß ansteckende Krankheiten wie die Grippe, die Erkältung oder die Lungenentzündung mit größerer Wahrscheinlichkeit während der Wintermonate auftreten als im Sommer. Auf der anderen Seite fallen Kinderkrankheiten wie Windpocken, Mumps, Röteln oder Masern eher im Frühling und Sommer an. Ob diese Krankheiten nun ausschließlich durch saisonale Änderungen in der Biochemie des Körpers zustande kommen, ist nicht bekannt. Interessanterweise steigen und fallen die Antikörper gegen Röteln im Rhythmus der Jahreszeiten auch noch bei denjenigen, die die Krankheit gar nicht mehr haben.

Wie die ansteckenden Krankheiten bei Kindern, so gibt es auch bei Erwachsenen besondere Infektionen, wenn sie zum Beispiel die Konsequenzen ihrer sexuellen Verhaltensweisen erleiden. Bei jungen Erwachsenen folgen die Geschlechtskrankheiten wie Syphilis und Gonorrhöe den Jahreszeiten.

Die Gonorrhöe, mit der schon die Chinesen vor 5000 Jahren vertraut waren, erhielt ihren Namen durch den griechischen Arzt Galen im Jahre 200. Diese Krankheit geht von Mikroorganismen aus, die sich gerne in den schleimartigen Membranen des Urogenitaltrakts aufhalten. Die Syphilis war in Europa unbekannt, bevor Christoph Kolumbus aus der Neuen Welt zurückkehrte und seine Leute wahrscheinlich diese Krankheit mitbrachten. Sie wird durch einen anderen Mikroorganismus verursacht, der sich im Blut aufhält, häßliche Hautverletzungen mit sich bringt und manchmal zum Tode führt. Beide Krankheiten treten am häufigsten im frühen August und am wenigsten im März in Erscheinung. Dies ist deshalb einleuchtend, weil ihre Rhythmen die circaannialen Rhythmen der menschlichen Sexualität widerspiegeln. Trotzdem weiß noch niemand, ob die saisonalen Muster dieser Krankheiten mit den etwa jährlichen Änderungen in der Virulenz dieser Erreger zusammenhängen oder ob sie durch den Rhythmus des Immunsystems bedingt werden, der den Körper davor schützen soll.

Für viele Körper übernehmen Infektion und Krankheit schließlich das Kommando. Der Körper leidet. Er stirbt. Wie das Leben, so hat auch der Tod seine Jahreszeit. Für Opfer von Herzanfällen, anderen kardiovaskulären Leiden oder Atemerkrankungen kommt die Stunde am häufigsten im Winter. Schlechte Wetterbedingungen und tiefe Temperaturen haben darauf wenig Einfluß. Selbst auf Hawaii tritt der Tod am häufigsten im Winter ein. Bewohner der südlichen Erdhalbkugel kommen ein halbes Jahr später an die Reihe.

Warum dies so sein muß, ist nicht bekannt. Es gibt

Vermutungen, daß die saisonale Verteilung des Todes einem geheimnisvollen Rhythmus folgt, der mit der Resistenz oder der Empfindlichkeit gegenüber Krankheiten zu tun habe. Andere Forscher meinen, daß das Lebensende durch den saisonbedingten Anstieg von bestimmten Hormonen zustande komme, die von den Nebennierendrüsen ausgeschieden werden. Tatsächlich nehmen Adrenalin und einige Steroidhormone während der Wintermonate zu. Diese Hormone beeinflussen alles im Körper, vom Blutdruck bis zum Immunsystem.

Wenn es soweit ist, spielen die circaannialen Rhythmen und monatlichen Zyklen keine Rolle mehr. Wir stehen dann nur noch einer Realität gegenüber – am Ende ist der Tod die letzte Jahreszeit.

George Washington starb im Winter. Der erste Präsident der USA hauchte sein Leben auf seinem Landsitz bei Mount Vernon am 14. Dezember 1799 aus. Einen Tag zuvor hatte er in sein Tagebuch geschrieben: »Morgens Schneefall, etwa acht Zentimeter hoch ... Quecksilber nachts 2 Grad unter Null.« Dies waren wahrscheinlich die letzten Worte, die er geschrieben hat. Am nächsten Morgen war er leichenblaß, und er litt »unter der heftigen Entzündung seiner Schleimhäute im Hals«, wie einer seiner Ärzte später notierte. Washington war erschöpft und kaum in der Lage zu sprechen. Er hatte Angst, lebendig begraben zu werden, und ordnete an, damit drei Tage bis nach seinem Tode zu warten. Kurz danach starb Washington. Es gab keinen Kampf, keinen Laut. Der Präsident hatte die Erde ruhig verlassen, sogar ohne einen Seufzer.

In derselben Nacht des Dezember 1799 versuchte, nicht weit von Washingtons Landsitz entfernt, ein besorgter Nathaniel Fillmore seiner Frau Phoebe beizustehen, die im neunten Monat schwanger war. Kalt und müde lag sie da, in Erwartung der Geburt eines neuen Lebens. In ihrem runden Leib wartete der zukünftige 13. Präsident der USA, Millard Fillmore, darauf, den Bauch seiner Mutter zu verlassen.

Kapitel 8:
Der Körper in Jahren

Eines Morgens im Frühjahr 1939 tauchte eine Quechua-Indianerin in Peru mit ihrer Tochter in der Praxis eines Arztes auf. Die Indianerin war verzweifelt, denn sie war überzeugt, daß ihre Tochter von Dämonen besessen sei.

Der Arzt untersuchte das verängstigte Mädchen. Zu seinem Erstaunen stellte er fest, daß ihr Bauch geschwollen war, ein sicheres Zeichen für Schwangerschaft. Daß dieses Kind schwanger sein sollte, war Überraschung genug. Was den Arzt wirklich schockierte, war eine Tatsache, die später die wissenschaftliche Welt in Aufregung versetzen sollte – das Kind war nämlich erst fünf Jahre alt.

Ein paar Wochen später, am 14. Mai 1939, wurde mit Hilfe eines Kaiserschnitts ein gesunder Junge geboren, der fast sechs Pfund wog. Das Quechua-Mädchen mit Namen Lina Medina war die jüngste Mutter der Welt. Diesen Titel hält sie bis heute.

Das Rätsel von Linas Schwangerschaft zu lösen blieb der lokalen Polizei überlassen. Ärzte und Biologen kümmerten sich indes um das größere Geheimnis: daß Lina ihre erste Periode bereits mit acht Monaten gehabt hatte und eben sehr früh eine Frau geworden war.

Die mißliche medizinische Lage Linas, ihre frühzeitige Pubertät (in diesem Fall ausgelöst durch einen Tumor in den Eierstöcken), war eine persönliche Tragödie. Ihre Kindheit war mit einem Schlag zu Ende, und sie mußte sich um einen Sohn kümmern, der später zur gleichen Zeit in die Schule ging wie seine Mutter. Linas Schicksal zeigt uns deutlich, daß die Kindheit abgekürzt werden kann, zum Beispiel durch Krankheiten. Für die meisten von uns bleiben allerdings Beginn und Dauer der Kindheit, der Erwachsenenzeit und des Alters ziemlich unverändert konstant.

Die Kindheit endet gewöhnlich, wenn wir zwölf Jahre alt sind. Danach folgt sofort eine kurze, aber heftige Adoleszenz, an die sich eine längere und reifere Erwachsenenzeit anschließt. Später dann (gewöhnlich um die Siebzig herum) werden wir alt und schwach, und danach sterben wir.

Für die Säugetiere – und für die meisten Tiere, die sich sexuell vermehren – trifft diese Reihenfolge zu, sie werden geboren, sie sind jugendlich, werden sexuell erwachsen, werden alt und sterben. Was die Menschen dabei von anderen Säugetieren unterscheidet, ist die Länge, mit der wir auf jeder der einzelnen Stufen verweilen.

Dies hat sich als Vorteil für uns erwiesen. Die Größe unseres Gehirns und die bemerkenswerte Ausdehnung des cerebralen Kortex hängen zu einem großen Teil mit unserer verlängerten Schwangerschaft und unserer verlängerten Kindheit zusammen. Bei den meisten Säugetieren wächst das Gehirn nur im Uterus. Doch unser rasches pränatales Hirnwachstum läuft weiter bis in die postnatale Phase hinein.

Die Ausdehnung unserer Hirnentwicklung in die Kindheit hinein sichert uns eine lange und wunderbar reichhaltige Erziehung. Sie hat uns allerdings im Hinblick auf Nahrung und Schutz vollkommen von unseren Eltern abhängig gemacht. Ein Neugeborenes kann sich tatsächlich nicht selbst füttern und ohne die Hilfe seiner Eltern nicht länger als einen Tag überleben.

Die absolute Hilflosigkeit als Preis für die intellektuelle Entwicklung ist ein hartes »Verhandlungsergebnis«. Kein Zweifel, wenn wir wie Haie wären, deren Nachkömmlinge von Anfang an vollständig mit scharfen Zähnen ausgerüstet sind, ginge es uns besser. Allerdings haben erwachsene Haifische Gehirne von der Größe einer Zitrone und die Intelligenz eines Toasters. Doch wir haben clevere Wege entwickelt, um durch die frühen Jahre zu kommen und Nahrung – physiologischer wie psychologischer Art – zu erhalten von der Gruppe, die sie liefert, unseren Eltern nämlich.

Eine der auffälligsten Beobachtungen bei der menschlichen Entwicklung besteht darin, daß die Gesichter von Kindern völlig anders aussehen als die ihrer Eltern. Das Gesicht von Erwachsenen ist mehr rechteckig. Die Stirn flieht nach hinten. Die Nase und der Kiefer strecken sich nach vorne. Und die Augen sind relativ klein im Vergleich zum Rest des Gesichts.

Kinder hingegen haben große, runde Köpfe, eher riesige Augen, und ihre Kiefer sind klein. Der Rumpf ist mit kleinen, tapsigen Armen und Beinen verbunden. Dieses puppenhafte Aussehen und die bewundernswerten Verhaltensweisen der Kleinen haben allerdings einen wichtigen Grund.

Bereits in den dreißiger Jahren erkannten Verhaltensforscher wie der in Österreich geborene Konrad Lorenz, daß Tiere auf einige Reize ihrer Umgebung stärker reagieren als auf andere. Ein männliches Rotkehlchen zum Beispiel wird ein Bündel roter Federn vehementer attakkieren als ein junges Rotkehlchen, das noch keine rote Brust hat. Die roten Federn zeigen einen männlichen Rivalen an. Ein ähnlicher Mechanismus funktioniert bei Möwen, die gefleckte Eier legen und eben bevorzugt auf solchen sitzen. Für die Vögel sind die Sommersprossen ein Zeichen der Identifizierung. Sie vertrauen diesem Signal derart, daß sie dummerweise auch auf künstlichen Eiern sitzen, die wie Würfel oder Kegel aussehen, solange sie nur hinreichend mit Sprossen versehen sind.

Die rote Brust des Rotkehlchens und die Flecken auf den Möweneiern bezeichnet man als »auslösende Reize«. Bei Tieren sind solche Signale besonders wirksam, wenn es darum geht, »angeborene Auslösemechanismen« dort in Gang zu setzen, wo sie vorgesehen sind. Damit sind besondere Verhaltensabläufe gemeint, die mit einer bestimmten Absicht unternommen werden. So wird ein Rotkehlchen-Mann einen roten Strauß Federn angreifen, denn dieses Zeichen hat nur für ihn Bedeutung. Und aus demselben Grund wird nur eine weibliche Möwe nutzlos ein mit Sommersprossen gezeichnetes Stück Holz besetzen.

Beim Menschen, so argumentierte Lorenz 1950 in einem Aufsatz, sind es die süßen, kleinen Gesichter der Kinder, die den besonderen Reiz bilden, der die (uns unbekannten) »angeborenen Auslösemechanismen« in Gang setzt. Unsere Reaktionen sind vielleicht nicht so automatisch wie bei anderen Tieren, aber wenn wir in das Gesicht eines Kindes und auf seine großen Augen schauen, dann überfällt uns zumeist ein unkontrollierbares Verlangen, das Kind hochzuheben und zu umarmen. Je deutlicher diese »auslösenden« Faktoren sind (die Größe der Augen im Vergleich zum Gesicht zum Beispiel) und je herziger das Kind ist, desto größer wird die Wahrscheinlichkeit, daß wir uns um es kümmern. Liebkosende Kinder rufen natürlich auch weitere Liebkosungen hervor.

Dieses Bedürfnis, als Antwort auf die Gesichtszüge eines Kindes zärtlich zu ihm zu sein, ist derart universell, wie Lorenz aufzeigt, daß sich dieses Verhalten auch in der Zoohandlung wiederfindet. Unsere Liebe zu kleinen

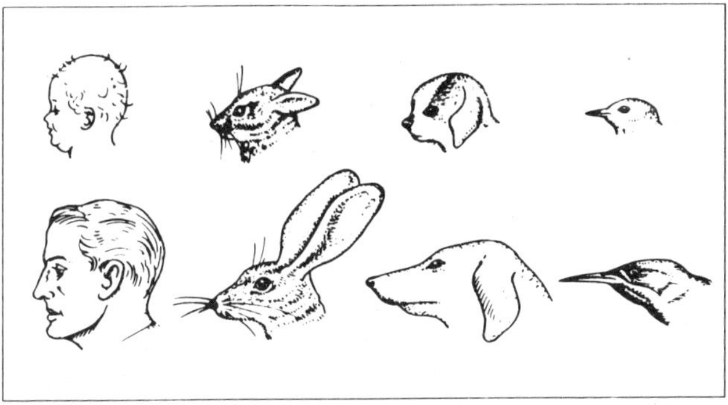

Menschliche Kinder sind »reizend«, weil sie eine vorstehende Stirn, große Augen, einen winzigen Kiefer und weiche, plumpe Körper haben, die eine liebevolle Reaktion bei Erwachsenen auslösen. Erwachsene finden die Jungen der meisten anderen Arten aus denselben Gründen ebenso »reizend«.

Kaninchen, Welpen oder jungen Pandas, die die schönen großen Augen, die runden Schädel und die tölpelhafte Bewegung von kleinen Kindern haben, unterstreicht diese Tatsache. Wir werden zu ihnen mit demselben Mechanismus hingezogen, der uns auch bei unseren Kindern lockt.

Hollywood nutzte diese Schwäche für knuddelige Lebewesen weidlich aus. Wenn man in Filmen eine Kreatur von einem anderen Stern harmlos und süß aussehen lassen will, gibt man ihr einen kleinen Kiefer und große Augen. Der Außerirdische E. T. wurde durch genau diesen Trick liebenswürdig und reizend gemacht.

Der Reiz findet in unserem Kopf statt. Was für Menschen süß aussieht, muß für Affen nicht auch so wirken. Sie haben sogar ihre eigene Methode, etwas reizend zu machen: Schimpansen-Kinder zum Beispiel werden mit lilafarbenen Gesichtern geboren. Die Gesichter ihrer Eltern sind schwarz. Kleine Rhesus-Affen werden mit dunklerem Gesichtshaar als ihre Eltern geboren, und ein Teil davon verläuft in der Mitte ihres Schädels. Sie verlieren diesen Teil und die dunkle Färbung nach etwa sechs Monaten, das heißt etwa zu der Zeit, zu der sie in der Lage sind, allein zu überleben, also ohne Hilfe und Versorgung ihrer Mütter. Es ist sicher kein Zufall, daß auch die Kinder der Menschen ihr reizendes Äußeres verlieren, wenn auch sie – nach ein paar Jahren – allein zu überleben in der Lage sind.

Liebevolle Blicke sind nur ein Werkzeug, das Kindern zur Verfügung steht, um durch die ersten Jahre des Lebens zu kommen. Ihre Verhaltensweisen sind ein zweites Instrument: Wenn die Mutter ein Kleinkind senkrecht in Schulterhöhe hält, fängt es sofort an, sich umzuschauen. Diese wache Reaktion kommt als automatische Aktivität zustande, die vom Innenohr des Kindes ausgelöst wird, das auf die erhöhte Position reagiert. Nachdem das Baby müde geworden ist, legt es seinen Kopf auf die Schulter der Mutter und sucht einen Ruheplatz am Halsansatz.

Dabei kommt das weiche Haar auf dem Kopf des Kindes in Kontakt mit der Haut der Mutter, wodurch automatisch eine Anspannung in ihrer Brust ausgelöst wird, und ein wenig Milch tröpfelt heraus. Die Lage des kindlichen Kopfes sorgt dafür, daß im Kopf der Mutter das Hormon »Oxytocin« ausgeschüttet wird, das die Milch aus den Brüsten treten läßt. Die Stimulierung ist erotisch und angenehm für die Mutter und lohnend für das Kind. So wird der Pflegeeffekt verstärkt.

Auch die Ausdrucksweisen eines Babys zielen darauf, jemandem zu gefallen, obwohl das Kind selbst niemals diese Absicht hat, geschweige denn, sich darüber im klaren ist, welche Wirkung es auf die Mutter ausübt. Wenn zum Beispiel die Mutter ungerührt und unbeweglich vor dem Kind bleibt, wird es automatisch nach einigen Minuten zu einem stereotypen Verhalten übergehen, das dazu dient, der Mutter zu gefallen. Zunächst wird das Kind seinen Kopf zur Mutter wenden und lächeln. Wenn dann immer noch keine Rührung auf deren Seite zu erkennen ist, nimmt das Kind einen ernsten Ausdruck an, wobei sein Körper ruhig wird. Dann wird es wieder lächeln, aber nur kurz, und anschließend wird es wegschauen. Insgesamt kann ein Kind mehrmals dieses Verhaltensmuster wiederholen – lächeln, ernst schauen, dann weggucken, umdrehen und lächeln –, bis die Mutter endlich reagiert und das Kind in die Arme nimmt. Verharrt sie allerdings in ihrer Ungerührtheit, dann wechselt der Gesichtsausdruck des Kindes vom Lächeln zur Darstellung einer völligen Hilflosigkeit, bis endlich dann ein Elternteil sich seiner annimmt und es versorgt. So zielsicher und abgewogen die ganze Prozedur einem Erwachsenen erscheint, das Kind handelt ohne jede Absicht.

Lächeln kann Wunder bewirken, aber wenn diese einmal ausbleiben, können Kleinkinder auch einen anderen Pfeil aus ihrem Köcher ziehen und bei ihrem Bemühen um Nahrung abschießen: Sie schreien. Kinder schreien, sobald sie zur Welt kommen (dies ist eine Reaktion auf den ersten Atemzug der kalten Luft), und später nutzen sie dieses Verhalten, um störende Geräusche auszuschalten und angesammelte Energie loszuwerden. Dieses laute stimmliche Verhalten ist allerdings zugleich ein mächtiger »Auslösefaktor«. Er verlang nach Aufmerksamkeit.

Töne sind potente »Auslösefaktoren« der Kleinen bei vielen Tierarten. Hennen reagieren mehr auf die lauten Rufe ihrer Küken als auf deren rasende Bewegungen. Wenn man wild hin und her rennende Küken unter eine schalldichte Glasglocke setzt, werden sie von ihren Müttern ignoriert, die sie sehr wohl sehen können. Bringt man dieselben Küken aus der Sichtweite der Henne und erlaubt dabei, daß ihre schrillen Töne zu hören sind, reagieren die Mütter äußerst impulsiv. Aus demselben Grund bringen Rhesus-Affen einen hohen Ton hervor, der Schwierigkeiten signalisiert. Wenn ein erwachsener Rhesus-Affe diesen Ton hört, kommt er angerannt. Dasselbe passiert, wenn kleine Menschenkinder schreien – die Eltern eilen herbei.

Wenn Schreien ein mächtiger Auslösefaktor in den ersten Lebensjahren ist, dann trifft dies auch fürs Lachen zu. Lachen wird im allgemeinen als eine angeborene menschliche Reaktion betrachtet, denn selbst taube Kinder können lachen. Dieses Verhalten, dem das Lächeln noch vorangeht, taucht in voller Blüte in den ersten Wochen nach der Geburt auf. Nach fünf bis neun Wochen kann man es beobachten, und nach vier Monaten ist das Lachen vollständig vorhanden.

Charles Darwin schreibt in seinem 1872 erschienenen Buch ›Expression of the Emotions in Man and Animals‹, daß das Lachen sich in der frühen Kindheit entwickle, weil die lange Abhängigkeit in dieser Phase des Lebens wirkungsvolle Signale brauche, die die Erwachsenen für ihre Pflege belohne. So habe sich das Lachen als Zeichen des Wohlbefindens neben dem Schreien als Zeichen des Unwohlseins herausgebildet. Wenn Kinder lachen, bringen sie tatsächlich kurze, unterbrochene Töne hervor, die – wie schon Darwin bemerkte – »so verschieden wie möglich von den Schreigeräuschen sind, die Kummer andeuten«.

Darwin, der Biologie studiert hatte, war die Wechselwirkung zwischen Kindern und ihren Eltern vertraut. Und ihm fiel wahrscheinlich schon damals auf, daß Kinder in derselben Situation lachen oder weinen können. Ein Baby kann zum Beispiel lachen, wenn man es kitzelt oder hochwirft oder wenn es einen Hund sieht. Es kann dabei aber ebensogut auch weinen. Natürlich sind diese Situationen nicht leicht für das Kind, aber auf lange Sicht scheint das Lachen dafür angepaßter zu sein als das Weinen.

Vor etwa fünfzehn Jahren verbreitete Mary Rothbart, eine Psychologin der Universität von Oregon, die Meinung, daß Kinder ihre Umgebung manipulieren und von ihr lernen, indem sie lachen. Ihre Begründung klingt schlüssig: Würde ein Kind, so sagt sie, jedesmal weinen, wenn es einer neuen oder ungewöhnlichen Situation begegnet, dann würden die Eltern es stets aus dieser Lage befreien und zu sich nehmen. Damit hätte das Kind nie die Möglichkeit, die jeweilige Situation wirklich kennenzulernen und sich an sie zu gewöhnen. Wenn das Kind aber lacht, nehmen die Eltern an, ihm gefällt seine Lage. Also wiederholen sie die eigentlich störende Situation und geben dem Kind so die Chance, Erfahrungen zu sammeln und mehr über die Welt zu lernen.

Niemand weiß, ob unsere schicksalsergebenen Vorfahren sich besser oder schlechter an ihre Umgebung anpassen und überleben konnten als ihre aufgeklärten Nachkommen. Es hat aber mit Sicherheit nichts geschadet, wenn man gelacht hat, vor allem, wenn man bedenkt, mit welchen Problemen Kinder zu tun hatten. Noch vor zwei Jahrhunderten starben erschreckend viele Kinder in ganz jungen Jahren. Viele der überlieferten Briefe aus dem 17. Jahrhundert zeigen die Angst und die Panik der Eltern, daß ihre Kinder an Masern, Keuchhusten oder Pokken erkranken konnten. Zwischen 1730 und 1749 – so zeigen die Aufzeichnungen – starben in London 75 Prozent aller Kinder, bevor sie fünf Jahre alt wurden. Aus diesem Grund tendierten die Frauen dazu, häufig zwölf bis fünfzehn Kinder zur Welt zu bringen in der Hoffnung, daß wenigstens jedes zweite überlebt. »Zehnmal hat sie die Schmerzen des Kindbettes ertragen«, so heißt es auf dem Grabstein einer schottischen Edelfrau, die 1676 gestorben ist, »doch nur fünf Kinder sind ihr geblieben.«

Der Tod kam wahrscheinlich so rasch zu den Kindern, daß die Mütter, die durchaus liebevoll waren, zwei Erziehungspraktiken anwandten, um sich emotionell und physisch von ihren Kindern zu lösen. Sobald sie aus dem Bauch gekommen waren, wurden die Kinder mit Leinen oder wollenen Windeln zu kleinen Bündeln verpackt. Und Ammen wurden angestellt, um die Kinder zu säugen.

Das Wickeln der Kinder – eine Sitte, die bis auf die Zeit vor Christus zurückgeht – diente nicht nur dem Zweck, den Hautkontakt mit der Mutter einzuschränken; es wurde im 16. und 17. Jahrhundert auch als die Methode gepriesen, mit der sich Bewegungen verhindern und die Knochen gerade halten lassen. Lange Tuchstreifen wurden eng um die Beine der Kinder geschlungen, und auch die Brust und die Arme wurden eingewickelt. Ein weiteres Band ging noch um den Kopf des Kindes herum, um dessen Herumwackeln zu verhindern. In dieser restriktiven Hülle blieb ein Kind die ersten Wochen seines Lebens. Erst im Alter von vier Monaten wurden seine Arme befreit; Brust, Bauch und Beine blieben das ganze erste Jahr seines Lebens in dieser dichten Verpackung.

Daß die Kinder so fest und eng als Paket verschnürt waren, begrenzte natürlich ihren Bewegungsspielraum. Es hinderte sie daran, nach Gegenständen zu greifen oder die Welt zu erkunden, die sich um sie herum entfaltete. Es war manchmal ebenso lästig für die Mutter, die die Windelkleidung zu wechseln hatte, wenn diese verschmutzt war. Diese Prozedur nahm oft mehr als eine Stunde in Anspruch. Sowohl die Mutter als auch das Baby waren Opfer des nur langsam sich entwickelnden kindlichen Nervensystems.

Da sie mit einem nicht vollständig ausgebildeten Nervensystem geboren werden, zeigen Kinder vielfach noch ein sehr einfaches Verhalten. Ein Baby hat keine Kontrolle über seine Blase oder seinen Darm, es ist auch noch nicht in der Lage zu gehen. Wasserlassen, Stuhlgang und einige Körperbewegungen sind reflektiv. Erschreckt man ein Kind mit einem plötzlichen Zusammenklatschen der Hände, so wird es automatisch die Arme ausbreiten und anschließend wieder über die Brust falten. Dies ist der sogenannte »Moro-Reflex«. Streicht man über den Mund eines Babys, dann wird es rhythmisch zu nuckeln anfangen.

Das Verhalten kleiner Kinder ist »subkortikal«. Dieser Ausdruck basiert auf dem Fortschritt der Zellen, die eine eiweißartige Substanz mit Namen »Myelin« um die Nervenzellen legen. Myelin bildet eine Art Schutzschicht von reifen Nervenzellen und erlaubt einen schnelleren Transport der Signale. Diese Entwicklung vollzieht sich während der Kindheit in Stufen. Myelin erreicht zuerst die tieferen Regionen des Gehirns und breitet sich danach langsam im cerebralen Kortex aus, von dem die Impulse der willentlich ausgeführten Bewegungen ausgehen. Zum Zeitpunkt der Geburt sind nur die unteren (»subkortikalen«) Bereiche des Gehirns myelinisiert, und dies ist der Grund, weshalb die Neugeborenen sich auf automatische Reflexe verlassen müssen. Wenn die Myelinisierung der Nervenzellen fortschreitet, gehen die reflexiven Verhaltensweisen allmählich zurück.

Der langsamen Ausbreitung der Myelinschicht entspricht der Fortschritt willentlicher Muskelbewegungen. Wenn die Kinder zwei Monate alt sind, können sie ihre Arme und Beine bewußt bewegen. Mit sechs Monaten können sie sich auf ihren Händen aufrichten und den

Kopf nach hinten werfen. Mit neun Monaten können sie – an ein Möbelstück gelehnt – stehen, und nach etwa einem Jahr können Kinder alleine gehen.

Zwei Jahre später können sie auch ihre Blase und ihren Darm kontrollieren.

Der ständige Fortschritt bei der Anbringung der Myelinschicht fällt zeitlich mit der Entwicklung der Sprache zusammen. Die ersten Laute, die Kinder lernen, sind jene, die ein Mund am einfachsten hervorbringen kann: pa, ba oder ma. Sie werden vorne gebildet, und sie erfordern kaum den Einsatz der Zunge und richtiges Luftholen. Daher ist es kein Zufall, wenn die ersten Wörter, die ein Kind zwischen dem neunten und dem fünfzehnten Monat seines Lebens sagt, Papa oder Mama heißen.

So emotionsgeladen das Wort »Mama« auch ist, wenn es zum erstenmal aus dem Mund eines Kindes kommt – so unwahrscheinlich ist es, daß wohlhabende Mütter vor dem 19. Jahrhundert diesen ersten Ruf gehört haben. In der Zeit zwischen 1500 und 1800 war es in Mode, daß reiche Mütter Ammen einsetzten, um die Kinder zu säugen. Das hatte meist praktische Gründe, die Mütter selbst hatten entweder zuwenig Milch, oder sie waren zu schwach, dem Kind die Brust zu geben. Manchmal verboten die Männer ihren Frauen auch, die Kinder zu versorgen, und zwar aus der Befürchtung, daß nicht mehr genug Milch vorhanden sei, wenn sie erneut schwanger werden. Die Praxis hatte allerdings auch einen biologischen Grund.

Laktation, also Milchabsonderung, ist ein natürliches Mittel zur Empfängnisverhütung. Die Produktion der Milch sorgt für eine Unterdrückung des Eisprungs. Frauen, die stillen, werden weniger wahrscheinlich schwanger als Frauen, die ihren Kindern nicht die Brust geben. Das Ergebnis: Frauen, die Ammen anstellten, waren von den geburtskontrollierenden Wirkungen der Laktation befreit. Sie konnten nahezu sofort wieder schwanger werden und damit jedes Jahr ein Kind zur Welt bringen. Frauen, die sich Ammen leisten konnten, waren in der

- Innerhalb von 30 Sekunden, nachdem ein Kleinkind angefangen hat, an der Brust zu saugen, beginnt die Milch zu fließen. In dieser Zeit bewegen sich Nervensignale von der Brust über das Rückenmark zum Gehirn. Das Gehirn schüttet dann das Hormon Oxytocin aus, das durch den Blutstrom zurück zur Brust fließt, wo es dafür sorgt, daß die Milch freigesetzt wird.

- Eine stillende Mutter produziert ungefähr 1,5 Liter Milch pro Tag. Wenn die Milch nicht dauernd aus der Brust entfernt wird, verschwindet die Fähigkeit, weiter Milch auszuscheiden, innerhalb von ein bis zwei Wochen. Wird aber weitergenukkelt, kann die Milchproduktion mehrere Jahre lang dauern.

- Zur Zeit ihrer Geburt haben Mädchen ungefähr 400000 Eizellen in beiden Eierstöcken. Davon werden nur etwa 480 im Laufe des Lebens reifen, und nur fünf Prozent davon werden von Samen befruchtet werden.

- Es dauert im Durchschnitt 72 Sekunden, um ein reifes Ei aus dem Eierstock zu werfen. Das befruchtete Ei bleibt noch drei Tage im Eileiter, bevor es in den Uterus gelangt.

Lage, zwanzig oder dreißig Kinder zu gebären (von denen viele starben), solange ihre Fruchtbarkeit währte.

Es gab noch einen weiteren Grund dafür, Kinder von Ammen stillen zu lassen. Viele Mütter fürchteten, daß das Saugen Narben auf ihren Brüsten hinterlassen würde. Tatsächlich büßten damals viele stillende Mütter sogar ihre Brustwarzen ein. Es war nämlich im England des 16.

und 17. Jahrhunderts üblich, den Kleinkindern so lange die Brust zu geben, bis die ersten vier Vorderzähne sich ausgebildet hatten. Danach erhielten sie Brot, Hühnerfleisch und Eier.

Wenn man eine zarte Brust einem bezahnten Kind anbietet, wird es natürlich gefährlich. Glücklicherweise haben Babys noch keine Zähne, wenn sie zur Welt kommen (obwohl es heißt, Julius Cäsar, Ludwig XIV. und Napoleon seien bereits mit einem Zahn im Mund geboren worden). Normalerweise bekommen Kleinkinder ihre ersten Zähne – die unteren Schneidezähne –, wenn sie sieben oder acht Monate alt sind.

Der erste Zahn ist Teil einer Menge aus zwanzig Milchzähnen, die zwischen dem siebenten Monat und dem zweiten Lebensjahr durchbrechen. Sie bleiben allerdings nicht lange. Zwischen dem sechsten und dem dreizehnten Jahr werden sie nach und nach abgestoßen und durch 28 bis 32 permanente, also bleibende, Zähne ersetzt.

Die Milchzähne eines Kindes brechen nicht zufällig durch, sie entwickeln sich vielmehr einer nach dem anderen, wobei auch eine Sorte einer anderen folgt. Zuerst treffen die vier »frontalen« Schneidezähne (unten und oben) ein. Dann treten die »lateralen« dazu, und zwar im Schnitt nach dreizehn Monaten. Als nächste finden sich etwa drei Monate später die »prämolaren« (Backenzähne) ein. Ungefähr 19 Monate nach der Geburt brechen dann die Eckzähne durch. Zuletzt, wenn das Kind etwa 2½ Jahre alt ist, treten die zweiten Milchbackenzähne weiter hinten in Erscheinung.

Bei Jungen entwickeln sich die ersten Milchzähne im Durchschnitt etwa einen Monat früher als bei Mädchen. Das trifft zwar nicht auf alle Milchzähne zu, doch insgesamt ist die Entwicklung bei Jungen weiter vorangeschritten. In einem bestimmten Alter haben Jungen mehr Zähne im Mund als Mädchen.

Die ersten bleibenden Zähne, die großen, weißen Backenzähne (Molaren), brechen etwa im sechsten Jahr nach der Geburt durch. Sie ersetzen dabei allerdings keine Milchzähne. Sie erheben sich einfach ganz langsam hinten im Kiefer und bleiben dort das ganze Leben (wenn sie nicht irgendwann krank werden und gezogen werden müssen).

Die ersten Milchzähne, die ersetzt werden, sind die ausfallenden Schneidezähne, und dies passiert etwa ein oder zwei Jahre, nachdem sich die bleibenden Backenzähne eingestellt haben. Wenn sich der bleibende Schneidezahn unter dem Milchzahn entwickelt, drückt er gegen dessen Wurzel. Als Reaktion auf diesen Druck und auf Grund der dabei erzeugten elektrischen Kräfte lösen spezialisierte, »Knochen fressende« Zellen mit Namen »Osteoklasten« die Verankerungen der Milchzähne im Gleichmarsch mit dem Nachwachsen der bleibenden Zähne auf. Und so fällt der Milchzahn schließlich aus.

In der Zwischenzeit werden die Vorderzähne bis zu den Backenzähnen weiter hinten einer nach dem anderen ersetzt. Wenn sich der zweite Backenzahn eng neben dem ersten Backenzahn »herausdrängelt«, ist das Kind etwa elf Jahre alt. Etwa ein Jahr später treffen die nächsten Backenzähne ein. Und schließlich, wenn der Heranwachsende auf die Zwanzig zugeht, tauchen die dritten Molaren (Weisheitszähne) in seinem Mund auf. Die dentale Entwicklung wird so weit verlängert, weil es eine Pause nach der Bildung jeder einzelnen molaren Zahnkrone gibt.

Im Jahre 1933 war der britische Arzt H. L. Keane eigentlich nicht an der Zahnentwicklung des siebenjährigen Mädchens interessiert, das in seine Praxis gekommen war. Dennoch trug er in seine Kartei ein, daß noch alle Milchzähne vorhanden waren, mit Ausnahme des ersten Backenzahns. Der Arzt interessierte sich vielmehr für die Tatsache, daß die Brust und das Becken des Mädchens bereits voll entwickelt waren. Wie die kleine Lina Medina, so war auch dieses Mädchen zu schnell in die Pubertät gekommen, und der Arzt wollte wissen, warum dies so gekommen war.

Die Frage, was die Pubertät überhaupt auslöst, stellt sich jeder Arzt. Es gibt genug Theorien dazu. Einige Wissenschaftler behaupten, daß der »suprachiasmatische Nukleus«, die biologische Uhr, die sich im Gehirn eingenistet hat, für die Pubertät verantwortlich sei. Andere glauben, daß die Zirbeldrüse im Gehirn, die empfänglich für die Tageslänge ist, dabei helfe. Wieder andere Forscher denken, daß die letzte Reifung des Gehirns zusammen mit einer bestimmten kritischen Masse an Körperfett dafür sorge, daß es zur Pubertät kommt.

Die Pubertät tritt universell unter Menschen auf. Wir alle müssen da durch. Sie ist wie eine Metamorphose und wandelt den jugendlichen Körper in einen sexuell reifen, erwachsenen um. Mädchen entdecken plötzlich Jungen, und Jungen entdecken auf einmal ›Playboy‹.

Bei den Jungen werden die Hoden und der Penis größer. Gröberes Haupthaar tritt in Erscheinung, die Schamhaare sprießen und die Achselhaare unter den Armen. Die Stimme wird tiefer, die Muskeln werden größer und die Glieder länger.

Es gibt Variationen zu diesem Thema bei den Mädchen. Hier dient die Pubertät dazu, den Körper darauf vorzubereiten, Kinder zu tragen. Während der Pubertät stellen Mädchen fest, daß ihre Brust wächst und ihre Geschlechtsorgane reifen. Ihre Hüften wachsen weiter auseinander. Und wie bei den männlichen Gegenstücken entwickeln sich auch bei ihnen Haare an der Scham und unter den Armen. Die Pubertät bringt für Mädchen den Beginn ihres ersten Menstrualzyklus mit sich, was als »Menarche« bezeichnet wird.

In den USA fängt bei Mädchen etwa mit dem elften Lebensjahr – und bei Jungen ein halbes Jahr später – die Entwicklung der sekundären Geschlechtsmerkmale an. Mädchen schließen den Vorgang der Pubertät in etwa vier Jahren ab. Jungen brauchen dazu nur dreieinhalb Jahre.

Während das Timing der Pubertät vor allem durch genetische Faktoren bestimmt wird, interessieren sich die Wissenschaftler weniger für die DNA, also für das Erbmaterial, sondern mehr für die Vorgänge im Gehirn. Denn hier ist die Stelle, an der die Pubertät beginnt. Melvin Grumbach von der University of California glaubt zum Beispiel, daß die Pubertät eigentlich nicht automatisch durch den Reifeprozeß »ausgelöst« wird. Sie werde vielmehr zurückgehalten und erst nach und nach »losgelassen«, jedoch nur dann, wenn die Bedingungen geeignet sind für eine Elternschaft. Grumbach studierte die neutralen und hormonalen Mechanismen hinter der Pubertät am Modell des Schafs. Schafe sind deshalb so gut geeignet für die Erforschung der menschlichen Pubertät, weil sich bei ihnen dieser Vorgang jedes Jahr zu wiederholen scheint.

Nach Grumbach stellt die Pubertät kein isoliertes Ereignis dar. Sie sei vielmehr ein Glied in einer Kette von Ereignissen, die ihren Ursprung im Bauch der Mutter haben. Sowohl im Embryo als auch im Erwachsenen werden die Aktivitäten vieler sich entwickelnder Gewebe durch den Hypothalamus (Teil des Zwischenhirns) dirigiert, dessen Zellen spezialisierte »Auslösefaktoren« freisetzen. Einer dieser Faktoren, besonders das Gonadotropin-Freisetzungshormon (GnRH) wird im Hypothalamus schon in der achten Woche der Schwangerschaft angefertigt. In der Halbzeit der Schwangerschaft tröpfelt dieses Protein in Richtung Hypophyse, die daraufhin Gonadotropine freisetzt, die wiederum die Freisetzung von Geschlechtshormonen in die Wege leiten: Die Ovarien (Eierstöcke) stellen Östrogen her. Die Hoden geben Testosteron ab. Beide Hormone erfüllen ihre Aufgaben, aber sie kehren aus den Keimdrüsen (Gonaden) zum Hypothalamus zurück, um hier dafür zu sorgen, daß weniger GnRH freigesetzt wird. Dies ist ein Beispiel für eine negative Rückkoppelung.

In den ersten Monaten ihres Lebens produzieren Babys so viele Geschlechtshormone wie Erwachsene. Die sekundären Geschlechtsmerkmale entwickeln sich aber nicht, denn die Freisetzung von GnRH kommt bald zum Erliegen, und anschließend unterbleibt die Stimulierung der Hypophyse für mehrere Jahre. Das ganze System wird abgeschaltet, wobei niemand genau versteht, warum dies so ist. Es bleibt nun fast zehn Jahre lang »stumm«.

Dann aber passiert etwas, und die Pubertät beginnt. Welcher Schalter diese Entwicklung bewirkt, bleibt noch unbekannt. Grumbach vermutet, daß der Hypothalamus durch zwei Mechanismen daran gehindert werde, die Pubertät auszulösen: Einer besteht ihm zufolge darin, daß sich im Verlauf der Zeit die Empfindlichkeit des Hypothalamus für die Geschlechtshormone der Gonaden ändert, und zwar von einer anfänglichen Hochempfindlichkeit zu einer späteren Unempfindlichkeit. Der zweite Mechanismus bewirkt, so Grumbach, daß das Gehirn selbst in der Lage ist, Systeme abzuschalten und wieder anzuwerfen, wenn die äußeren Bedingungen es verlangen.

Die Theorie von einem hochempfindlichen Hypothalamus wird durch die Beobachtung gestützt, daß die Injektion winziger Mengen von Geschlechts-Steroiden bei Kindern abrupt die Ausscheidungen der Gonadotropine abbricht. Grumbach folgert daraus, dies beweise, wie empfindlich der Hypothalamus auf die Steroidhormone reagiert, denn es sind ja nur winzige Mengen, die ihn abschalten können.

Die Forscher haben auch noch etwas anderes herausgefunden. Bei Kindern mit unterentwickelten und nicht intakten Gonaden kommt es zu einem dramatischen Abfall der Ausscheidungen von Gonadotropinen aus der Hypophyse zwischen dem vierten und dem elften Lebensjahr, einer Periode, in der der Hypothalamus normalerweise »stumm« ist. Also muß das Gehirn in der Lage sein, sich selbst ohne die Intervention von Steroidhormonen abzuschalten.

Wenn wir das gesamte Bild zusammensetzen, dann

denken Grumbach und andere Wissenschaftler, daß der Hypothalamus daran gehindert wird, große Mengen GnRH freizusetzen, weil er entweder von höheren Hirnregionen zurückgehalten wird oder unempfindlich ist gegenüber den Sexualhormonen. Wie dem auch sei, den größten Teil der Kindheit über ruht der Hypothalamus. Dann wacht er plötzlich auf. Er wird weniger empfänglich für die Hemmung durch die Gonaden und beginnt, in großen, rhythmischen Ausstößen GnRH in den Körper zu pumpen. Der zunehmende Strom an GnRH stimuliert die Hypophyse, größere Mengen von Gonadotropinen auszuschütten, die ihrerseits die Gonaden aufwecken. Östrogene und Androgene fluten in den Kreislauf, und die Pubertät rollt los.

Wie sie genau zu rollen anfängt, ist noch nicht bekannt. Grumbach meint aber, daß die Pubertät zu jeder Zeit »eingeschaltet« werden kann. Lina Medina war ein berühmtes Beispiel dafür, und andere Ärzte haben ebenfalls Kinder gesehen, die schon mit ausgereiften Geschlechtsteilen auf die Welt gekommen sind. Der natürliche Mechanismus scheint nicht perfekt zu sein.

Seltsamerweise scheint der grundlegende Apparat im hochentwickelten Menschen einfacher, ja fast primitiver zu sein als bei anderen Arten. Die Jahreszeiten und die Umgebung üben nur wenig Einfluß auf uns aus.

Wir sind jedoch nicht völlig immun gegenüber Reizen aus der Umgebung. Das Frühlingsfieber ist eine Erscheinung, an die jedermann in diesem Zusammenhang denkt. Für Studenten beispielsweise scheint dieses Hormone ausströmende Ereignis einzutreten, sobald die kalten Tage des Winters vorbei sind. Dies deutet an, daß die Länge des Tageslichts einen Einfluß auf unser Reproduktionsverhalten hat. Weiter kennt man die kuriosen Fälle von synchronen Menstruationen, wenn eine Gruppe von Frauen für längere Zeit zusammenlebt. Aus demselben Grund kommt es auch oft vor, daß Klassenkameradinnen ihre Periode synchronisiert bekommen. Es ist also möglich, daß ein noch unbekanntes »Pheromon«, ein Duft, der durch die Luft getragen wird, unser Geschlechtsleben beeinflußt.

Die Pubertät ist kein unangreifbarer Vorgang. Sie kann angehalten oder sogar umgekehrt werden. Das Rauchen von Marihuana kann den Beginn der Pubertät ebenso verzögern wie eine übertriebene Diät. Rose Frisch von der Harvard-Universität argumentiert, daß eine kritische Menge Fett erforderlich ist, sowohl, um die Forderungen der Pubertät zu erfüllen, als auch, um die Menstruation aufrechtzuerhalten. Solche Veränderungen sind Endokrinologen wohlbekannt, die die Folgen von hartem, körperlichem Training bei Frauen untersuchen, die besonders schlank sind, also bei Ballettänzerinnen oder Turnerinnen zum Beispiel.

Mädchen, die ihre anstrengenden physikalischen Aktivitäten beginnen (und dabei Körpergewicht verlieren), bevor ihre erste Periode fällig ist, sind die wahrscheinlichsten Kandidaten, deren Pubertätszug zum Stehen kommt. Wer mit seinem Übungsprogramm sehr früh loslegt, riskiert, die Pubertät später als andere Mädchen in demselben Alter zu bekommen. Manchen Wissenschaftlern scheint allerdings der Gewichtsverlust nicht der einzige Bösewicht zu sein. Studien haben gezeigt, daß bei Mädchen, die mit Sport aufhören, ohne dabei an Gewicht zu gewinnen, die Pubertät immer noch zeitig einsetzt. Ob dies eine Frage des körperlichen Energieverbrauchs ist, weiß niemand. Aber solange eine physiologische Grenze nicht erreicht ist, unterbleibt die Pubertät. Es scheint, als ob der Körper sagt, noch ist es keine gute Zeit, um schwanger zu werden.

Neben vielen Faktoren, die eine Rolle zu spielen scheinen, beeinflußt auch die Ernährung den Beginn der Pubertät. In Regionen, in denen die Ernährung kärglich ist, dauert es länger. Die Theorie einiger Biologen lautet, daß gute Ernährung und ein gutes Allgemeinbefinden nötig sind, um die Gene zu aktivieren, die für die Pubertät erforderlich sind und eingeschaltet werden müssen. Kinder, denen nur mangelhaft Nahrung zur Verfügung steht oder die lange unter einer Krankheit gelitten haben, erreichen die Pubertät erst später. In der Dritten Welt treten vor allem die auf dem Land lebenden Mädchen im Durchschnitt später in die Pubertät ein als ihre Cousinen in der Stadt, die vermutlich gesünder sind.

Es gibt einen schon lange anhaltenden und ausführlich dokumentierten Trend zu einem früheren Eintritt der Pubertät. Zur Zeit von Johann Sebastian Bach (im frühen 18. Jahrhundert) lag das durchschnittliche Alter für den Stimmbruch der Chorknaben bei achtzehn Jahren. Heute tritt er bereits mit dreizehn Jahren ein. Medizinschriftsteller im europäischen Mittelalter legten im allgemeinen die erste Periode einer Frau in das Alter zwischen zwölf und fünfzehn. Die römische Kirche setzte damals das Pubertäts- und Heiratsalter für Mädchen mit zwölf und für Jungen mit vierzehn Jahren fest.

Im Jahre 1384 plante der dreißig Jahre alte Augustinus von Hippo (der später als heiliger Augustinus berühmt wurde), ein Mädchen zu heiraten, das »zwei Jahre unter dem Heiratsalter lag«. Sie war also vermutlich kaum zehn Jahre alt. »Ich hatte sie gern«, schrieb er in seinen ›Bekenntnissen‹, »und ich war bereit, auf sie zu warten.«

Seit dem 14. und dem 15. Jahrhundert tendierten reiche Mädchen aus der Stadt dazu, sehr jung zu heiraten, jünger jedenfalls als Mädchen aus sozial niedrigeren Klassen oder vom Lande. Die Frau des englischen Dichters Geoffrey Chaŭcer (1340–1400) hatte zum erstenmal im Alter von zwölf Jahren geheiratet. Viele Mädchen brachten Kinder zur Welt, bevor sie ihren fünfzehnten Geburtstag feierten. Und schon damals spielte die Ernährung offenbar eine große Rolle. Mit einer besseren Diät bekamen die reichen Mädchen aus der Stadt ihre erste Periode im Alter von etwa dreizehn Jahren. Bauernmädchen und ärmere Stadtmädchen schienen erst mit fünfzehn Jahren soweit zu sein.

Ob Mädchen oder Jungen früher in unserer Geschichte

die Pubertät im gleichen Alter erreichten, ist nicht genau bekannt. Doch eine heutige Beobachtung scheint universell zu sein: Mädchen erreichen die Pubertät in unserer Zeit etwa ein halbes Jahr früher als Knaben. Diese Tatsache hat dramatische Konsequenzen sowohl für die physische als auch für die psychische Entwicklung. Ich erinnere mich, wie »reif« die Mädchen in meinem Alter im Vergleich zu uns Knaben schon waren, als ich heranwuchs. Sie flirteten bereits mit den Lehrern, als wir noch mit Spielzeugautos beschäftigt waren.

Bei dem Timing der Pubertät spielt auch die Körpergröße eine Rolle. Jungen sind im Durchschnitt größer als Mädchen. Tatsächlich haben Mädchen den Höhepunkt ihres Wachstumsschubs erreicht, wenn die Pubertät beginnt. Wenn ihre erste Periode kommt, verlangsamt sich ihr Wachsen. Jungen hingegen fangen dann erst an, ihren eigentlichen Wachstumsschub zu bekommen. Sie werden also deshalb größer, weil sie mehr Zeit zum Wachsen haben, und die Mädchen müssen dann zu ihnen aufschauen.

Warum dies passiert, hat vermutlich damit zu tun, daß männliche und weibliche Gehirne unterschiedlich »verdrahtet« sind und von verschiedenen Hormonen beeinflußt werden. Bei Mädchen zum Beispiel werden Östrogene, die aus den Eierstöcken stammen, früher freigesetzt als die Testosterone bei den Jungen. Als Ergebnis kommen die weiblichen Geschlechtshormone eher auf ein potentes physiologisches Niveau als die männlichen, was eine früher beginnende Pubertät der Mädchen zur Folge hat.

Was nun die Östrogenspiegel bei Mädchen so früh ansteigen läßt, ist nicht bekannt. Diese frühe Zunahme kann ein selektiver Vorteil sein. Die Mädchen benötigen vielleicht die Extrazeit, um zu wachsen und den Apparat fertigzustellen, der zum Kinderkriegen notwendig ist.

Beim Versuch, die Geheimnisse zu enträtseln, fällt uns vor allem auf, wie wenig wir bislang über die Mechanis-

- Eine verletzte Fingerkuppe oder ein Nagel (oberhalb der ersten Falte des ersten Gelenkes) kann sich bei Kindern unter zwölf Jahren regenerieren, und sie tun dies in etwa elf Wochen. Erwachsene besitzen diese Fähigkeit nicht mehr.

- Fingernägel wachsen ungefähr viermal schneller als Fußnägel – nämlich etwa ein Hundertstel eines Zentimeters pro Woche.

- Haare wachsen anders als Nägel, nämlich nicht kontinuierlich. Das Haupthaar wächst etwa einen Zentimeter pro Monat. Grobe Haare wachsen nur halb so schnell wie feine Haare. Schneiden oder Rasieren hat keinen Einfluß auf das Wachstum.

- Das Zahnfleisch erneuert sich etwa alle zwei Wochen.

- Die Härchen an unserem oberen Augenlid werden dauernd abgestoßen. Jedes der über 200 Haare pro Auge hält nur zwischen drei und fünf Monate.

- Die Vibrationen in der Luft sorgen für Schallwellen. Je höher ein Ton ist, desto größer ist seine Frequenz. Erwachsene können Töne mit Frequenzen zwischen 16 und 20000 Hertz wahrnehmen, wobei sie die zwischen 1000 und 2000 Hertz am besten hören. Kinder hören noch höhere Töne als Erwachsene. Nach der Pubertät nimmt die Empfindlichkeit in demselben Maß ab, in dem die Stimme tiefer wird. Unsere Ohren sind am besten jenen Tönen angepaßt, die in einer menschlichen Unterhaltung zu hören sind.

- Nach dem 40. Lebensjahr verliert man ungefähr tausend Nervenzellen pro Tag. Diese Menge hat gewöhnlich keinen Einfluß auf das Gedächtnis, da wir etwa eine Milliarde Nervenzellen im Gehirn haben.

men wissen, die hinter diesem Ereignis stecken, das einmal in unserem Leben vorkommt. Wie Wissenschaftler, die auf diesem Gebiet arbeiten, gerne mit einem Witz betonen, steckt die Erforschung der Pubertät selbst noch in der Pubertät.

Als James I. von Schottland im Jahre 1428 entschied, seine Tochter Margaret mit dem Erben des französischen Throns zu verheiraten, war sie erst elf Jahre alt und hatte die Pubertät noch nicht erreicht. In diesen Tagen war die Kindheit nur ein kurzer Augenblick im Leben der Mädchen. Ihr folgte gleich die Erwachsenenzeit. Es gab keine Adoleszens. Aus Jungen wurden rasch Männer, aus Mädchen Frauen. Die Männer gingen zur Arbeit und zogen in den Krieg, die Frauen bekamen Kinder.

Dies war natürlich die Absicht, die König James I. hatte, als er seine Tochter nach Tours einschiffte. Dort heiratete sie den dreizehnjährigen französischen Thronfolger. Doch die Ehe endete tragisch. Der junge Ehemann war zu unreif und zu feindselig, um die schottische Prinzessin zu schätzen, und er vernachlässigte sie. Der kleinen Margaret blieb nichts anderes zu tun, als zu lesen und Gedichte zu schreiben. Sie starb im zarten Alter von zwanzig Jahren.

Wie viele Frauen im mittelalterlichen Europa hatte Margaret keine Chance, ihrem Mann Kinder zu gebären. Wäre sie – was in jener Zeit sehr unwahrscheinlich war – fünfzig Jahre alt geworden, hätte sie ein ungewöhnliches Ereignis aus der Biologie der menschlichen Art erlebt – die Menopause oder die Wechseljahre.

Die Menopause – also das vollständige Aufhören der monatlichen Blutungen – ist ein ziemlich junges Ereignis in der menschlichen Geschichte. Das hat vor allem damit zu tun, daß die Chancen von Frauen, bis zu diesem Alter zu überleben, in den vergangenen Jahrhunderten sehr gering waren. Bis Mitte des 17. Jahrhunderts konnten die meisten Frauen nur mit einer maximalen Lebensdauer von 32 Jahren rechnen. Komplikationen bei den Geburten sowie Infektionskrankheiten forderten ihren Tribut. Zu Beginn des 19. Jahrhunderts lag die durchschnittliche Lebensdauer einer Frau erst bei fünfzig Jahren, und dies ist eben das typische Alter, in dem die Wechseljahre beginnen.

Die Menopause beendet das reproduktive Leben der Frauen keineswegs schlagartig. Sie ist ein Übergangsereignis, das zehn bis fünfzehn Jahre dauert, und beginnt zwischen dem 45. und dem 53. Lebensjahr. Für ein paar Frauen kann die Menopause auch außerhalb des genannten Intervalls liegen, eine Beobachtung, die schon sehr früh gemacht worden ist. So heißt es zum Beispiel in dem ›Sloane Manuscript 2463‹, das aus dem 15. Jahrhundert stammt: »Frauen haben Blutungen, die ihren Körper reinigen und von Krankheiten befreien. Sie haben die Reinigungen zwischen zwölf und fünfzig Jahren. Einige Frauen haben die Reinigungen auch noch länger.«

Kein Zweifel, die Frauen haben es schwer, die Männer dagegen leichter. Wenn ein Mann 45 Jahre alt wird, nimmt die Testosteronmenge, die seine Hoden ausschütten, deutlich ab im Vergleich zu der Menge, die sie zwanzig Jahre zuvor produziert haben. Im Alter von sechzig Jahren sinkt der Spiegel des Geschlechtshormons auf den Wert ab, der vor der Pubertät bestand. Aber selbst im hohen Alter wird weiterhin Testosteron hergestellt. Und obwohl diese Mengen klein sind, reichen sie zum Beispiel aus, um den Bart wachsen zu lassen und um auch im hohen Alter von über siebzig Jahren noch Kinder zu zeugen.

Die Fähigkeit einer Frau hingegen, Kinder in die Welt zu setzen, nimmt allmählich ab, wenn sie ein mittleres Alter erreicht, und schließlich kann sie es überhaupt nicht mehr. In einem bestimmten Sinn ist die Menopause die Rückseite der Pubertät: Während oder nach den Wechseljahren hören die Eierstöcke auf, Östrogen zu produzieren. Ohne dieses Hormon bilden sich die Körperteile zurück, die von ihm aufrechterhalten werden. Die Vagina verliert einen Teil ihrer Zellschichten und wird kürzer. Die Brüste werden runzlig, die Knochen brüchig. Altersflecken treten auf der Haut ebenso in Erscheinung wie helle Bereiche. Die Haut wird faltig. Schweißausbrüche machen den Körper anfälliger gegen Temperatur- und Feuchtigkeitsänderungen. Die Eierstöcke schrumpfen.

Die Menopause bringt neben den physiologischen auch psychologische Probleme mit sich. Schlaflosigkeit, nächtliches Schwitzen, Angst, Depression – dies alles macht sich mehr oder weniger stark zu unterschiedlichen Zeiten bemerkbar.

»Hitzewallungen« treten ebenfalls auf, deren Ursache unbekannt ist. Diese Wallungen bringen Empfindungen von Hitze mit sich, und zwar gewöhnlich im Gesicht, im Nacken oder auf der Brust. Manchmal tritt danach Schweiß auf, und es kommt zum Zittern. Die durchschnittliche Dauer einer Hitzewallung liegt bei drei Minuten. Sie fängt gewöhnlich im Kopf oder im Hals an, aber einige Frauen spüren sie am ganzen Körper.

Es hängt wahrscheinlich mit diesen ungewöhnlichen biologischen Änderungen des menschlichen Körpers zusammen, daß in der Vergangenheit die älteren Frauen nicht im besten Licht gesehen wurden. Während des Mittelalters wurde eine Frau, die ihre Menopause hinter sich hatte, als Hexe oder als raffinierte Versucherin dargestellt. John Gower, ein Zeitgenosse von Chaucer, schrieb in seinem Buch ›The Mirror of Man‹: »Am meisten verachte ich die alte Frau, die flirtet, während ihre Brüste verwelkt sind.« Dies ist vermutlich auch der Grund dafür, daß Gower eine zwanzigjährige Frau heiratete, als er bereits sechzig war.

Das 16. und 17. Jahrhundert gingen kaum besser mit älteren Singles oder Witwen um. Sie wurden immer noch als Objekt der Satire und des Zorns behandelt. In Shakespeares ›Der Widerspenstigen Zähmung‹ wird ein altes

Weib (»trot«) dadurch charakterisiert, daß sie »keinen Zahn im Kopf, aber so viele Krankheiten wie 52 Pferde« hätte.

Die Geschichte der öffentlichen Meinung über die Menopause hat sich im Laufe der Jahre ebenso geändert wie die Geschichte der biologischen Meinung über dieses weibliche Geschehen. Die Ansichten, was die Gründe der Wechseljahre sind, kommen aus zwei verschiedenen Lagern.

Wenn eine Frau geboren wird, werden alle Eizellen, die sie jemals benutzen wird, in ihre beiden Eierstöcke gepackt. Wenn sie heranreift, werden die Eizellen – eine jeden Monat – im Verlaufe einer ihrer insgesamt 400 Perioden herausgeworfen. Viele weitere zerfallen zudem einfach so. Irgendwann hat eine Frau dann keine Eizellen mehr. Und nun – so lautet eine Ansicht – beginnt die Menopause: keine Eizellen, keine Kinder, keine Blutungen mehr.

Das stimmt nicht ganz, hört man aus dem anderen Lager. Es sei zwar richtig, daß die Eizellen nicht erneuert werden können, aber die Menopause hänge nicht alleine davon ab, daß die Eierstöcke leer werden. Man kennt viele Hinweise, daß es weitere Faktoren neben den Ovarien gibt, die wenigstens zum Teil für das Ende der Freisetzung von Eizellen verantwortlich sind.

Wenn – so wird argumentiert – die reproduktive Zeit einer Frau durch ihre alternden Eierstöcke festgelegt wird, dann könnte man erwarten, daß die Reproduktionsfähigkeit erhalten bleibt, wenn die alten Ovarien durch jüngere ersetzt werden. In Ratten scheint dies aber nicht zu passieren. Erste Versuche ergaben, daß senile Tiere nicht zu ihrem normalen Eisprung-Rhythmus zurückkehren, nachdem man ihnen junge Eierstöcke implantiert hatte. Als umgekehrt die alten Ovarien in junge Ratten verpflanzt wurden, schienen die alten Eierstöcke ihre Funktion wiederaufzunehmen, und sie blieben viele Monate aktiv. Zumindest bei Ratten scheint also die Antwort zu lauten, daß sowohl die Eierstöcke als auch der Hypothalamus beteiligt sind.

Zur Unterstützung ihres Arguments, daß der Eiverlust nicht entscheidend sei, weisen die Anhänger dieser Gruppe auf die Tatsache hin, daß zwar die Menopause heute früher beginnt als noch vor fünfhundert Jahren, daß dieser Zeitpunkt inzwischen aber viel fester fixiert zu sein scheint. Aufzeichnungen aus historischen Zeiten machen deutlich, daß sich das durchschnittliche Alter, da die Menopause beginnt, seit der Antike kaum verändert hat. Es scheint in der Tat keine Relation zwischen dem Alter, da die Menarche einsetzt, und dem, da die Menopause beginnt, zu geben.

Die gegenwärtigen Daten stimmen damit überein. Frauen, die ihre Menstruation spät bekommen – zum Beispiel im Alter von sechzehn Jahren –, beenden ihre reproduktive Zeit wahrscheinlich zuerst, während diejenigen, die früh beginnen, ihre Menstruation bis weit in das fünfzigste Lebensjahrzehnt hinein fortsetzen. Man findet in Familien oft das gleiche Timing-Muster der Menopause: Frauen, deren Mutter oder ältere Schwester ihre reproduktiven Zyklen früh beenden, kommen ebenfalls früh zum Ende.

Es ist natürlich klar: Wenn eine Frau bei ihrer Geburt nur eine begrenzte Menge an Eizellen mitbekommen hat und wenn sie früh damit anfängt, diese Zellen durch Menstruation (und andere Prozesse) zu verlieren und wenn sie schließlich im Alter von fünfzig Jahren noch ihre Menopause bekommt, dann kann die Theorie, die nur vom Verlust der Eizellen ausgeht, nicht ganz zutreffen. Dies zeigt schließlich auch ein Blick auf den Fall von Inacia da Silva.

Inacia wurde 1877 in Brasilien geboren, und sie hatte ihre ersten Blutungen, als sie acht Tage alt war. Danach – erzählte ihre Mutter – hatte sie regelmäßig ihre Tage. Als ihre Eltern bemerkten, daß Inacias Bauch größer als normal war, stellte der Arzt fest, daß die Siebenjährige schwanger war. Inacia brachte vier Monate später Zwillinge zur Welt, die allerdings beide tot waren. Inacia hat später noch als 50jährige ihre Monatsblutungen bekommen.

Als die Ärzte Inacia im Jahre 1947 noch einmal untersuchten, hatte sie gerade ihren 70. Geburtstag gefeiert. Sie hatte also ein Alter erreicht, das heutzutage für die meisten Menschen nichts Ungewöhnliches mehr ist. Tatsächlich kann ein Mann in den USA erwarten, daß er 71 Jahre alt wird, und eine Frau kann mit 78 Jahren rechnen.

Im Vergleich zu den Lebensspannen vieler anderer Kreaturen, die diesen Planeten mit uns teilen, ist das nicht viel. Ein mächtiger Sequoia-Baum lebt länger als dreitausend Jahre. Eine junge Kiefer, die wir heute pflanzen, könnte es schaffen, noch das Jahr 5991 zu erleben. Es geht natürlich auch in die andere Richtung. So lebt ein Tintenfisch nur vier Jahre und eine Fliege nur vom Sonnenaufgang bis zum -untergang.

Es besteht kein Zweifel, daß die durchschnittliche Lebenserwartung der Menschen seit den Zeiten des römischen Imperiums stark gestiegen ist. Damals konnte man nur mit 25 Lebensjahren rechnen. Durch eine bessere Medizin, durch eine Reduktion der Kindersterblichkeit, durch verbesserte sanitäre Einrichtungen und andere Methoden, mit denen Infektionskrankheiten kontrolliert werden, haben die Ärzte es geschafft, die Lebenserwartung auf den heutigen Stand zu bringen. Was sie aber nicht erreicht haben, ist eine Verlängerung der maximalen Lebensdauer, die ein Mitglied der menschlichen Art erreichen kann. Dieses Höchstalter ist im Verlauf unserer Geschichte konstant geblieben. Wer erst einmal achtzig Jahre alt ist, muß heute ebenso damit rechnen, daß ihm nur eine kurze Lebensspanne verbleibt, wie vor vielen hundert Jahren.

Natürlich gibt es einige, die länger gelebt haben, als diese Durchschnittsdaten angeben. Der griechische Dichter Sophokles war über neunzig, als er starb. Picasso war 91. In Europa und in den USA haben es einige Leute auf mehr als hundert Jahre gebracht. Nach den Schätzungen der Behörden werden im Jahre 2000 mehr als vier Millionen Menschen über 85 Jahre alt sein. Sie sind dann, wie es ein Dichter sagen würde, die letzten Blätter der Eiche.

Die Zeitungen berichten immer gern von Leuten, die angeblich so alt werden wie die Schildkröten auf den Galapagos, und haben dadurch für Verwirrung gesorgt. Sie bekommen ihre Nachrichten von Leuten, die an entfernten Plätzen leben, zum Beispiel tief im Inneren der Sowjetunion. Da hört man dann von Personen, die 160 Jahre alt sein sollen, aber es gibt keinen Beweis dafür. Ihr Rekordalter hat weniger mit gutem Essen und gesundem Leben als vielmehr mit schlechten Aufzeichnungen und Analphabetentum zu tun. Nach dem ›Guinness-Buch der Rekorde‹ liegt das höchste Alter, das jemals von einem Menschen erreicht worden ist, bei 114 Jahren.

Viele Wissenschaftler glauben, daß die menschliche Altersgrenze in unserem Körper eingebaut ist, so wie Ingenieure einer Glühbirne eine begrenzte Funktionsdauer mitgeben. Der Internist James Fries von der Stanford-Universität behauptet, es gibt so etwas wie einen »natürlichen Tod«. Die Menschen werden selbst dann noch mit 85 sterben, wenn die Medizin alle Krankheiten unter der Sonne beherrscht. Natürlich wurde diese Behauptung von den Kollegen stark kritisiert. Als jedoch der Pathologe Robert Kohn kürzlich Autopsien von zweihundert Menschen vornahm, die im Alter von 85 oder darüber gestorben waren, konnte er keinerlei Todesursache außer der feststellen, daß diese Menschen aus Altersgründen gestorben waren. Sie hatten ihre natürliche genetische Grenze erreicht.

Die Behauptung, daß unsere Körper einen programmierten Tod erleiden sollen, basiert auf der Arbeit von Leonard Hayflick von der Stanford-Universität. 1961 entdeckte Hayflick, daß Zellen ihre eigene biologische Uhr besitzen, einen Zeitmesser, der einen Fahrplan für die Lebensdauer einer Zelle aufstellt. Mehrere Monate lang züchtete Hayflick normale menschliche Fibroblasten in Glasschalen. Fibroblasten sind aktiv teilende Zellen, die Knorpel und andere Stützgewebe des Körpers aufbauen. Fibroblasten, die im Laboratorium wachsen, teilen sich so lange, bis sie die Oberfläche ihrer Kulturschale bedecken. Der Mikrobiologe transferierte die Zellen anschließend zu zwei Schalen und ließ sie dort wieder wachsen, bis sie erneut das Glas bedeckten. Jeder Transfer (jede Verdoppelung) brachte dasselbe Ergebnis, und wenn die Schalen voll besetzt waren, übertrug Hayflick die Zellen noch einmal.

Bei 25 oder sogar 30 Verdoppelungen lief alles wie geplant ab. Dann aber – nach dem 35. Transfer – fingen die Zellen an, sich langsamer zu teilen. Bei der 50. Teilung – neun Monate nach dem Beginn des Wachsens – hörten die Zellen damit auf. Sie hatten die genetischen Grenzen ihrer Lebensspanne erreicht.

Als nächstes wiederholte Hayflick das Experiment mit menschlichen Fibroblasten von älteren Patienten und mit Zellen von menschlichen Embryos. Zu seiner Überraschung teilten sich die Zellen der alten Leute nicht so oft wie die Zellen der Embryonen. Die Zahl ihrer Verdopplungen schien irgendwie mit dem Alter des Individuums zusammenzuhängen.

Hayflicks Entdeckung öffnete all denjenigen die Augen, die immer noch glaubten, es gäbe keine Grenze für das menschliche Leben. Was seine Beobachtung vor allem überzeugend machte, war die Tatsache, daß dieser Effekt nahezu universell auch bei Tieren auftrat. Fibroblasten, die den Embryonen von Mäusen entnommen worden waren, die nur drei Jahre alt werden, teilten sich nur fünfzehnmal, bevor sie starben. Fibroblasten von Galapagos-Schildkröten, die bis zu 175 Jahre alt werden, teilten sich ungefähr neunzigmal, bevor der Tod sie ereilte. Die fünfzig Teilungen unserer Fibroblasten fallen irgendwo zwischen diese beiden Werte, was ja auch für unsere maximale Lebensspanne zutrifft.

Die biologische Uhr befindet sich dabei im Zellkern, dem Teil der Zelle, der die genetischen Instruktionen der DNA enthält. Wenn Kerne aus jungen Zellen in ältere übertragen werden, denken die neuen Fibroblasten, sie sind jung, und teilen sich entsprechend.

Dennoch wirkt es ein wenig seltsam, Zellen aus ihrer natürlichen Umgebung zu reißen und auf einer Glasschale wachsen zu lassen. Zellen leben schließlich nicht in einem Glashaus. Die Frage bleibt, ob die Zellen, wenn sie in Ruhe gelassen werden, auch aus natürlichen Gründen sterben würden.

Im Jahre 1981 haben sich zwei Botaniker der Georgia-Universität, Jeffrey Pommerville und Gary Kochert, dieselbe Frage gestellt. Sie untersuchten die winzigen, grünen Teichbewohner namens »Volvox carteri«, um herauszufinden, warum diese kleinen Dinger sich ein paarmal teilen und dann einfach sterben.

Unter dem Mikroskop erscheint Volvox wie eine kleine, grüne hohle Kugel, die von Zellen umrundet ist. Jede von diesen rund 4000 Zellen besitzt zwei peitschenartige Schwänze namens »Flagella«, die auf koordinierte Weise umherschlagen und das Tierchen bewegen. Jede Zelle der Kugel enthält winzige Organellen mit Namen »Chloroplasten«, die für Nahrung und Energie sorgen. Darüber hinaus hat Volvox acht bis sechzehn Zellen namens »Gonidia«, die sich in der unteren Hälfte befinden. Die Entwicklung der Zellen mit den Flagellen beginnt, wenn sich jede Gonidium-Zelle innerhalb der elterlichen Kugel zu teilen beginnt.

Da Volvox mit Mitteln ausgerüstet ist, um Nahrung aus Sonnenlicht zu gewinnen, scheint es der perfekte Organismus zu sein, der ewig leben kann. Es tut dies aber nicht. Volvox lebt nur eine Woche. Sein schneller und quälender Tod ist in gewisser Weise eine Vision unseres Alterns.

Nach drei Tagen ist Volvox noch jung und voller Leben. Es schwimmt in seinem Frischwasser-Universum umher. Seine Tausende von Flagellen schlagen heftig hin und her. Nach vier Tagen jedoch zeigt sich Volvox schon ausgezehrt. Kleine Fettkügelchen tauchen in den Zellen der Kugel auf. Nach einer Woche wirkt Volvox häßlich und aufgebraucht. Seine Chloroplasten, die einstmals reif und gesund aussahen, wirken nun hager und finster. Die Flagellen bewegen sich kaum noch. Und in ein paar Stunden ist Volvox tot. Seine Brüder und Schwestern sterben auf dieselbe Weise und in derselben Frist.

Wie Volvox nun genau stirbt, wissen wir nicht. Die beiden Botaniker vermuten, daß es eine Art Verhungern ist. Volvox war zu vollgepackt, um noch Nahrung zu erzeugen. Vielleicht ist Volvox auch einfach programmiert zu sterben. Eine Theorie geht tatsächlich davon aus, daß Altern nur eine Momentaufnahme in dem Film ist, der die Ereignisse im Leben eines Individuums zeigt.

Es ist schon seit einiger Zeit bekannt, daß es bestimmte Gene gibt, die Wachstum und Entwicklung des Embryos kontrollieren. Warum sollte also der Körper keine Gene besitzen, die den Prozeß des Alterns programmieren? Die Theorie besagt, daß hohes Alter einfach das Ergebnis von Körperzellen ist, die ihre DNA vollständig lesen. In diesem Sinne würden Zellen das erste Kapitel bei der Zeugung und das letzte Kapitel im Alter lesen. Das Problem besteht jedoch darin, daß dieser Prozeß nur funktionieren (und von Generation zu Generation weitergegeben werden) kann, wenn unsere Vorfahren bis zu ihrem natürlichen Alter gelebt hätten. Dies trifft aber für die meisten von ihnen nicht zu.

Wenn man sie in Ruhe läßt, könnten unsere Zellen in der Lage sein, die genetische Literatur in Ruhe zu lesen. Der Körper befindet sich aber ständig in einem fließenden Zustand, der unentwegt aus der Umgebung bombardiert wird. Ultraviolettes Licht sowie Verunreinigungen fordern ihren Tribut. Ein Körper altert nicht – so eine andere Theorie –, weil er dauernd hin und her gezerrt wird, sondern weil einige Versuche mißlingen, den jeweils angerichteten Schaden zu reparieren. Zuerst kann die DNA noch geheilt werden. Aber nach und nach nehmen die Fehler bei der Verdopplung jeder Sequenz zu. Die Zelle erwischt sie nicht mehr rechtzeitig, und sie kumulieren. Immer mehr abnormale Proteine werden gemacht, und die Körperzellen können nicht mehr richtig funktionieren. Wir werden älter.

Was auch immer der Grund ist, das programmierte Greisentum oder die unvollständige Reparatur von umweltbedingten Schäden, der Alterungsprozeß bietet uns keine rosige Zukunft. Hautfalten, Haarausfall, Altersflecken und Hörschwäche sind nur einige der Symptome. Das Gehirn zerfällt aber auch, und das fängt schon mit 25 Jahren an. Es schrumpft. Wer siebzig Jahre alt wird, dessen Hirn ist um elf Prozent kleiner als zu seinem 40. Geburtstag. Das Schrumpfen geht nicht nur mit einem Verlust an Nervenzellen in einigen Regionen des Gehirns einher, es kommt auch zum Abbau von Neuronenteilen und zu einem Abfallen der Mengen an Neurotransmittern, die die chemischen Signale zwischen Zellen übertragen.

Wenn wir bis in unsere siebziger oder gar achtziger Jahre hineinleben, tauschen wir die akuten Krankheiten der Vergangenheit – Pocken, Polio, Lungenentzündung – gegen die chronischen Krankheiten der Gegenwart und Zukunft ein – Arthritis, Krebs, Morbus Alzheimer. Wir werden länger leben, aber nicht unbedingt in guter Gesundheit. Im Jahre 2000 schätzt man, daß mehr als die Hälfte der alten Menschen in Heimen leben wird.

Wenn dieser Prozeß des Altwerdens so schrecklich ist, warum mühen wir uns überhaupt mit ihm ab? Eine Antwort könnte darin liegen, daß die Alten gebraucht werden, um für die sich langsam entwickelnden Kinder zu sorgen. Da die Jugendphase der Menschen viele Jahre dauert, ist es (im evolutionären Sinne) vorteilhaft, wenn es Alte gibt, die sich um die Jugend kümmern und ihnen von der Welt erzählen. Unsere Langlebigkeit ist also für unsere Kinder. Sie brauchen uns, bis sie für sich selbst sorgen können. Es ist tatsächlich heute nicht ungewöhnlich für eine Frau, wenn sie doppelt so lange lebt wie das Alter, in dem ihre Menopause beginnt. Aber irgendwann erwischt es uns doch. Und dann kommt der Tod.

Hier unten ruhen die Bewohner nicht in Frieden. Sie werden überprüft, wie Möbel mit Etiketten versehen und in winzige Kühlboxen geschoben, die zu niedrig sind, um darin zu sitzen. Die Leute beschweren sich aber nicht. Wir befinden uns in einem Leichenschauhaus, und dessen Bewohner sind tot.

Für die meisten ist der Aufenthalt hier nur vorübergehend. Bald werden die Verwandten kommen und sie beerdigen. Einige werden aber länger hierbleiben. Sie sind das Opfer von Verbrechen oder heimtückischer Krankheiten, und ihre Körper müssen erst noch seziert werden.

Was das Leben angeht, so ist dessen Zeit nun zu Ende. Die Herzen haben zu schlagen aufgehört. Kein Brustkasten hebt sich mehr. Nun beginnt der Zerfall. Salze fließen aus den Zellen ins Blut, Hormone verlassen ihre Drüsen und besetzen die Körperhöhlungen, Flüssigkeiten werden dick, Blut verklebt, der Körper kühlt ab.

Für die Spezialisten, die ihren Lebensunterhalt mit dem Studium von toten Körpern verdienen, folgt der Tod seinen eigenen Trommelschlägen. Wenn man dies weiß, ist man in der Lage, rückwärts zu rechnen und abzuschätzen, wie lange ein Körper schon tot ist zu dem Zeitpunkt, da man ihn gefunden hat. Man kann dies, wie gesagt, nur schätzen, denn die Zeit nach dem Tod verläuft nicht konstant und vorhersagbar.

In früheren Zeiten, als die Technik der Diagnose noch ziemlich grob war, gehörte die Bestimmung der Todesstunde zu den Geschäften, bei denen man vorsichtig sein mußte. War jemand überhaupt tot? Doktoren spürten nach dem Puls und prüften, indem sie dem Toten einen kalten Spiegel vor die Nase hielten, ob er vielleicht doch noch etwas Atemluft ausstieß. Diese einfachen Verfahren waren keineswegs narrensicher. Manch ein Totgesagter hat sich wieder vom Bett erhoben und die umstehenden Angehörigen geschockt. Die Familie mußte die Beerdigung absagen.

Die Angst vor der Rückkehr der Toten an den Essenstisch hat zu der Praxis geführt, die Verstorbenen zu begraben, also unter die Erde zu bringen. In manchen Ländern werden den Toten die Beinknochen gebrochen oder die Hände und Füße verbunden, damit sie – so ist zu vermuten – nicht mehr aus dem Grab aufstehen und Familie und Freunde jagen können. Die Mafia bedient sich dafür noch eines anderen Tricks: Sie begräbt ihre Opfer mit dem Gesicht nach unten.

Die Definition des Todes einer Person wurde im Rahmen einer Gerichtsverhandlung in Kalifornien genauer gefaßt, als es 1950 um den Fall Thomas gegen Anderson ging. Zu dieser Zeit galt, daß der Tod eintrat, »wenn das Leben endet, und das passiert erst, wenn das Herz aufhört zu schlagen und die Atmung endet«. Später wurde in die gesetzliche Definition des Todes noch der Hirntod aufgenommen. Der Hirntod tritt ein, wenn keine elektrische Aktivität des Gehirns mehr zu messen ist, was andeutet, daß die Zellen des Gehirns ausgefallen sind.

Diese Ansichten sind heute keineswegs überholt, aber einige Wissenschaftler würden Einwände erheben. So sterben zum Beispiel nicht alle Zellen eines Körpers ab, wenn die dazugehörige Person tot ist. Viele Muskelzellen zum Beispiel leben stundenlang weiter, auch wenn ihr Besitzer schon längst offiziell für tot erklärt worden ist.

Dieser seltsame Vorgang des Todes läßt sich mit Elektroden demonstrieren, die an den Skelettmuskeln der Arme und Beine angebracht werden. Mit einem kleinen Stromstoß kann man die Muskeln dazu bringen, sich zu kontrahieren, und dies funktioniert noch zwei Stunden nach dem Tod des betreffenden Individuums.

Sehr bizarr kann diese Demonstration ausfallen, wenn die Elektroden an den Gesichtsmuskeln befestigt werden. Für einen Neuling ist es zugleich faszinierend und schaurig anzusehen, wie das Gesicht die Stirn runzelt oder grinst, sobald Strom durch die Muskeln um Augen und Mund fließt, und zwar eine halbe Stunde nach dem Tod des Körpers. Doch diese Fähigkeit verschwindet dann schon bald, wenn die Muskeln ihre restliche Energie abgebaut haben. Das Gesicht ist nun auch tot.

Wissenschaftler nutzen diese und andere Faktoren, um den Zeitpunkt herauszufinden, zu dem jemand gestorben ist. Es gibt viele Zeichen, nach denen man schauen kann. Der Tod ist nicht statisch. Er ist auch nicht einfach. Die Experten weisen auf die Tatsache hin, daß die Zeit, der Beginn und das Tempo der Körperzersetzung von solchen Faktoren wie Wind, Feuchtigkeit, Außentemperatur und auch dem Krankheitszustand des Körpers vor seinem Tod abhängen. Ihre Aufgabe besteht darin, all diese Variablen in Betracht zu ziehen und eine Schätzung der Todesstunde abzugeben. Dies ist selten leicht.

Ein Gerichtsmediziner hat einmal folgenden Vorfall berichtet: Ein Junge hatte seine Eltern an einem Tag im Sommer erstochen. Die Körper wurden erst einige Tage später von der Polizei gefunden. Die Leiche der Mutter lag im kühlen Parterre des Hauses und zeigte kaum Zerfallserscheinungen. Der Körper des Vaters lag im Schlafzimmer im ersten Stock, in dem einige Tage lang mehr als dreißig Grad Wärme geherrscht hatte. Der Leichnam war mit Zeichen des Verfalls übersät. Und doch – so ergaben weitere Nachforschungen – hatte der Junge seine beiden Eltern kurz hintereinander umgebracht.

Wenn man in einem Laboratorium die Bedingungen

der Umgebung kontrolliert, kann man beobachten, daß bestimmte Ereignisse unmittelbar nach dem Tod eintreten. Viele von ihnen sind streng chemischer Natur und verlaufen nach Standardraten. Die Mengen an Natrium und Chlor sinken zum Beispiel im Blut, in der Hirnflüssigkeit und im Rückenmark, und die Kaliummengen steigen nach dem Tod an. Dieser kuriose Verlauf hängt damit zusammen, daß Zellen normalerweise Kalium horten und Natrium und Chlor ausscheiden. Wenn sie nun keine Energie mehr dafür haben, fließt das Kalium aus den Zellen heraus, und die anderen Salze kommen hinein.

Andere chemische Vorgänge fallen dem Betrachter stärker auf. Kurz nach dem Tod fangen die Muskeln zum Beispiel an, ihren Tonus zu verlieren. Zwei bis vier Stunden nach dem Tod werden die Muskeln nach und nach rigide und steinhart. Dieser Vorgang setzt sich bis zu zwölf Stunden fort. Er wird durch den Energiemangel bewirkt. Ohne die Kraft, Kontraktionen auszulösen, verhaken sich die Proteinfasern, die für das Zusammenziehen verantwortlich sind, wie ein Kunststoff. Die Gerichtsmediziner nennen diese Muskelstarre »Rigor mortis«.

Pathologen und Kriminalisten werten die Muskelstarre und die Festigkeit des Körpers als ersten Hinweis auf die Stunde und den Ort des Todes. Wenn der Rigor mortis einsetzt, nimmt der Körper die Form des Objektes unter ihm an. Wird ein Körper gefunden, der tot auf dem Rükken liegt, während seine Beine zum Himmel zeigen, dann kann man daraus schließen, daß er an einer anderen Stelle erstarrt und wohl von dort hierhergebracht worden ist, um ein Verbrechen zu verdecken.

Es ist keine Überraschung, daß die Leichenstarre Anlaß zu Aberglauben gibt. Weit verbreitet ist die Ansicht, die Körper der Toten richten sich in ihren Särgen auf, nachdem sie begraben worden sind. Dies stimmt natürlich nicht. Die Starre härtet die Muskeln, ohne sie zu kontrahieren. Interessanterweise ist Rigor mortis für die Gänsehaut verantwortlich, die auf Leichen zu sehen ist. Man spricht dann von »cutis anserina«. Sie tritt durch die Starre der kurzen Muskelfasern in der Haut in Erscheinung, die mit den Hauthaaren verbunden sind.

Wenn die Leichenstarre vollständig ist, hält sie mehrere Stunden lang an, bevor sie vergeht. Im Laufe der Zeit werden die Muskeln wieder weich und die Glieder beweglich. Die Dauer der Rigidität ist variabel, sie wird durch die Temperatur des Körpers und der der Umgebung beeinflußt. Während warmer Sommertage kann der Rigor neun bis zwölf Stunden nach dem Tod verschwinden.

Vom Standpunkt des Wissenschaftlers aus gesehen, ist die Muskelstarre nur ein Hinweis, der Auskunft über den Zeitpunkt des Todes gibt. »Livor mortis« ist ein anderer. Diese Erscheinung zeigt sich als Purpurfärbung der Haut. Sie hängt damit zusammen, daß das Blut nach dem Tod ausfällt, wenn der Kreislauf zum Stehen kommt. Nach zwei Stunden sind große, königsblaue Flecken an der Leiche wahrzunehmen. Die Purpurfärbung wird acht bis zwölf Stunden nach dem Tod noch größer. Gerichtsmediziner haben schon lange bemerkt, daß diese fahle Leichenblässe nach zwölf Stunden fixiert wird und sich nicht mehr ändert, wenn der Körper bewegt wird. Man kann diese Tatsache nutzen, um festzustellen, ob die Leiche nach dem Tod noch transportiert worden ist.

Muskelstarre und Blutgerinnung sind nur schwer zu manipulieren. Doch es ist immer schon ein in Kriminalromanen angewandter Trick gewesen, die Zeitrate zu ändern, mit der sich ein Körper abkühlt. Leichen wurden in Gefrierschränke gepackt oder in kaltes Wasser getaucht, um den Detektiv an der Nase herumzuführen. Diese Romane haben allerdings ältere Daten benutzt.

Man nimmt gewöhnlich an, daß die Körpertemperatur um 1,5 Grad pro Stunde abnimmt. Und tatsächlich haben die Gerichtsmediziner früher diese Daumenregel benutzt, um die Todesstunde zu bestimmen. Doch trifft dies höchstens in der Hälfte der Fälle zu. Heute weiß man, daß die Abkühlrate viel komplizierter verläuft, wenn sie sich der Außentemperatur nähert. In der ersten Stunde, so zeigen die neuen Messungen, kühlt sich der Körper nur wenig ab. Danach hängt die Kühlrate von allen möglichen Faktoren ab, von der Temperatur in der Umgebung, vom Wind, von der Feuchtigkeit und sogar von den Kleidern, die die Leiche zufällig anhat. Es braucht nicht eigens betont zu werden, daß manchmal ein Computer nötig ist, um all die Variablen einzubeziehen. Und selbst dann sind noch andere Fakten notwendig.

Die Untersuchung eines Toten ist nicht angenehm. Was diese Arbeit erschwert, sind die Gerüche, die von den Zerfallsprozessen stammen. Hierbei können zwei Arten unterschieden werden: die Autolyse und die Fäulnis.

Die Autolyse tritt ein, wenn die eigenen Verdauungsenzyme aus Magen und Darm die Wände durchbrechen und in die Körperhöhlungen gelangen. Sie sind dann noch aktiv und verdauen die Organe so lange, bis sie selbst zerlegt werden. Als Ergebnis dieser Tätigkeit beobachtet ein Gerichtsmediziner häufig Magenperforationen, und zwar schon Stunden nach dem Tod.

Die Fäulnis ist die häßliche Schwester der Autolyse. Wenn wir sterben, leben unsere Bakterien weiter. Wenn der Tod fortschreitet, werden Gewebe in schleimige Flüssigkeiten verwandelt, die übelriechende Gase abgeben. Als Ergebnis dieser Gase bläht sich der Körper auf. Die Hautfarbe wechselt von Grün zu Schwarz. Die Augen und die Zunge ragen durch den Druck vor. Die oberen Schichten der Haut werden weich und rutschen ab.

Und dann sind da noch die Insekten.

Es wird leider nicht schöner. Zwölf bis achtzehn Stunden nach dem Tod ist der Zerfall so weit fortgeschritten, daß die Charakteristika des Körpers verschwimmen. Nach ein paar Tagen beginnt der Körper auszutrocknen. Die Haut fühlt sich wie Papier an. Die Fingerspitzen und die Gesichtshaut schrumpfen, was zu der falschen Ansicht führt, daß die Haare und die Nägel nach dem Tod weiterwachsen.

Viel, viel später werden nur noch die Knochen vorhanden sein. Dann kommt Asche zu Asche. Staub zu Staub.

Kapitel 9:
Das Zurückstellen der Uhr

In dem Film ›Der Schläfer‹ von Woody Allen erfährt Miles, eine der mitwirkenden Figuren, den endgültigen Zukunftsschock. Als er aus einem zwei Jahrhunderte währenden Schlaf aufgetaut und wie ein tiefgefrorenes Fertiggericht ausgewickelt wird, findet er sich als Fremder in einem fremden Land wieder. Miles hat den Tod besiegt, aber zu dem Preis, daß er in einer bizarren Welt voll genetisch veränderter Riesenfrüchte lebt, in der klobige Roboter zu Diensten stehen und der Präsident der USA aus Zellen seiner eigenen Nase kloniert worden ist.

Woody Allens komische Vision eines Lebens in zweihundert Jahren war etwa so kurzsichtig wie sein brilletragender Autor. Drei Jahre nach der Uraufführung des Films etablierte sich in Kalifornien eine erste Firma – mit Namen Genentech –, um Produkte der Gentechnik zu kommerzialisieren. Und 1986, nur dreizehn Jahre nachdem ›Der Schläfer‹ in die Kinos gekommen war, wurde in Maryland das erste Schwein geboren, das Zellen mit den Genen einer Kuh besaß. Bald darauf wurde dann in einem Laboratorium in Kalifornien tatsächlich ein kleiner Hund namens »Miles« (benannt nach der Figur im Film) für eine Stunde tiefgefroren und danach wieder aufgetaut und dem Leben zurückgegeben.

Es waren aber nicht nur die Gentechnik und die »Cryo-Biologie«, die schneller vorankamen, als die Phantasie der Kunst es ausmalte. Auch die »In-vitro-Fertilisation«, bei der Eizellen »im Glas« befruchtet und anschließend in den Uterus einer Frau zurückgebracht werden, sowie die Transplantation von Hirngewebe sind mit einer unglaublichen Geschwindigkeit vorangekommen. Als Ergebnis all dieser Fortschritte ist es inzwischen möglich, die Körperuhr zu manipulieren.

Eine der größten Herausforderungen hat schon immer darin bestanden, die Zeiger dieser Uhr anzuhalten, zu verlangsamen oder gar in die entgegengesetzte Richtung umzukehren, um das Altern zu bremsen und dem Tod ein Schnippchen zu schlagen. Bislang konnte zwar noch kein wissenschaftlicher Jungbrunnen gefunden werden. Aber die neuen Techniken lassen die Hoffnung zu, daß eines nicht allzu fernen Tages dem Altern und dem Tod Einhalt geboten werden kann.

Nirgendwo hat die Hoffnung auf Unsterblichkeit größere Sprünge gemacht als auf dem Gebiet der Cryo-Biologie, der Wissenschaft also, die sich mit dem Tieffrieren des Lebens beschäftigt. Seit die Menschen entdeckt haben, daß ein toter Körper sich draußen in der Kälte länger hält als drinnen in der warmen Stube, haben sie mit der Idee gespielt, daß die Unsterblichkeit in einer Gefriertruhe gefunden werden könnte.

Dem liegt folgende Idee zugrunde: Sobald der Tod eintritt, wird ein Körper tiefgefroren. Zu einem Zeitpunkt in der fernen Zukunft – wenn die Instruktionen dann noch vorliegen – wird der Körper aufgetaut und wiederbelebt. Dann beginnt ein neues Leben. In der Zukunft, so geht der Traum weiter, werden Tod, Altern und Krankheiten wie Krebs nicht mehr Probleme bereiten als ein Hautjukken heute. In der Zukunft können fehlende Glieder ausgetauscht werden, das Gedächtnis und die Potenz können erneuert werden, Altersflecken und Falten verschwinden. In dieser Utopie würde erneuert werden, was einmal war. So sieht der Traum aus. Die Wirklichkeit ist aber anders.

Die beste Lektion über die Rache, die die Zeit an einem tiefgefrorenen Körper nimmt, liefert das Studium der Körper, die eine lange Zeit natürlich eingefroren waren und dann aufgetaut worden sind. Michael Zimmerman, der sowohl Anthropologe als auch Pathologe in Pennsylvanien ist, verdient seinen Lebensunterhalt mit diesen Studien. In den siebziger Jahren führte er eine Autopsie an Überresten von wolligen Mammuts durch, die unter der vereisten Decke Alaskas gefunden worden waren. Aus Radiocarbon-Messungen konnte Zimmerman schließen, daß die Tiere vor rund 20000 Jahren gestorben waren und dann unter Tonnen von Schnee und Eis begraben wurden. Nach dieser langen Zeit im Eis waren die Körper allerdings nicht mehr gut erhalten. Das Gewebe war zerfallen, und nur wenige Muskeln ließen sich noch analysieren.

Im Jahre 1984 entdeckten Zimmerman und seine Kollegen die Überreste von fünf Menschen in einem Winterhaus auf einer Klippe über dem Arktischen Ozean. Sie waren vor knapp fünfhundert Jahren von einem Eisberg erschlagen worden. Drei der Körper bestanden nur noch aus Skeletten, aber zwei (weibliche) Körper waren ziemlich gut erhalten geblieben. Eine der Frauen war Mitte Zwanzig, als sie der Tod ereilt hatte. Ihr zum Teil noch intakter Körper wurde unter einem Schlafgestell im Norden des Hauses gefunden. In ihrer Brust entdeckte Zimmerman Spuren von Hämoglobin, also dem Protein der roten Blutzellen, das Sauerstoff einfängt. Es war über all die Jahrhunderte erhalten geblieben.

Der zweite Körper gehörte einer älteren Frau von etwa vierzig Jahren und war vollständig erhalten geblieben. Die Frau war offenbar sofort komplett eingefroren worden, als das Dach durch die ungeheure Gewalt des Eises einstürzte. Die rechte Seite ihrer Brust war eingedrückt, und die Lungen waren kollabiert. Doch Zimmerman fand ihren Körper so gut konserviert, daß er tatsächlich noch feststellen konnte, was sie am Tag zuvor gegessen hatte. Auch ihr biologischer Zustand konnte ermittelt werden. Sie scheint Kinder gehabt zu haben, denn ihre Brüste zeigten noch Zeichen der Laktation. Ja, es gab anatomische Hinweise, daß sie nur zwei Monate vor ihrem Tod ein Baby zur Welt gebracht hat. Darüber hinaus konnte aus dem Zustand ihrer hervorragend erhaltenen Organe geschlossen werden, daß die Frau einmal in ihrem Leben unter Lungenentzündung gelitten hatte, der eine Herzentzündung und ein Nierenversagen gefolgt waren. Tragischerweise hatte sie all diese Krankheiten gerade überwunden, nur um vom Eis auf ihrem eigenen Dach zerschmettert zu werden.

Heute können wir die Krankheiten, unter denen diese Frau gelitten hat, behandeln und sogar heilen. Und wenn wir die Technik hätten, sie aufzutauen und wiederzubeleben, könnte sie sogar eines Tages wieder herumlaufen. Doch nach mehr als vierhundert Jahren ist sie immer noch tot, und es gibt nichts, was wir dagegen tun können.

Hier in Amerika macht sich gegenwärtig eine Bewegung breit, die Toten unter geeigneten Bedingungen einzufrieren. Viele Organisationen wie etwa die »Cryonics Society « und die »Life Extension Society« haben Do-it-yourself Behälter für diejenigen entworfen, die einen Teil ihres Todes in riesigen »Thermosflaschen« verbringen möchten, die in Gefrierhäusern gelagert werden.

Da ein Körper innerhalb von Minuten nach seinem Tod zu zerfallen beginnt, erfahren die Amateur-Einfrierer, daß sie ihren Behälter immer parat halten müssen. Der Tod kann immer und überall eintreten. Da es unwahrscheinlich ist, daß ein Fremder den toten Gatten oder die tote Gattin von einem Bürgersteig aufhebt und in das Gefrierfach des nächsten Supermarkts trägt, und da die meisten Ärzte etwas anderes zu tun und Angst vor Schadenersatzklagen haben, lernen die Mitglieder der Gesellschaften sehr genau ihre Gatten zu beobachten.

Wenn ein Mitglied »Glück« hat und zum Beispiel Augenzeuge des Todes seiner Frau wird, so muß er – wie es in den Instruktionen heißt – sie so schnell wie möglich an einen kühlen Ort bringen. Man sollte sich zudem darum kümmern, mit einer Mund-zu-Mund-Beatmung und externen Herzmassagen den Kreislauf aufrechtzuerhalten (man kann auch eine Herz-Lungen-Maschine dafür einsetzen, wenn man eine hat). Anschließend wird dem Körper Heparin injiziert – ein Mittel, das die Blutgerin-

• In Eiswasser kann man zwanzig bis dreißig Minuten überleben, bevor man stirbt. Der Tod tritt ein, wenn das Herz zu schlagen aufhört und die Körpertemperatur im Zentrum von etwas über 36° auf unter 25° gefallen ist.

• In der Haut reguliert der Blutfluß die Körpertemperatur. Wenn es draußen kühl ist, strömt etwa ein halber Liter Blut pro Minute in die Haut. Wenn es draußen warm ist, erhöht sich der Blutfluß, um den Körper zu kühlen, auf drei Liter pro Minute.

• Fingernägel wachsen im arktischen Klima wesentlich langsamer als in gemäßigten Zonen. Das Blut fließt bei kaltem Wetter in geringerem Umfang durch die Haut als bei warmem Wetter. Daher erhält die kalte Haut weniger Nahrungsstoffe, und das Wachstum der Fingernägel leidet darunter.

nung unterbindet –, der nun mit Eisbeuteln auf Kühlschranktemperatur gebracht wird.

Wenn man so weit gekommen ist, besteht der nächste Schritt darin, den Körper etwa eine Stunde lang mit einer intravenösen Lösung zu perfundieren, in der sich die Chemikalien DMSO oder Glyzerin befinden. Sie sorgen dafür, daß die Körperzellen keine Eiskristalle bilden. Eiskristalle würden die Zellmembran auflösen und Gewebe zerstören.

Wenn man diesen schwierigen Teil hinter sich gebracht hat, ist der Körper zum Einfrieren bereit. Die meisten Anleitungen schlagen vor, ihn in Schichten aus Decken mit Trockeneis zu hüllen. Trockeneis ist nichts anderes als gefrorenes Kohlendioxyd, das den Körper auf etwa minus 150° abkühlen wird. Der letzte Schritt des Vorgangs besteht darin, den tiefgefrorenen Körper – Vorsicht, nicht fallen lassen, sonst zerbricht er in Einzelteile – in eine Kapsel geeigneter Größe mit flüssigem Stickstoff zu bringen, wodurch er eine Temperatur von Minus 170° Celsius erreicht.

Wenn man das Geld für so eine Prozedur und die Mittel für eine »lebenslängliche« Versorgung hat – sie werden auf 24 000 Dollar geschätzt, wobei die jährlichen Kosten für Reparaturen und ähnliches nicht eingerechnet sind –; wenn man weiter den Unternehmen zutrauen kann, im Geschäft zu bleiben; wenn man zudem annimmt, alle Einrichtungen funktionieren zuverlässig, und der flüssige Stickstoff wird stets nachgefüllt, selbst dann stecken in dem Verfahren noch einige grundlegende Probleme. Eine Frau ist im April 1967 eingefroren worden. Ein paar Monate später entschieden die Angehörigen, alle Hoffnungen seien dumm. Sie holten ihren Körper wieder aus der Thermosflasche und begruben die aufgetaute Frau in der Erde.

Eine andere Frau starb im August. Sie hatte Instruktionen zu ihrem Einfrieren zurückgelassen und ein Foto von sich selbst beigelegt, das 27 Jahre alt war. Auf der Rückseite war angegeben, daß sie so wieder aussehen wolle. Leider starb sie, als niemand da war, und ihr Körper wurde erst nach drei Tagen gefunden. Zu spät, um ihren Wünschen zu entsprechen.

Natürlich kann jeder eine Notiz anfertigen: »Bitte, tauen Sie mich erst im Jahre 4500 nach Christus wieder auf.« Doch in Wirklichkeit besteht keine Hoffnung, daß er oder sie tatsächlich von den Toten wiederauferweckt werden kann. Als Alternative zum Einfrieren nach dem Tode bleibt nur das Einfrieren vor dem Tode. Aber vor dem Einfrieren einer lebenden Person stehen viel höhere Hindernisse.

Im Verlauf der Jahrhunderte hat es Geschichten von Menschen gegeben, die bei Unfällen eingefroren wurden und später wieder zum Leben kamen. Am 23. Mai 1756 zum Beispiel stolperte ein schwedischer Bauer aus einer

Taverne, fiel in den Schnee und schlief ein. Am nächsten Tage fanden ihn seine Freunde. Sie sahen, daß sein Körper festgefroren war, und entschieden, daß er tot sei. Sie trugen den vermeintlichen Toten nach Hause und legten ihn in einen Sarg. Als sich am Nachmittag die Trauergäste versammelten, kam auch ein Arzt vorbei. Er stellte fest, daß der Tote nicht richtig untersucht worden war, und nahm eine Überprüfung vor. Ihm fiel auf, daß der Bauch noch leicht warm war. Daraufhin bat der Arzt die Umstehenden, Arme und Beine des »Toten« zu massieren, während er warme Kleider auf dessen Brust legte. Wie durch ein Wunder erholte sich der totgeglaubte Bauer, und der Arzt gab einen Bericht darüber für die schwedische Akademie der Wissenschaften ab.

Eine Geschichte aus neuerer Zeit betrifft eine Frau in Chicago. Sie war betrunken auf einem Bürgersteig zusammengebrochen und hatte dort die ganze Nacht verbracht, während die Temperaturen unter minus 20° C gesunken waren. Als die Frau gefunden wurde, atmete sie kaum noch, und ihr Herzschlag hatte sich auf ein Drittel der Normalzahl verringert. Ihre Körpertemperatur lag etwa 17° unter normal – aber sie überlebte.

Diese Erfrierungen waren sicher zufällig, und bis heute hat noch kein verantwortlicher Wissenschaftler den Versuch unternommen, einen lebenden Menschen einzufrieren. Mit Tieren hat man aber entsprechende Versuche schon gemacht. Der Physiologe Hal Sternberg und sein Kollege Paul Segall aus Berkeley waren erfolgreich, als sie lebende Hunde abkühlten und wiederbelebten.

Im Jahre 1986 gelang es Sternberg, den eingangs erwähnten Spürhund »Miles« einzufrieren und wieder aufzutauen. Bei dem Experiment wurde Miles zuerst mit Anästhetika betäubt und anschließend auf ein Eisbett gelegt, bis seine Körpertemperatur auf 20° abgesunken war. Dann wurde das Blut des Hundes, um in der Kälte nicht zu gerinnen, durch eine klare, synthetische Flüssigkeit ersetzt. Das künstliche Blut bestand aus abgewogenen Salzen, Traubenzucker, Stärke, Heparin und Pufferlösungen, die dazu dienten, die Akkumulation von Säuren zu kontrollieren.

Mehr als eine Stunde lang war »Miles« klinisch tot. Sein Körper war auf eine Temperatur von etwa 10° C abgekühlt worden. Der Hund atmete nicht, und sein Herz stand still. Als die Stunde vorbei war, erwärmte Sternberg den Körper des Hundes vorsichtig und führte das Blut wieder ein. »Miles« überlebte das Abenteuer, und neun Monate nach dem Versuch rannte er immer noch gesund herum.

»Miles« ist die Erfolgsgeschichte von Sternberg. Andere Hunde hatten nicht soviel Glück. Einige erlitten nach dem Verfahren epileptische Anfälle, andere litten unter Atemschwierigkeiten und bekamen später Lungenentzündung.

Doch nun, da sie ihre Technik perfektioniert haben, wollen Sternberg und Segall sie auch an Affen und vielleicht sogar an freiwilligen menschlichen Probanden versuchen. Sie glauben wie die Mitglieder der verschiedenen »Cryonics«-Gesellschaften daran, daß Menschen mit heute unheilbaren Krankheiten in Zukunft geholfen werden könne, wenn man ihre Körper bis dahin »konservieren« würde.

Das Problem dieser Idee bestand darin, daß Sternbergs Versuchstiere, genaugenommen, noch gar nicht eingefroren worden sind. Sie wurden nur stark abgekühlt. Dieser Unterschied ist wichtig. Die Abkühlung des Körpers verlangsamt den Stoffwechsel. Das Einfrieren bis nahe an den absoluten Nullpunkt bringt aber fast alle molekularen Reaktionen des Körpers zum Erliegen.

In Sternbergs Abkühltechnik zirkuliert kein Blut durch den Körper, weshalb die Zellen auch keinen Sauerstoff bekommen. Ohne dieses Element, das das Feuer des Stoffwechsels anfacht, fangen die Zellen an zu zerfallen. Wenn es auch langsam geht, sie zerfallen trotzdem. Nach vielen Wochen, Monaten oder Jahren wird sich der Zustand des Körpers in solch einem Ausmaß verschlechtert haben, daß er kaum noch mit Aussicht auf Erfolg wiederbelebt werden kann.

Nur das Einfrieren schützt vor den Raubzügen der Dekomposition (man lege mal ein Steak einen Monat lang in den Kühlschrank und vergleiche es dann mit einem Steak aus dem Gefrierfach – welches sieht appetitlicher aus?). Immer noch findet ein gewisser Zerfall statt, doch der Vorgang geht so langsam vor sich, daß er vernachlässigt werden kann. Und da es wahrscheinlich ist, daß Heilungen von Krebs und anderen tödlichen Krankheiten sowie das Hinausschieben des Todes nicht allzuweit in der Zukunft liegen, wäre es von Vorteil, wenn man einen Körper nicht nur kühlen, sondern eben einfrieren könnte. Aber dies ist bislang noch nicht gelungen.

Was bis zu einem gewissen Grad glückte, ist der Versuch, Körperorgane einzufrieren. Die technischen Probleme und die gelernten Lektionen sind dabei ähnlich denen, die auftauchen, wenn man versucht, ganze Körper einzufrieren.

Vor mehr als vierzig Jahren war es bereits gelungen, irgendeinen Teil des menschlichen Körpers einzufrieren. Der Trick, das Material so einzufrieren, daß es weiterlebte, wenn es aufgetaut wurde, wurde damals noch nicht beherrscht. Im Jahre 1948 entdeckten Audrey Smith und ihre Mitarbeiter in England, daß Samenzellen von Hähnen oder Fröschen bei minus 70° C tiefgefroren und intakt wieder aufgetaut werden können, wenn man ihnen Glyzerin zusetzte. Die aufgetauten Samenzellen wackelten mit ihren Schwänzchen genau wie die frischen.

Seit Smiths Entdeckung ist nahezu jede Zellsorte eingefroren und wieder aufgetaut worden, von roten Blutkörperchen bis zu Samenzellen. Die Technik ist darüber hinaus auch auf lebendes menschliches Gewebe angewendet worden. Haut, Hornhaut aus den Augen und einige Drüsen konnten viele Wochen lang tiefgefroren und erfolgreich wieder aufgetaut werden. Die Cryo-Aufbewahrung scheitert immer dann, wenn man diese Technik mit ganzen Organen ausprobiert.

Audrey Smith mußte das feststellen, als sie 1957 – neun Jahre nach ihrer Entdeckung der Glyzerin-Methode – versuchte, Herzen von Hamstern einzufrieren. Sie entfernte die Herzen aus anästhesierten Tieren, perfundierte sie mit Glyzerin und kühlte sie auf minus 70° C ab. Als sie die Herzen wieder auf Zimmertemperatur brachte, schlug allerdings keines mehr von ihnen.

Heutzutage versuchen die meisten Cryo-Biologen ihr Glück mit dem Einfrieren und Auftauen von Organen wie Leber und Nieren, die frisch aus anästhesierten Tieren entnommen worden sind. Sie haben dabei unterschiedlichen Erfolg. Die Organe, die diese Behandlung überstehen, tun dies nur deshalb, weil sie lediglich wenige Minuten und unter optimalen Bedingungen eingefroren worden sind. Die Organe, die mehr als eine Stunde bei Temperaturen unter Null gehalten wurden, haben nicht überlebt.

Das Problem der Cryo-Aufbewahrung von Organen rührt vor allem von der Tatsache her, daß es sich hierbei um größere und kompliziertere Gebilde als im Fall von Zellen und Geweben handelt. Zellen und Gewebe können tiefgefroren eingelagert und aufbewahrt werden, weil der größte Teil von ihnen in Kontakt mit der Umgebung ist. Sie können daher gleichförmig und vollständig gekühlt und erwärmt werden. Bei klobigen Organen befinden sich die wenigsten Zellen an der Oberfläche. Sie frieren schneller ein als die Zellen im Inneren. Dieses ungleichmäßige Absenken der Temperatur schadet dem ganzen Organ.

Eine Scheibe Schinken zum Beispiel mit ihrer großen Oberfläche wird im Tiefkühlschrank sehr schnell einfrieren, und sie kann ebenso schnell wieder aufgetaut werden. Wenn man dasselbe aber mit einem dicken Braten probiert, der im Vergleich zum Schinken viel mehr Volumen relativ zur Oberfläche hat, stellt man fest, daß die Außenseite lange vor dem Innenteil gefroren bzw. getaut ist.

Aus demselben Grund machen es die großen Organe den schützenden Chemikalien DMSO und Glyzerin schwer, alle Zellen zu erreichen, bevor das Einfrieren beginnt. Und es wird kaum möglich sein, sie wieder vollständig entfernt zu haben, wenn das Auftauen einsetzt. Wenn dies aber der Fall ist, stirbt das Organ. Eine Überflutung mit diesen Stoffen hilft dabei auch nicht, denn zu hohe Konzentrationen der Schutzmittel sind toxisch. Wenn sie also Organe wie Leber und Niere einfrieren, müssen die Biologen sehr sorgfältig auf die Konzentration etwa von Glyzerin achten.

Zum anderen bestehen Gewebe aus einer Zellsorte, die alle zur selben Zeit einfrieren. Organe setzen sich aus verschiedenen Zellen zusammen, und jeder Typ gefriert bei einer geringfügig anderen Temperatur. Dies erfordert von den Cryo-Biologen, daß sie nicht nur sorgfältig auf die Zeit achten, die es dauert, ein Organ einzufrieren, sondern auch darauf, wie schnell bzw. langsam sie ein Organ wieder auftauen.

Und es gibt noch ein letztes Problem, das am schwierigsten zu lösen ist. Wenn Gewebe und Zellen eingefroren werden, erwarten Wissenschaftler, daß sich auf der Außenseite der Zellmembranen Eis bildet. Das passiert einfach, und niemand macht sich besondere Gedanken darum. Wenn aber Eis innerhalb eines Organs auftaucht, wird die Lage ernst. Organe sind hochorganisierte Strukturen. Die einzelnen Zellen, aus denen sie bestehen, bilden komplexe Strukturen, die mit anderen Zellen verbunden sind. Eis unterbricht nun diese Strukturierung und zerstört so das Organ. (All diese Probleme zusammen machen sich bemerkbar, wenn man versucht, Tote einzufrieren. Es ist demnach unwahrscheinlich, daß ihre Organe in diesem Zustand das große Auftauen in vielen Jahren überleben.)

Die Notwendigkeit von tiefgefrorenen Organen sieht man am besten in Krankenhäusern. Falls es möglich wäre, Organe in diesem Zustand beliebig lange aufzubewahren, könnten Transplantationen sicherer und erfolgreicher durchgeführt werden. Ärzte könnten besser planen und müßten nicht mehr vom Spender zum Empfänger rasen, bevor das Organ stirbt. Tiefgefrorene Organe könnten auch für Notfälle bereitgehalten werden (das Auftauen könnte rasch in einem Mikrowellen-Herd erfolgen, wie es in Forschungslaboratorien heute schon geschieht). Patienten müßten nicht mehr in quälender Ungewißheit an einer Herz-Lungen-Maschine oder einem Dialyse-Apparat auf die Transplantation warten.

Eines Tages wird die Technik der Cryo-Konservierung von Organen die Menschen in die Lage versetzen, sich einzufrieren und in der Zukunft wieder aufzutauen. Dann wird es zum Beispiel möglich sein, lange Reisen zu anderen Planeten oder Sonnensystemen oder gar in eine andere Zeit vorzunehmen.

Die Cryo-Biologie wetteifert auch mit zwei anderen neuen Techniken unserer Tage. Gemeint sind die In-vitro-Fertilisation und der Embryonen-Transfer. Die In-vitro-Fertilisation erlaubt die »Hochzeit« von Samen und Eizelle außerhalb der Gebärmutter in einer kleinen Glasschale. Die Zygote wird anschließend in den Uterus zurückgebracht. Der Embryonen-Transfer ermöglicht es den Wissenschaftlern, einen Embryo von einem Uterus zu einem anderen zu bringen. Diese Technik erlaubt es heute zum Beispiel einer Mutter – wie kürzlich in Südafrika passiert –, die Kinder ihrer unfruchtbaren Tochter auszutragen. Die Eizellen der Tochter wurden befruchtet und anschließend in die Gebärmutter ihrer Mutter übertragen.

Die Cryo-Biologie tauchte in dieser Entwicklung auf, als sich herausstellte, daß die Eizellen einer Frau tiefgefroren über längere Zeit gelagert werden können. Die Implikationen dieser Beobachtung waren offensichtlich für die Medizin. Zum erstenmal konnte man einige Eizellen aus den Eierstöcken einer Frau entfernen, sie einfrieren und später wieder reimplantieren. Oder, noch besser, wenn eine Frau Zwillinge wünschte, die sie allerdings aus bestimmten Gründen nicht zur gleichen Zeit austragen kann, dann würde man eines der Eier entfernen und einfrieren können, während der erste Zwilling in ihrem Bauch heranwächst. Wenn der erste Zwilling dann geboren ist, könnte das zweite Ei aufgetaut und in den Uterus der Frau implantiert werden. Die Bedeutung dieses letzten Szenariums liegt darin, daß es vor nicht allzulanger Zeit tatsächlich stattgefunden hat – und ein kleines Mädchen zuschauen konnte, wie seine Zwillingsschwester zur Welt kam.

Dieses bizarre Vorkommnis hat bereits jetzt weitreichende Auswirkungen auf die beiden Zwillingsmädchen und die anderen, die ihnen noch folgen werden. Identische Zwillinge (Nachkommen, die aus einem geteilten Ei hervorgegangen sind und dieselben Eigenschaften geerbt haben) sterben mit größerer Wahrscheinlichkeit wenige Jahre hintereinander als Nachkommen, die von getrennten Eizellen abstammen.

Die Brüder Crusi, die als identische Zwillinge am 17. Januar 1900 in Italien geboren wurden, starben beide im Februar 1973. Giuseppe starb zehn Tage nach seinem Zwillingsbruder Lucio. Zwei Jahre später starben sowohl der 66jährige John als auch sein eineiiger Zwillingsbruder Arthur Mowforth. Die beiden Briten erlagen in derselben Nacht im Mai 1975 einem Herzinfarkt. John starb in einem Krankenhaus in Bristol und Arthur in einer Klinik in Windsor. Natürlich sind dies isolierte und ungewöhnliche Fälle. Aber auch wenn sie nur andeutungsweise die Norm repräsentieren, liefern sie den Stoff für ein seltsames Drama: Ein genetisch identischer Zwilling, der nach der eben geschilderten Methode Jahre nach seinem Zwillingsbruder geboren würde, wäre der erste, der das ungefähre Datum seines natürlichen Todes abschätzen könnte. Er würde auch wissen, wann er die ersten Anzeichen einer genetischen Krankheit wie der Huntington Chorea (dem erblichen Veitstanz) spüren würde. Mit dem älteren Zwilling als Führer könnte er in seine eigene genetische Zukunft blicken.

Dies klingt nach medizinischem Dämonentum, aber es ist nicht so weit hergeholt. Wirklich makaber ist vielleicht die Idee, daß es möglich wäre, darauf zu warten, daß sich eine befruchtete Eizelle zweimal teilt, dann entfernt man drei der vier Zellen und friert sie ein. Da jede der vier Zellen das Potential hat (falls sie in den Uterus zurückgebracht wird), zu einem genetisch identischen Kind heranzuwachsen, könnten die Eltern einem Kind eigenes Embryonengewebe anbieten. Dieses Individuum könnte, wenn es alt wird, eine seiner embryonischen Zellen in dem Bauch einer Leihmutter einsetzen lassen und buchstäblich wiedergeboren werden. Wenn schließlich der jüngere Zwilling alt wird, könnte man das Verfahren wiederholen, und zwar so lange, bis alle Embryonalzellen aufgebraucht sind.

Darüber hinaus könnte diese Prozedur für das Wohl der Eltern in dem Sinne sorgen, daß es sich hier um die endgültige Form der Lebensversicherung handelt. Wenn eines ihrer Kinder zum Beispiel durch einen Unfall sterben würde, könnte man eine andere seiner Zellen auftauen und einer Leihmutter einpflanzen. Ein genetisch identisches Kind käme dann zur Welt.

Das Ziel, später im Leben in seinen eigenen genetischen Doppelgänger zu schlüpfen, ist nur ein schwacher Ersatz für das eigentliche Vorhaben, den eigenen Tod zu umgehen. In dieser Hinsicht bietet die Organ-Transplantation eine bessere Grundlage. Seit es dem südafrikanischen Arzt Christian Barnard im Dezember 1967 zum erstenmal gelungen war, das gesunde Herz einer 25jährigen Frau dem 54jährigen Louis Washansky einzusetzen, ist die Übertragung von Organen mehr und mehr zur Routine geworden. Zum größten Teil stammen diese transplantierten Organe von jüngeren, gesunden Spendern (sie sterben aus Gründen, die nichts mit dem zu übertragenden Organ zu tun haben) und werden älteren, anfälligeren Patienten eingesetzt. Es kann kein Zweifel daran bestehen, daß die Jugend der Organe ihren neuen Trägern viele zusätzliche Jahre des Lebens beschert.

Ein menschliches Organ fehlt dabei auffälligerweise auf der Liste der menschlichen Gewebe, die gespendet worden sind. Es ist das menschliche Gehirn, und hier finden sich viele ethische und biologische Gründe, um seine Übertragung nicht vorzunehmen. Das Gehirn beherbergt nicht nur die eigene Identität, es ist zudem äußerst kompliziert und mit riesigen Mengen von Nervenzellen raffiniert verwoben mit jedem anderen Organ oder Gewebe im Körper. Die anderen Organe wie etwa das Herz und die Leber sind abgeschlossene Einheiten, die entfernt und eingebaut werden können. Beim Gehirn geht dies nicht.

Diese »Lücke« hat für einige Zeit eine empfindliche Niederlage im Kampf gegen Hirnkrankheiten dargestellt. Ein krankes Herz kann zum Beispiel gegen ein neues Organ ausgetauscht werden. Was aber tut man im Falle eines alten oder beschädigten Gehirns? Nun braucht man das Gehirn selbst gar nicht zu ersetzen. Es gibt da einen besseren Weg.

Vor kurzem behandelten zwei Ärzte in Mexiko zwei Patienten erfolgreich, die unter der Parkinsonschen Krankheit litten, indem sie Gewebestücke von den eigenen Nebennieren der Patienten in deren Gehirne pflanzten. Das Gewebe, das sich im Inneren der Nebennieren befindet, bringt neben den Hormonen Adrenalin und Norepinephrin auch das benötigte Dopamin hervor, den Transmitter eben, der in den Gehirnen der betroffenen Patienten fehlt. Die Transplantation in Mexiko folgte den Spuren einer ähnlichen Transplantation, die bereits 1982 in Schweden durchgeführt worden war.

Doch solche Transplantationen sind nur der erste kleine Schritt in der Behandlung der Parkinsonschen Krankheit. Der nächste Schritt würde darin bestehen, fötales Gewebe auf einen erwachsenen Patienten zu übertragen. Fötales Gewebe ist perfekt. Wenn es in eine Region des erwachsenen Gehirns gebracht wird, nimmt es die Identität der umliegenden Zellen an, sendet Nervenfasern aus und stellt die passenden Verbindungen her. In Mäusen und Ratten – und inzwischen auch in Affen – scheint transplantiertes fötales Gewebe seinen Weg an die richtige Stelle zu finden und dort die gewünschten Funktionen auszufüllen.

Die fötalen Zellen tun dies vermutlich, indem sie sich an besonderen chemischen Faktoren festhalten, die das verletzte Gehirn aussendet, und die anschließend ihre Ausläufer dorthin schicken, wo der »Duft« am stärksten ist. Wenn die Ausläufer zu dem verletzten Hirngewebe unterwegs sind, nehmen die embryonalen Zellen die Identität der Zellen an, die normalerweise mit der Region verbunden sind, wobei sie es sogar schaffen, die richtigen Neurotransmitter anzufertigen. Zuletzt gehen die fötalen Zellen noch die richtigen Kontakte mit den Zellen im verletzten Gebiet ein, indem sie sich dorthin begeben, wo es an vielen alten Verbindungen fehlt.

Ironischerweise sind diese Hirneinpflanzungen so effektiv, weil es die Blut-Gehirn-Schranke gibt. Dieselbe zelluläre Wand, die verhindert, daß viele Drogen und Zellen das Gehirn erreichen, sorgt nun dafür, daß das eingesetzte Gewebe nicht von den Zellen des Immunsystems erreicht wird. Das Gehirn wird so zu einer immunologisch isolierten Zone. Und aus diesem Grund werden Hirn-Implantate normalerweise nicht abgestoßen.

Diesen Vorteil nutzen Anders Bjorklund und Ulf Stenevi an der Universität von Lund in Schweden seit Jahren, um mit Erfolg fötales Gewebe in die Gehirne von ausgewachsenen Ratten zu übertragen. Eine der Regionen, in die sie fötales Gewebe brachten, war der Hippokampus. Diese Struktur liegt etwa im Zentrum des Gehirns und nimmt am Lernen und am Gedächtnis teil.

Zuerst schnitten die schwedischen Forscher in den Hippokampus der Ratten hinein und zerstörten Nervenverbindungen. Daraufhin verloren die Tiere ihre Fähigkeit, sich in einem Labyrinth zu orientieren. Normale Ratten können sehr schnell lernen, wie sie durch ein Labyrinth zum Futter kommen. Doch die behandelten Ratten schafften dies nie. Sie hatten kein Kurzzeit-Gedächtnis mehr.

Nachdem Bjorklund und Steveni ihren Schnitt im Rattenhirn angebracht hatten, injizierten sie an die verwundete Stelle spezielle fötale Hirnzellen, die den Neurotransmitter Azetylcholin herstellen. Wie durch ein Wunder erneuerte sich das Gedächtnis der Tiere, und sie lernten wie ihre normalen Verwandten, wieder durch ein Labyrinth zu navigieren.

Was dieses Experiment so verlockend macht, ist die Tatsache, daß es Konsequenzen für den Gedächtnisverlust haben könnte, der mit dem Alter oder mit der Alzheimerschen Krankheit in Verbindung steht. Patienten, die unter Morbus Alzheimer leiden, fehlt Azetylcholin im Gehirn. Alte Ratten verlieren ebenfalls ihr Gedächtnis und leiden unter einem Mangel an Azetylcholin. Die zwei Forscher versuchen, das Gedächtnis von alten Ratten durch dieselbe Methode der Transplantation zu erneuern.

Zu der Zeit, zu der die beiden Schweden versuchten, das Gedächtnis von Ratten wiederherzustellen, versuchten Ärzte an der Columbia-Universität und der Mount Sinai School of Medicine, fötales Hirngewebe von Ratten auf mutierte Stämme zu übertragen, die das Gonadotropin-Freisetzungshormon GnRH nicht anfertigen. Als Folge dieser Veränderung besitzen männliche Vertreter dieses Stammes nur unreife Geschlechtsorgane.

Indem die Ärzte das fötale Gewebe in die Hirnregion der erwachsenen Tiere einbrachten, die für die Produktion von GnRH verantwortlich ist, gelang es ihnen, die sexuelle Kraft wiederherzustellen. Die Männchen produzierten Hormone, und ihre Hoden wurden größer.

Noch aufregender sind die Forschungen, die William

Freed und Richard Jed Wyatt am National Institute of Mental Health unternehmen. Sie übertragen fötale Netzhäute von erblindeten erwachsenen Ratten in den Colliculus superior – dies ist der Teil des Gehirns, in dem die visuelle Information empfangen wird. Ratten erblinden, wenn die Nervenverbindungen zwischen dem Auge und dem Colliculus superior unterbrochen sind. Fötale Ratten-Netzhäute können aber wachsen und diese Nervenkontakte wiederherstellen, wenn sie auf den Colliculus aufgesetzt werden. Die Hoffnung besteht darin, daß das fötale Gewebe auch mit dem Auge selbst in Verbindung tritt und so die Blinden wieder sehen läßt.

Doch das Züchten von menschlichen Embryonen oder Föten als »Gewebefarm« für das Gehirn wirft ungeheure moralische Fragen auf. Bis auf weiteres liegt die Quelle für embryonale Neuronen in dem Gewebe von Aborten. Die moralische Komponente erfordert, daß alternative Quellen für Embryonalgewebe gefunden werden müssen.

Schon jetzt machen es die Cryo-Biologie und der Embryotransfer möglich – auch wenn es ethisch nicht unbedingt leicht zu schlucken ist –, daß Menschen ihr eigenes Embryonalgewebe nutzen, indem sie – wie bereits geschildert – die ersten Zellen der Teilungen ihrer eigenen Zygote einfrieren lassen. Wenn sie dann alt und wacklig werden, können sie diese Zellen theoretisch auftauen lassen und verwenden. Man kann einen erbgleichen Embryo bekommen und dessen Zellen nutzen, um das eigene ausgediente Gewebe zu ersetzen.

Wenn wir wirklich eines Tages das Altern verlangsamen oder die biologische Uhr des Menschen verändern wollen, müssen wir uns daranmachen, die genetischen Instruktionen des Körpers zu manipulieren, unsere DNA. Diese Aufgabe bleibt einer der neueren Erfindungen überlassen, der Rekombination von Genen in vitro, der Gentechnik eben. Diese mutige, neue Wissenschaft erlaubt es den Wissenschaftlern, Gene der Zellen auseinanderzulegen und neu zusammenzusetzen.

Die Information, nach der wir gebaut werden, steckt in den 23 Chromosomenpaaren – dem menschlichen Genom –, deren eine Hälfte vom Vater und deren andere Hälfte von der Mutter kommt. Die Chromosomen bestehen aus DNA und finden sich in allen Zellen des Körpers. Jeder Abschnitt auf einem Chromosom, der eine bestimmte Aufgabe hat, heißt ein Gen. Ein Gen liefert gewöhnlich eine Information, nach der ein bestimmtes Protein angefertigt wird.

Im Jahre 1953 schlugen James Watson und Francis Crick eine Doppelhelix (Spirale) als Modell des DNA-Moleküls vor. Ihre Bemühungen brachten ihnen nicht nur den Nobelpreis für Medizin ein, ihre Entdeckung bereitete die Grundlage für alle weiteren genetischen Forschungen.

Nur zwei Jahrzehnte gingen ins Land, bis Stanley Cohen von der Stanford-Universität und Herbert Boyer aus San Franzisco herausfanden, daß die kurz zuvor entdeckten Restriktionsenzyme, mit denen Bakterien fremde DNA zerlegen, wie chemische Scheren verwendet werden konnten, um selektiv eine spezifische DNA-Sequenz aus einem Bakterium zu spleißen und mit der DNA eines anderen Bakteriums zu kombinieren. Das Bakterium mit der rekombinierten DNA konnte seine neue Sequenz reproduzieren. Boyer und Cohen zeigten der wissenschaftlichen Öffentlichkeit, daß sie im Zuge dieses Experimentes Änderungen (Mutationen) am genetischen Material vornehmen konnten, die sonst erst im Laufe von Millionen Jahren eingetreten wären. Sie konnten dasselbe nun in einer Stunde tun.

Ausgerüstet mit den neuen »Werkzeugen«, gingen die Gen-Ingenieure daran, Organismen wie Bakterien herzustellen, die menschliches Insulin oder menschliches Wachstumshormon anfertigten; oder Bakterien, die Ölteppiche verdauten; oder Pflanzen, die Gene von Viren tragen. Diese Gene machten sie resistenter gegenüber Krankheiten und Insekten.

Die Gentechnik hat es den Wissenschaftlern auch erlaubt, transgene Tiere anzufertigen, also Kreaturen, die ein oder mehrere Gene von einem anderen Tier in ihrem Erbgut haben. Ein Beispiel dafür ist ein rostfarbener Keiler. Das Schwein, das 1986 in Maryland zur Welt gekommen ist, führt das Gen für das Wachstumshormon einer Kuh in seinen Zellen mit sich. Dadurch wird es schlanker als seine Kusinen.

Wer die Gentechnik heute bei Bakterien, Pflanzen und Tieren anwendet, zögert nicht mit dem Hinweis, daß die Methode eines Tages auch beim menschlichen genetischen Material zum Einsatz kommen wird. Und Mangel an Material gibt es hier sicher nicht.

Dutzende von Laboratorien haben die Entdeckung von Genen angekündigt, die für einige Erbkrankheiten verantwortlich sind. Gelungen sind diese Entdeckungen mit Hilfe von Gen-Markern, worunter DNA-Sequenzen verstanden werden, die sich in der Nähe des die Krankheit auslösenden Gens befinden und als eine Art Signalflagge verwendet werden können, deren Spur man durch die aufeinanderfolgenden Generationen einer Familie hindurch verfolgen kann. Die Wissenschaftler finden diese Marker, indem sie die Chromosomen mit Enzymen zerschneiden und sich anschließend die Muster der Fragmente anschauen. Bestimmte Fragmente werden dabei immer so vererbt wie die anvisierte Krankheit. Mit Hilfe derartiger Marker konnten die Gene für die Huntington Chorea (Veitstanz), die Muskeldystrophie, die Muskoviszidose (cystic fibrosis) und die polyzystische Nierenkrankheit lokalisiert werden. In jüngster Zeit glaubt man auch, die Gene für die manische Depression und für die Alzheimersche Krankheit ausgemacht zu haben.

Mit dieser Information ausgestattet, können die Wissenschaftler diejenigen in einer gefährdeten Familie identifizieren, die zu einer genetischen Krankheit neigen. Sie brauchen dazu nur Blutproben von einem Träger der

Krankheit und von einem Gesunden. Es wird lediglich noch eine Frage der Zeit sein, bis Wissenschaftler in der Lage sein werden, die Krankheitsgene selbst zu isolieren, sie möglicherweise zu entfernen und durch normale Gene zu ersetzen.

Werden wir an dieser Stelle haltmachen? Nach letzten Schätzungen gibt es zwischen 100000 und 300000 Gene im Genom einer menschlichen Zelle. Bislang konnten nur ein paar hundert isoliert und ihre genetische Sequenz ermittelt werden. Es ist aber schon möglich, die Gene von rund dreitausend Krankheiten wie etwa der Sichelzell-Anämie aufzuspüren, die bei vielen Menschen auftritt.

Irgendwo unter den Hunderttausenden von Genen sind auch diejenigen, die die biologische Uhr des Körpers kontrollieren. In Fruchtfliegen zumindest haben Forscher, wie Ronald Konopka aus New York, Gene lokalisiert, die den circadianen Rhythmus kontrollieren. Wenn das Gen – es trägt den Namen »per« für Periode – aus den Fliegen entfernt wird, haben die Körpervorgänge keinen Rhythmus mehr. Werden die Fliegen hingegen veranlaßt, einen Überschuß des vom per-Gen kodierten Proteins anzufertigen, läuft ihre biologische Uhr schneller. Je mehr Protein die Fliege produziert, desto schneller läuft ihre Uhr. Konopka und seine Kollegen haben inzwischen auch bei Hühnern und Mäusen Gene gefunden, die in diesen Tieren eine Funktion wie per übernehmen.

Wenn solch ein Gen auch bei Menschen existiert, dann ist es wahrscheinlich, daß es noch weitere Gene gibt, die für andere Rhythmen kodieren, etwa für die Geschwindigkeit der Nervensignale, das ständige Schlagen des Herzens oder den Beginn der Pubertät. Wie aber kann man diese Gene manipulieren?

Wissenschaftler haben eine Reihe raffinierter Tricks gefunden, um einen Organismus dazu zu bringen, die Gene eines fremden Organismus umzusetzen. Eine Methode besteht einfach darin, die Gene einer anderen Kreatur in die befruchtete Eizelle zu injizieren. Auf diese Weise wurde das bereits erwähnte transgene Schwein kreiert. Doch der Einstich mit der Injektionsnadel tötet drei Viertel der Eier. In den vier Jahren, in denen man versucht hat, ein geeignetes transgenes Schwein zu bekommen, wurden mehr als 8000 befruchtete Eizellen behandelt, aber nur 43 transgene Schweine sind dabei zustande gekommen.

Eine weitaus raffiniertere Methode besteht darin, einem Virus die Arbeit zu übertragen. Viren sind im wesentlichen mikroskopische Pakete mit genetischem Material, das von einer Proteinhülle umgeben ist. Sie gelangen rasch in Zellen, und wenn sie erst einmal dort sind, spleißen sie gerne ihr genetisches Material in das der Wirtszelle. Da die Zellen fremde DNA nicht von der eigenen unterscheiden können, fangen sie nun an, sowohl ihre eigenen Produkte als auch die der Viren herzustellen.

Am Massachusetts Institute of Technology haben Richard Mulligan und seine Kollegen Retroviren benutzt, um Gene in Mauszellen zu transferieren. Retroviren sind deshalb ungewöhnlich, weil sie, im Gegensatz zu anderen Viren, Zellen nicht töten. Sie fügen nur ihr genetisches Material dem der Zelle zu. Mulligans Ziel besteht darin, mit diesen Viren Patienten zu helfen, die unter seltenen Erbkrankheiten leiden. Die Viren würden als Vehikel dienen, mit denen die therapeutisch wertvollen Gene in die defekten Zellen des Patienten gebracht werden könnten.

Mulligan wollte weiter verhindern, daß das Virus nach vollbrachter Übertragung die anvisierte Zelle verläßt und andere infiziert. Daher konstruierte er im Jahre 1983 in Zusammenarbeit mit dem Nobelpreisträger David Baltimore ein Virus, dem ein Gen für die Proteinhülle fehlte. Ohne dieses Gen und ohne diese Hülle kann das Virus eine Zelle nicht verlassen. Nun kann Mulligans Virus in Zellen gelangen und seine Gene dort einspleißen; aber dieses Virus kann dann nicht weiterkommen und nicht auf andere Zellen übertragen werden.

Mulligan hat das Virus inzwischen benutzt, um Knochenmarkzellen in der Maus zu infizieren. Unter den Knochenmarkzellen findet man die sogenannten Stammzellen, die sich beliebig oft teilen können und die Mütter der Blutzellen sind. Wenn ein Virus erst einmal ein bestimmtes Gen in eine Stammzelle eingebracht hat, wird auch jede Blutzelle dieses Gen bekommen. Man kann darauf hoffen, daß mit diesem Verfahren der viralen Gentransplantation Blutkrankheiten wie die Sichelzell-Anämie oder die Thalassämie, die besonders in Mittelmeerländern verbreitet ist, geheilt werden. Vielleicht kann solch ein Retrovirus ausgenutzt werden, um »gesunde« Gene in die größte aller Stammzellen zu bringen, die befruchtete Eizelle.

Bis zum Ende dieses Jahrtausends wird das gesamte menschliche Genom kartiert und markiert sein, sagen die Nobelpreisträger James Watson und Walter Gilbert voraus. Ein Mammutunternehmen: Wenn alle Buchstaben der genetischen Information des Menschen, die sich aus den Anfangsbuchstaben der vier Basen im Inneren der DNA zusammensetzt, niedergeschrieben werden, erhält man tausend Bücher mit je tausend Seiten, auf denen jeweils dreitausend Buchstaben stehen. Eine riesige Bibliothek also, in der die Information über den Homo sapiens zu finden ist.

Wenn die Sequenz des menschlichen Genoms einmal vorliegt, kann sie mit den Sequenzen anderer Organismen verglichen werden. Man kann auch die Sequenz eines Gesunden mit der eines Kranken vergleichen, der unter Krebs leidet.

Eines Tages wird es auch möglich sein, menschliche Enzyme dergestalt neu zu entwerfen, daß sie schneller und effizienter arbeiten; oder Gene zu beeinflussen, die biologische Uhr des Menschen zu beschleunigen bzw. zu bremsen. Eines Tages wird der ständige Trommelschlag, den die Zeit dem menschlichen Körper auferlegt, unter Kontrolle oder ausgelöscht sein. Dann wird das Altern aufgehalten und der Tod verschoben. Wenn dieser Tag einmal erreicht wird, haben wir zuletzt auch die Zeit besiegt.

Anhang

Das Leben der Enzyme
(Der Körper in Mikrosekunden)

Allem, was in diesem Buch erzählt worden ist, liegt das Leben der Enzyme zugrunde. Viele von ihnen üben ihre Funktionen innerhalb von ein paar Mikrosekunden aus. Wer Lust hat, mehr über ihr komplexes Verhalten zu erfahren, findet hier ihre Geschichte:

Eine Schabe kennt sich mit Bewegungen aus. Zweihundertfünfzig Millionen Jahre Evolution und das Stadtleben haben die Schabe zu einem Experten auf diesem Sektor werden lassen. Versuchen Sie nur mal, eine zu erwischen. Sie flitzt schneller weg, als der stampfende Fuß niedersaust.

Wenn sich Schaben so langsam wie das menschliche Bein über ihnen bewegen würden, gäbe es zweifellos viel mehr zerschmetterte Insektenkörper in der Umgebung. Aber sie tun es nicht, sie sind schneller.

Die Evolution bringt eine wunderbare Qualität der Adaptation hervor. Überleben kann zumeist der Schnellste. Eine Fliege kann eine Reaktionszeit von 65 Millisekunden haben, aber ihr Räuber, eine Gottesanbeterin, ist 5 Millisekunden schneller.

Die Regeln der Evolution gelten auch bei Enzymen. Die Biochemiker haben faszinierende Trends bei diesen katalytischen Molekülen beobachtet, wenn nicht immer schneller, so doch effizienter zu werden.

In einer Zelle finden sich etwa dreitausend Enzyme. Sie kontrollieren nahezu jede chemische Reaktion und beeinflussen jeden Aspekt der Zellaktivität, von der Konstruktion der Membranteile bis zum Speichern von Energie in Nahrungsmolekülen. Das Leben, wie wir es kennen, kommt ohne Enzyme nicht aus.

Die ersten, die etwas von der Protein-Katalyse merkten, waren die alten Griechen, die zufällig (und glücklicherweise) auf die Entdeckung stießen, daß ihr Fruchtsaft in Wein umgewandelt werden konnte. Verstanden wurde dieser Vorgang erst zweitausend Jahre später, als man feststellte, daß dafür Enzyme aus Hefe verantwortlich sind. Es war daher mehr als passend, als der deutsche Physiologe Wilhelm Kuhne sein Glas Bier erhob und für die biologischen Katalysatoren den Namen »Enzym« – auf deutsch »in Hefe« – vorschlug.

Wie sie funktionieren

Enzyme kommen ohne Magie aus. Sie beschleunigen einfach die chemischen Reaktionen, bei denen etwa Zucker in Kohlendioxyd und Wasser umgeformt wird. Die Beschleunigung erfolgt vielhundert- oder -tausendfach. Ohne Enzyme würden die Reaktionen auch ablaufen, nur daß sie Wochen, Monate oder Jahre dauern würden. Darüber hinaus vollbringen die Enzyme ihre Aufgabe, ohne dabei selbst verändert oder verbraucht zu werden. Dies verleiht ihnen ein ziemliches Durchhaltevermögen, denn sie können immer wieder benutzt werden. Sie sind molekulare Spezialisten, dafür ausersehen, genau eine Art von Reaktion auszuführen. Dadurch sind sie sehr spezifisch und leichter zu kontrollieren.

Die Carboanhydrase zum Beispiel ist ein Enzym, das die Bildung von Kohlensäure aus Kohlendioxyd und Wasser vorantreibt. Kohlendioxyd ist ein normales Abfallprodukt der Körperzellen. Wenn genügend Zeit vorhanden ist, würde sich die Kohlensäure von ganz alleine bilden, aber die Reaktion würde zu lange dauern, um für die Zwecke der Zelle nützlich zu sein. Somit werden Enyzme eingesetzt, um die Sache zu beschleunigen.

Für die Carboanhydrase sind das Wasser und das Kohlendioxyd Substrate. Substrate sind Moleküle, mit denen ein Enzym umgeht. Kohlensäure ist das Produkt, das

Endergebnis der Reaktion. Die Reaktion kann stattfinden, weil die Substrate (Wasser und Kohlendioxyd) in eine katalytische »Tasche« passen, über die Enzyme verfügen. Diese Tasche nennt man die aktive Stelle des Enzyms, und hier werden das Kohlendioxyd und das Wasser zusammengebracht, um das Reaktionsprodukt Kohlensäure im Bruchteil einer Sekunde zu bilden.

Eine der gebräuchlichsten Techniken, die Biochemiker verwenden, um die Geschwindigkeit einer Enzymreaktion abzuschätzen, besteht darin, die Zahl der Substrat-Moleküle zu berechnen, mit denen ein Enzym in der Sekunde reagiert. Dies nennt man die Umwandlungszahl (turnover number). Viele Enyzme haben Umwandlungszahlen von etwa 10 oder 100. Die schnellsten operieren in der Größenordnung von 1000 und mehr. Die erwähnte Carboanhydrase kann sogar 600 000 Wassermoleküle mit ebenso vielen Kohlendioxyd-Molekülen pro Sekunde zusammenbringen. Jede Runde einer Katalyse dauert also etwa zwei Mikrosekunden, eine unglaublich kurze Zeit.

Wenn man eine Sekunde fein zerteilt, kann sie tausend Stückchen liefern, die alle eine Millisekunde lang sind. Wenn man dann diese Millisekunde erneut tausendmal zerschnippelt, dann wird jedes winzige Stückchen Zeit

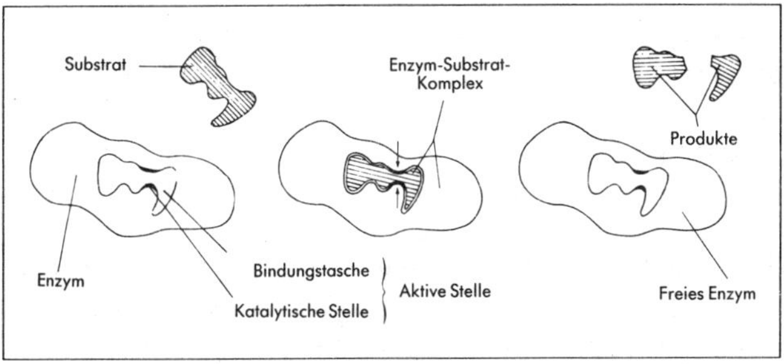

Enzyme sind Katalysatoren, die Reaktionen schneller laufen lassen. Sie machen aus Substraten Produkte.

eine Mikrosekunde lang – ein Millionstel einer Sekunde. In diesem kurzen Augenblick schafft es das Licht, drei Fußballplätze zu überqueren. Und wenn man die Sache anders ausdrückt: Wird eine Sekunde zu einem Jahr gestreckt, dann wird eine Mikrosekunde so lange dauern wie eine Werbeeinblendung im Fernsehen.

Die meisten Enzyme müssen nicht so flott reagieren. Chymotrypsin werkelt im Darm herum und zerschnippelt kleine Proteine, um Nahrungsmoleküle aus ihnen zu machen. Jede katalytische Aktion dauert hier zehn Millisekunden, also tausendmal langsamer als bei der Carboanhydrase. Aber die Verdauung, auch wenn sie essentiell ist, muß nicht so schnell sein. Es könnte sogar einen deutlichen evolutionären Vorteil dafür geben, daß die Reaktion mit der angegebenen Geschwindigkeit abläuft. Die Aktivität des Chymotrypsin könnte der Geschwindigkeit entsprechen, mit der die Zellen an der Oberfläche des Magen-Darm-Traktes Nahrungsmoleküle aus dem Inneren des Darms herausziehen können.

Das Enzym, das mit der DNA umgeht

Verdauungsenzyme wie Chymotrypsin können sich Zeit lassen. Aber das Arbeitspferd, das als DNA-Polymerase I bekannt ist, kann dies nicht. Dieses Enzym hat die Aufgabe, die Fehler zu korrigieren, die in der Doppelhelix (Spirale) stecken.

Alles, was wir sind, wird von der chemischen Information beeinflußt, die in dem DNA-Molekül eingeschrieben ist. Das DNA-Molekül besteht aus zwei Strängen, die als spiralenartige Spiegelbilder umeinander gewunden sind. Die Information steckt in vier chemischen Basen, die als Adenin, Cytosin, Thymin und Guanin bekannt sind und mit A, C, T und G abgekürzt werden. Die Kombination dieser vier Basen in passenden Paaren – A mit T und G mit C – auf Milliarden verschiedenen Wegen macht die genetische Information für jeden Organismus auf dieser Erde verschieden.

Die meiste Zeit über ist die genetische Botschaft fehlerfrei. Doch manchmal tauchen Fehler auf. Der Fehler tritt ein, wenn ein Basenmolekül wie Cytosin in einer der Spiralen beschädigt wird. Die kaputte Base bindet ihren Partner auf dem anderen Strang nicht mehr. Für die DNA-Polymerase sticht das fehlerhafte Basenpaar wie eine Warntafel auf dem DNA-Molekül hervor, und das Enzym lokalisiert schnell die mißratene Stelle.

Die DNA-Polymerase I entfernt das defekte Basenmolekül und setzt ein korrektes Exemplar ein, wobei sie sich der Base auf dem gegenüberliegenden Strang als Schablone bedient. Es »liest«, welche Base gegenüberliegt, und prüft, ob die Wasserstoffbrücken übereinstimmen. Wenn dies nicht der Fall ist, wird die unpassende Base entfernt, und anschließend setzt die Polymerase die passende Base in den DNA-Strang ein. Das Enzym prüft dabei diesen Schritt zweimal. Sie sieht sofort nach, ob sich die eingefügte Base auch richtig mit ihrem Gegenüber zusammenschließt. Dies wiederholt sie, wenn sie ganz fertig ist. Erst dann macht sich das Enzym davon. Es läßt nicht locker solange die Kontrollen noch nicht gemacht sind.

Die DNA-Polymerase versorgt ungefähr zehn Basen pro Sekunde. Für ein Enzym scheint dies sehr wenig. Offensichtlich wägt dieses Enzym Schnelligkeit gegen Genauigkeit ab, und die Polymerase muß schon sehr zuverlässig sein. Ein Fehler, eine falsche Base, und schon hat die Zelle eine größere Identitätskrise – eine Mutation, um es in der Sprache der Biologie zu sagen. Die DNA-Polymerase muß akkurat sein, extrem akkurat. Biochemiker haben ausgerechnet, daß sich dieses Enzym nur einmal bei zehn Milliarden Basen vertut, die sie einbaut.

Ein Enzym wie die DNA-Polymerase funktioniert gut an den Stellen, an denen Genauigkeit über alles geht. Es gibt aber auch andere Aufgaben im Körper, bei denen vor

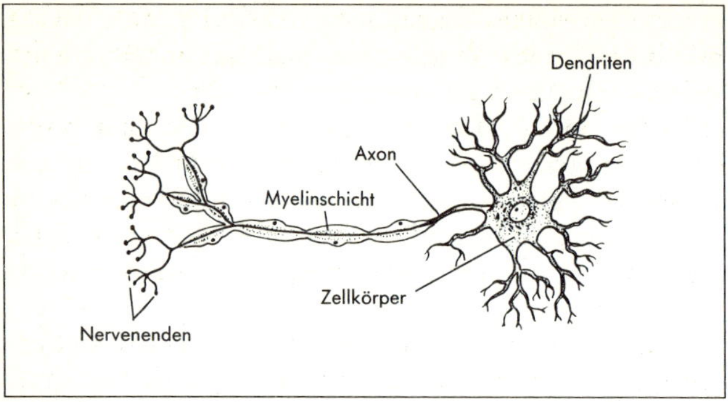

Eine Nervenzelle oder Neuron. Nervensignale ziehen an einem Neuron entlang von den Dendriten zum Axon. Sie lösen die Freisetzung von chemischen Transmittern an den Nervenenden aus, an denen sich sogenannte Synapsen (Verbindungsstellen für Neuronen) befinden.

allem blitzartige Geschwindigkeit gefragt ist. Die penible Genauigkeit steht dann nur im Weg. Die bereits erwähnte Carboanhydrase ist hierfür ein Beispiel. Die Cholin-Esterase ist ein anderes.

Nervöse Enzyme

Die Cholin-Esterase hält sich an einem Platz auf, der als Synapse bekannt ist. Eine Synapse ist die Verbindungsstelle, an der Nervenzellen in Kontakt kommen. Das Enzym kann, genaugenommen, nur in einigen ausgewählten Synapsen in bestimmten Regionen des Gehirns sowie in Nervenzellen gefunden werden, die die Aktivität des Herzens, der Schweißdrüsen und des Darms kontrollieren. Vielleicht noch wichtiger ist die Tatsache, daß sich die Cholin-Esterase an den Verbindungsstellen zwischen den Nerven und den Skelettmuskeln befindet.

Ein Nerv kommuniziert mit seinem Nachbarn, indem

er ein elektrisches Signal seine Ausläufer durchlaufen läßt, bis es auf eine Synapse trifft und hier anhält. An der Synapse findet sich eine winzige Lücke, die die zwei Nervenzellen trennt. Man nennt sie den synaptischen Spalt. Damit der sendende Nerv seine Botschaft an den empfangenden Nerv weitergeben kann, muß er eine chemische Substanz, einen Transmitter, an den synaptischen Spalt abgeben. Dieser Transmitter trägt den Namen Azetylcholin.

Wenn ein Nervensignal an der Synapse eintrifft, werden ganze Haufen von Azetylcholin-Molekülen in den Spalt gespült, die sich an Rezeptoren am anderen »Ufer« anhängen und dort die andere Zelle in Gang setzen. Muskeln kontrahieren sich. Ein Glied zuckt.

Wenn dies alles wäre, bliebe die Kommunikation der Nerven ineffektiv. Nerven senden ihre Botschaften mit einer Art Morse-Code, wobei sie jedoch nur Punkte gebrauchen. Je wichtiger die Botschaft, desto häufiger die Punkte, und jeder Punkt – jedes Nervensignal – löst seine eigene Freisetzung von Azetylcholin aus. Dies ist dann auch der Grund dafür, daß das Feld der Transmitter abgeräumt sein muß, bevor ein nächstes Signal eintrifft. Ohne diese Beseitigung würde jede Botschaft verrauschen. Dies bedeutet für Nerven, die bis zu fünfhundert dieser Nervensignale pro Sekunde übertragen, daß die Massen an Azetylcholin innerhalb weniger Bruchteile von Millisekunden zerstört werden müssen.

Cholin-Esterasen sind genau dazu entworfen worden. Der gegenüberliegende synaptische »Strand« ist vollgepackt mit Enzymen dieser Art. Wie Möwen, die nach frischgeschlüpften Schildkröten jagen, stoßen diese Katalysatoren gnadenlos in die Menge der Azetylcholine. Die Biochemiker haben gestoppt, daß ein Enzym dieser Art in jeder Sekunde 25000 Moleküle anknabbert. Anders herum gesagt, jede hungrige Esterase zerrupft ein Azetylcholin-Molekül in etwa 40 Mikrosekunden.

Seltsamerweise kann die Cholin-Esterase besiegt wer

den. Die tropische afrikanische Kletterpflanze »Physostigma« bringt zum Beispiel eine dunkelbraune Frucht namens »Calabar-Bohne« hervor. Die Bohne enthält den chemischen Stoff Physostigmin, der die Cholin-Esterase bindet und nutzlos macht. Dadurch kann er eine Atemlähmung hervorrufen. Einige afrikanische Stämme benutzten das Gift, um herauszufinden, wer unter ihnen eine Hexe war. Vermutlich waren es nicht diejenigen, die starben.

Physostigmin ist nicht der einzige Hemmstoff, der die Cholin-Esterase blockiert. Zu den wirkungsvollsten gehören organische Fluorphosphat-Verbindungen. Sie verstopfen die aktive Stelle des Enzyms, und ohne sie kann der Katalysator nicht arbeiten. Einige dieser Fluorphosphate werden in Insektensprays verwendet, andere dienen als Nervengase.

Perfekte Katalysatoren

Unter Biochemikern ist die Cholin-Esterase als perfektes Enzym bekannt. Um diesen ruhmreichen Titel zu gewinnen, muß es nur ein Kriterium erfüllen: Es muß so schnell die molekularen Köpfe seiner Opfer abreißen können, daß die einzige Verzögerung seiner Aktivität durch die Zeit verursacht wird, die das Substrat braucht, um zu ihm zu mäandrieren. Von den Enzymen, die so effizient sind, daß sie auf ihre Mahlzeiten zu warten haben, sagt man, daß sie die kinetische Perfektion erreicht haben. Sie sind so perfekt wie möglich entworfen. Die Cholin-Esterase fällt in diese Kategorie, ebenso die Carboanhydrase und mehrere andere. Sie können einfach nicht schneller werden.

Jedoch – das stimmt nicht ganz. Die Evolution hat einen interessanten Kniff gefunden, um dem wenig effektiven Herumtreiben der Substrate entgegenzuwirken. Sie

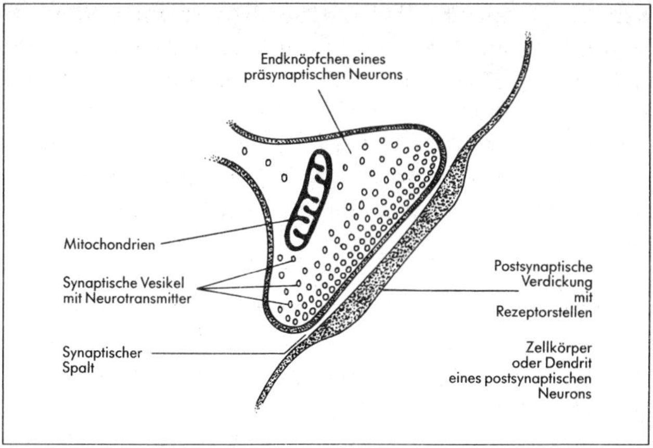

Acetylcholin und seine Enzyme Cholin-Esterase arbeiten an der Synapse.

hat es einfach eliminiert. Durch die Jahrmillionen haben sich einige der Enzyme zu Haufen zusammengefunden, die riesige Komplexe bilden. Wie bei einer Eimerkette reicht ein Enzym sein Produkt – dann als Substrat – einfach an das nächste Enzym weiter, das genauso vorgeht, und so weiter, bis das Endprodukt geschaffen ist. In diesem System gibt es ein Minimum an Wartezeit und Verzögerung. Die Substrate und Enzyme werden in den Enzymhaufen zusammengehalten.

Eines der interessantesten Enzymensembles, das diese Abkürzung gefunden hat, ist der Pyruvat-Dehydrogenase-Komplex, der PDH abgekürzt wird. PDH besteht aus drei Enzymen, die in allen Mitochondrien vorliegen. Mitochondrien sind winzige Kraftwerke und liefern die Energie einer Zelle. Dabei hilft PDH, weil dieser Komplex die Nahrungsmoleküle, die es auszunutzen (zu verbrennen) gilt, in den Grenzen der Struktur halten.

Eine der Hauptbrennstoffquellen in den Zellen eines Körpers ist der Zucker Glukose. Es gibt ein uraltes Ritual bei der Verbrennung dieses Zuckers, eins, das von zellulären Vorfahren seit Milliarden von Jahren weitergegeben zu werden scheint. Hefezellen nutzen diesen Prozeß namens Fermentation heute noch, wenn sie Zucker zu Alkohol umformen.

In den Zellen unserer Körper wird die Glukose Schritt für Schritt enzymatisch abgebaut, bis das letzte Produkt des enzymatischen Fließbandes erreicht wird, nämlich die Moleküle namens »Pyruvat«. Dieser Vorgang – die Glykolyse – ist ziemlich langsam und ineffektiv, und außerdem kommt nur wenig Gewinn an Energie heraus. Im Grunde essen Zellen, die nur die Glykolyse verwenden, allein die Butter vom Brot und lassen den Aufschnitt zurück – was sicher nicht effizient ist.

Dieses Problem haben die Zellen der Mitochondrien gelöst. Sie sind so entworfen, daß sie jeden Tropfen Energie aus dem Pyruvat quetschen können. Die Mitochondrien »verbrennen« dieses Molekül, das von der Glykolyse zurückbleibt, zu Kohlendioxyd und Wasser und produzieren dabei genug Energie, mit der der Rest der Zellen auskommen kann.

Um dies tun zu können, muß das Pyruvat erst einmal innerhalb der Mitochondrien gefangen werden. Genau dies tut nun PDH, und der Komplex wandelt das Pyruvat in ein Molekül um, das als Azytyl-Coenzym A bekannt ist.

Der Hergang ist ziemlich kompliziert. Der PDH-Komplex muß zuerst versuchen, das Pyruvat-Molekül in den Griff zu bekommen, er muß dann ein Kohlenstoff-Atom davon abknipsen und dies an einen Sauerstoff hängen, um Kohlendioxyd zu erzeugen. Zur selben Zeit, wenn sich all dies abspielt, muß PDH ein Molekül Coenzym A greifen und ihm das geänderte Pyruvat anhängen, das nun Azetyl heißt, woraus schließlich das Endprodukt Azetyl-Coenzym A entsteht. Das klingt nicht nur kompliziert, es ist auch so. Wenn die Reaktion aber von drei getrennten Enzymen durchgeführt werden würde, die sich in den Mitochondrien umhertreiben, würde sie mehrere Millisekunden beanspruchen. So geht es aber im Komplex viel schneller.

Die Evolution hat also einen höchst effizienten molekularen Körper geschaffen, der allerdings eine Achillesferse hat. PDH benötigt das Vitamin Thiamin, um richtig funktionieren zu können. Ohne Thiamin läuft die Reaktion nicht oder nur sehr langsam.

Der Mangel an diesem Vitamin im Essen führt zu der Krankheit, die die Bewohner der Insel Java Beri-beri genannt haben, ihr Wort für »Schaf« also. »Ich glaube, daß diejenigen, die von dieser Krankheit betroffen werden, wie Schafe laufen, mit wackelnden Knien und staksigen Beinen«, schrieb der holländische Arzt Jacobus Bonitus im Jahre 1630. »Es handelt sich um eine Art von Lähmung oder Tremor, es durchdringt die Bewegung und Gefühle von Händen und Füßen.« Wer ohne Thiamin auskommen muß, dessen Herz wird bald schwächer, und seine Nerven verschlechtern sich.

In den Jahren, die vergangen sind, seit Jacobus Bonitus entdeckt hat, was passiert, wenn unsere Biochemie unterbrochen ist, haben die Menschen gelernt, daß die Evolution des Lebens nicht auf die Dinge beschränkt bleibt, die wir sehen können. Sie wirkt vielmehr auch in den kleinsten biologischen Einheiten – in den Zellen, Enzymen, Membranen und Molekülen.

Heute entdecken die Molekular-Biologen, daß diese winzigen Moleküle ihr Eigenleben führen, daß sie aktiver sind, als wir jemals erwartet haben. Diese Tatsache ist von großer Bedeutung. Denn ohne die blitzartigen Aktionen dieser Moleküle, mit denen unsere Nerven, unsere Muskeln und selbst unsere Gedanken präpariert werden, wären wir schon vor langer Zeit ausgestorben. Ein Leben hätte uns verschluckt, das viel effizienter gewesen wäre als unser eigenes.

Literaturhinweise

Kapitel 1

Argyle, M. and M. Cook. Gaze and Mutual Gaze. Cambridge University Press. London. 1976.

Black, D. W. 1984. Laughter. JAMA. 252: 2995–2998.

Critical Periods. (J. P. Scott, Ed.) Dowden Hutchinson & Ross, Inc. Pennsylvania. 1978.

Davidson, J. M. 1981. The orgasmic connection. Psych. Today. 15: 91.

Elton, L. R. B. and H. Messel. Time and Man. Pergamon Press. New York. 1978.

Hall, B. and J. J. Niles. One Man's War. Arno Press. New York. 1980.

Hass, H. The Human Animal. G. P. Putnam's Sons. New York. 1970.

Hendrickson, R. A. The Rise and Fall of Alexander Hamilton. Van Nostrand Reinhold. New York. 1981.

Gallup, G. G. and S. D. Suarez. 1983. Optimal reproductive strategies for bipedalism. J. Hum. Evol. 12: 193–196.

Lewis, K. R. and H. Plotkin. 1983. The lightning calculator. The Sciences. 23: 45.

Mason, H. M. High Flew The Falcons. J. B. Lippincott Co. New York. 1965.

Menaker, W. and A. Menaker. 1959. Lunar periodicity in human reproduction: a likely unit of biological time. Am. J. Obst. Gynec. 77: 905–914.

Morris, D. Intimate Behavior. Random House. New York. 1971.

Palmer, J. D., J. R. Udry, and N. M. Morris. 1982. Diurnal and weekly, but no lunar rhythms in human copulation. Human Biol. 54: 111–121.

Saks, S. The Craft of Comedy Writing. Writer's Digest Books, Cincinnati. 1985.

Sternberg, R. J. 1986. Inside intelligence. American Scientist. (March-April): 137–143.

Symons, D. The Evolution of Human Sexuality. Oxford University Press. New York. 1979.

The Development of Expressive Behavior. (G. Zivin, Ed.) Academic Press. New York. 1985.

The Voices of Time. (J. T. Fraser, Ed.) George Braziller Publ. New York. 1966.

Timing and Time Perception. (J. Gibbon and L. Allan, Eds.) Annals of the New York Academy of Sciences (Volume 423). The New York Academy of Sciences. New York. 1984.

Western Sexuality. (P. Aries and A. Bejin, Eds.) Blackwell Ltd. 1985.

Zuckerman, M. 1983. Sexual arousal in the human: Love, chemistry or conditioning? In: Physiological Correlates of Human Behavior. Vol. 1. Academic Press. London (Gale, A. and J. A. Edwards, Eds.) pp. 299–325.

Kapitel 2

Birch, C. A. 1959. Sneezing. The Practitioner. 182: 122–124.
Brouillette, R. T., B. T. Thach, Y. K. Abu-Osba, and S. L. Wilson. 1980. Hiccups in infants: characteristics and effects on ventilation. J. Pediatr. 96: 219–225.
Co, S. 1979. Intractable sneezing: case report and literature review. Arch. Neurol. 36: 111–112.
Davis, J. N. 1970. An experimental study of hiccup.
Doane, M. G. 1984. Turnover and drainage of tears. Ann. Opthalmol. 16: 111–114.
Hall, A. 1945. The origin and purposes of blinking. Br. J. Ophthalmol. 29: 445–467.
Jankovic, J., W. E. Havins, R. B. Wilkins. 1982. Blinking and Glepharospasm. JAMA. 248: 3160–3163.
Karson, C. N., K. F. Berman, E. F. Dollelly, W. B. Mendelson, J. E. Kleinman, and J. R. Wyatt. 1981. Speaking, thinking, and blinking. Psychiatry Res. 5: 243–246.
Kavka, S. J. 1983. The sneeze-blissful or baneful? JAMA. 249: 2304–5.
Kennard, D. W. and G. H. Glaser. 1964. An analysis of eyelid movements. J. Nerv. Ment. Dis. 139: 31–48.
Nathan, M. D., R. T. Leshner, and A. P. Keller. 1980. Intractable hiccups. The Laryngoscope. 90: 1612–1618.
Ross, B. B., R. Gramiak, and H. Rahn. 1955. Physical dynamics of the cough mechanism. J. Appl. Physiol. 8: 264–268.
Stern, J. A., L. C. Walrath, and R. Goldstein. 1984. The endogenous eyeblink. Psychophysiology. 21: 22–28.
Stromberg, B. V. 1979. The hiccup. Eye, Ear, Nose, Throat. J. 58: 354–357.
Stromberg, B. V. 1975. The sneeze. Eye, Ear, Nose, and Throat J. 54: 450–453.
von Cramon, D. and U. Schuri. 1980. Blink frequency and speech motor activity. Neuropsychologia. 18: 603–606.
Wagner, M. S. and J. S. Stapczynski. 1982. Persistent hiccups. Ann. Emerg. Med. 11: 24/47–26/49.

Kapitel 3

Biologic Basis of Wound Healing. (Lewis Menaker, Ed.) Harper and Row Publ. New York. 1975.

Blum, H. F. Photodynamic Action and Diseases Caused by Light. Hafner Publ. Co. New York. 1964.
Bordicks, K. J. Patterns of Shock: Implications for Nursing Care. Macmillan Publ. Co., New York. 1980.
Guyton, A. C. Textbook of Medical Physiology. Fifth Edition. W. B. Saunders Company. Philadelphia. 1976.
Massie, R. K. Nicholas and Alexandra. Atheneum. New York 1968.
The New York Times. March 31, 1981.
O'Boyle, C. M., D. K. Davis, B. A. Russo, T. J. Kraf. Emergency Care: The First 24 Hours. Appleton-Century-Crofts. Norwalk, Connecticut. 1985.
Shock. (Nursing Now Series). Springhouse Corporation. Pennsylvania. 1984.
The Washington Post. March 31, 1981.

Kapitel 4

Asimov, I. A Short history of Biology. The Natural History Press. New York. 1964.
Barnes, D. M. 1986. Steroids may influence changes in mood. Science. 232: 1344–1345.
Bayer, M. J., B. H. Rumack, and L. A. Wanke. Toxicologic Emergencies. Robert J. Brady, Co. Maryland. 1984.
DiPalma, J. R. Basic Pharmacology in Medicine. McGraw Hill. New York. 1976.
Fabro, S. and S. M. Sieber. 1969. Caffeine and nicotine penetrate the preimplantation blastocyst. Nature. 223: 410–411.
Iversen, S. D. and L. L. Iversen. Behavioral Pharmacology. Oxford University Press. 1981.
Jensen, L. B. Poisoning Misadventures. Charles C. Thomas, Publ. Illinois. 1970.
Julien, R. M. A Primer of Drug Action. W. H. Freeman and Company. New York. 1985.
Kandel, E. R. and J. H. Schwartz. Principles of Neural Science. Elsevier/North-Holland. New York 1981.
Manvell, R. and H. Fraenkel. Himmler. G. P. Putnam's Sons. New York. 1965.
Sershen, H. and A. Lajtha. 1979. Cerebral uptake of nicotine and of amino acids. J. Neurosci. Res. 4: 85–91.
Sershen, H., M. E. A. Reith, M. Banay-Schwartz, A. Lajtha. 1982. Effects of prenatal administration of nicotine on amino acid pools, protein metabolism, and nicotine binding in the brain. Neurochem. Res. 7: 1515–1522.

Silverman, H. M. and G. I. Simon. The Pill Book. Bantam. New York. 1980.
de Wied, D. 1980. Hormonal influences on motivation, learning, memory, and psychosis. In: Neuroendocrinology. (D. T. Krieger and J. C. Hughes, Eds.) Sinauer Assoc. Sunderland, Mass. pp. 194–204.
Weider, B. and D. Hapgood. The Murder of Napoleon. Congdon & Lattes, Inc. New York. 1982.
Winter, P. M. and J. N. Miller. 1985. Anesthesioloy. Sci. Am. 252: 124–131.

Kapitel 5

Abrams, I. S. 1986. Beyond night and day. Space World. (December) pp. 12–13.
Aschoff, J. 1980. The circadian system in man. In: Neuroendocrinology. (D. T. Krieger and J. C. Hughes, Eds.) Sinauer Assoc. Sunderland, Mass. pp. 215–222.
Barnes, P., G. Fitzgerald, M. Brown, C. Dollery. 1980. Nocturnal asthma and changes in circulating epinephrine, histamine, and cortisol. N. Engl. J. Med. 303: 263–267.
Biological Rhythms and Medicine. (A. Reinberg and M. H. Smolensky, Eds.) Springer-Verlag. New York. 1983.
Biological Rhythms, Sleep, and Performance. (W. B. Webb, Ed.) John Wiley and Sons. New York. 1982.
Borbely, A. Secrets of Sleep. Basic Books, Inc. New York. 1986.
Cellular Pacemakers. Vol. 2. (D. O. Carpenter, Ed.) John Wiley and Sons. New York. 1982.
»Circadian variation and ozone tolerance.« 1987. Science News. 131(11): 169.
Circadian Rhythms in the Central Nervous System. (Redfern, P. H., I. C. Campbell, J. A. Davies, and K. F. Martin, Eds.) VCH. London. 1985.
Clark, T. J. H. and M. R. Hetzel. 1977. Diurnal variation of asthma. Br. J. Dis. Chest. 71: 87–92.
Czeisler, C. A., J. S. Allan, S. H. Strogatz, J. M. Ronda, R. Sanchez, C. D. Rios, W. O. Freitag, G. S. Richardson, and R. E. Kronauer. 1986. Bright light resets the human circadian pacemaker independent of the timing of the sleep-wake cycle. Science. 233: 667–671.
»Daily rhythms running like clockwork.« Science News. 130(9): 136.
»Deadly blooms and curious clocks.« 1987. Science News. 131(8): 122.
Gautherie, M., C. Cros. 1977. Circadian rhythm alteration of skin temperature in breast cancer. Chronobiologia. 4: 1–17.
Halberg, F. 1980. Implications of biologic rhythms for clinical practice. In: Neuroendocrinology. (D. T. Krieger and J. C. Hughes, Eds.) Sinauer Assoc. Sunderland, Mass. pp. 109–122.

Herbert, W. 1982. Punching the biological timeclock. Science News. 122(5): 69.
Hilts, P. 1980. The clock within. Science 80. 1: 61–67.
Hogarth, P. J. Biology of Reproduction. John Wiley and Sons. New York. 1978.
Kolata, G. 1985. Finding biological clocks of fetuses. Science. 230: 929–930.
Kolata, G. 1985. Genes and biological clocks. Science. 230: 1151–1152.
Kolata, G. 1986. Heart attacks at 9:00 a.m. Science. 233: 417–418.
Lagercrantz, H. and T. A. Slotkin. 1986. The »stress« of being born. Sci. Am. 254(4): 100–107.
Lindsley, J. G. 1983. Sleep patterns and functions. In: Physiological Correlates of Human Behavior. Vol. 1 (Gale, A. and J. A. Edwards, Eds.) Academic Press. London. pp. 105–139.
Minors, D. S. and J. M. Waterhouse. Circadian Rhythms and the Human. Wright-PSG. London. 1981.
Monk, T. H. and J. C. Gillin. 1984. Circadian lability and shift work intolerance. TINS. (December) pp. 459–460.
Moore, R. Y. 1982. The suprachiasmatic nucleus and the organization of a circadian system. TINS. (November) pp. 404–407.
Olmert, M. 1984. Points of origin. Smithsonian. 15: 38–40.
Pekkanen, J. 1982. Why do we sleep? Science 82. (June). pp 86.
Thompson, M. J. and D. W. Harsha. 1984. Our rhythms still follow the African sun. Psychology Today (January) pp. 52–54.
Vertebrate Circadian Systems. (Aschoff, J., S. Daan, G. A. Groos, Eds.) Springer-Verlag. New York 1982.
Zucker, I. 1983. Vertebrate Circadian Systems. (Review) Science. 220: 854–855.

Kapitel 6

von Baumgarten, R., A. Benson, A. Berthoz, Th. Brandt, U. Brand, W. Bruzek, J. Kass, Th. Probst, H. Scherer, T. Vieville, H. Vogel, J. Wetzig. 1984. Effects of rectilinear acceleration and optokinetic and caloric stimulations in space. Science. 255: 208–212.
Cogoli, A., A. Tschopp, and P. Fuchs-Bislin. 1984. Cell sensitivity to gravity. Science. 255: 229–230.
Dorr, L. 1987. When the doctor is 200 miles away. Space World. X-3-279: 33–36.
Environmental Physiology: aging, heat and altitude. (S. M. Horvath and M. K. Yousef, Eds.) Elsevier/North-Holland. New York. 1981.
Frisancho, A. R. Human Adaptation. The C. V. Mosby Co. St. Louis, MO. 1979.

High Altitude Physiology. (J. B. West, Ed.) Hutchinsons Ross Publ. Co. Pennsylvania. 1981.

Kirsch, K. A., L. Rocker, O. H. Gauer, R. Krause, C. Leach, H. J. Wikke, R. Landry. 1984. Venous pressure in man during weightlessness. Science. 225: 218–219.

Leach, C. S., and P. C. Johnson. 1984. Influence of spaceflight on erythrokinetics in man. Science. 225: 216–218.

Quadens, O., and H. Green. 1984. Eye movements during sleep in weightlessness. Science. 225: 221–222.

Reschke, M. F., D. J. Anderson, and J. L. Homick. 1984. Vestibulospinal reflexes as a function of microgravity. Science. 225: 212–214.

Ross, H., E. Brodie, A. Benson. 1984. Mass discrimination during prolonged weightlessness. Science. 225: 219–221.

Spangenburg, R., and D. Moser. 1987. A question of gravity. Space World. X-2-278: 8–11.

Variations in Human Physiology. Manchester University Press. 1985.

Voss, E. W. 1984. Prolonged weightlessness and humoral immunity. Science. 225: 214–215.

Young, L., C. M. Oman, D. G. D. Wattm, K. E. Money, B. K. Lichtenberg. 1984. Spatial orientation in weightlessness and readaptation to earth's gravity. Science. 225: 205–208.

Kapitel 7

Brennan, P. J., G. Greenberg, W. E. Miall, S. G. Thompson. 1982. Seasonal variation in arterial blood pressure. Br. Med. J. 285: 919–922.

Cohen, P. 1970. Seasonal variation of congenital malformations. J. Interdiscipl. Cycle. Res. 3: 271–274.

Cowgill, U. M. 1966. Season of birth in man. Contemporary situation with special reference to Europe and the southern hemisphere. Ecology. 47: 614–623.

Falk, D. 1980. Hominid brain evolution: the approach from paleoneurology. Yrbook of Physical Anthropol. 23: 93–107.

Fantel, A. G. 1978. Prenatal selection. Yrbook of Physical Anthropol. 21: 215–222.

Findlay, A. L. R. Reproduction and the Fetus. University Park Press, Baltimore, Maryland. 1984.

Flexner, J. T. Washington: the Indispensable Man. Little, Brown and Company. Boston. 1974.

Hofman, M. A. 1984. On the presumed coevolution of brain size and longevity in hominids. J. Hum. Evol. 13: 371–376.

Hopf, S. 1967. Notes on pregnancy, delivery, and infant survival in captive Squirrel Monkeys. Primates. 8: 323–332.

Ingalls, A. J. and M. C. Salerno. Maternal and Child Health Nursing. C. V. Mosby Co., London. 1983.
Jongbloet, P. H. 1983. Menses and moon phases, ovulation and seasons, vitality and month of birth. Dev. Med. Child Neurol. 25: 520–523.
Kalter, H. 1959. Seasonal variation in frequency of cortisone-induced cleft palate in mice. Genetics. 44: 518–519.
Katz, G. 1953. Seasonal variation in incidence of premature births. Nord. Med. 50: 1637–1638.
Kolata, G. 1984. Studying learning in the womb. Science. 225: 302–303.
Leutenegger, W. 1974. Functional aspects of pelvic morphology in Simian primates. J. Hum. Evol. 3: 207–222.
Lovejoy, C. O. 1981. The origin of man. Science. 211: 341–350.
Lynch, G., S. Hechtel, and D. Jacobs. 1983. Neonatal size and evolution of brain size in the Anthropoid primates. J. Hum. Evol. 12: 519–522.
Murray, A. B., A. C. Ferguson, and B. Morrison. 1980. The seasonal variation of allergic respiratory symptoms induced by house dust mites. Ann. Allergy. 45: 347–350.
Pinatel, M. C., C. Souchier, J. P. Croze, J. C. Czyba. 1981. Seasonal variation of necrospermia in man. J. Interdiscipl. Cycle Res. 12: 225–235.
Rosenblatt, L. S., M. Shifrine, N. W. Hetherington, T. Paglierone, M. R. MacKenzie. 1982. A circannual rhythm in rubella antibody titers. J. Interdiscipl. Cycle. Res. 13: 81–88.
Scholten, C. M. Childbearing in American Society: 1650–1850. New York University Press. New York. 1985.
Shifrine, M., A. Garsd, L. A. Rosenblatt. 1982. Seasonal variation in immunity of humans. J. Interdiscipl. Cycle. Res. 13: 157–165.
Smith, D. M., C. H. Conaway, and W. T. Kerber. 1978. Influences of season and age on maturation in vitro of rhesus monkey oocytes. J. Reprod. Fert. 54: 91–95.
The Physiological Development of the Fetus and Newborn. (Jones, C. T. and P. W. Nathanielsz, Eds.) Academic Press. New York. 1985.
Wright, R. A. 1978. Relative and seasonal incidences of the sexually transmitted disease – 2 year statistical review. J. Vener. Dis. 54: 433–440.
Ziegal, E. E. and M. S. Cranley. Obstetric Nursing. Macmillan Publishing Co. New York. 1984.

Kapitel 8

Beck, M. S. Kidspeak. Plume. New York. 1982.
Brain Development and Behavior. (M. B. Sterman, D. J. McGinty, and A. M. Adinolfi, Eds.) Academic Press. New York. 1971.
Brooks, V. and J. Hochberg. 1960. A psychophysical study of »cuteness«. Percep. Motor Skills. 11: 205.

Brown, J. L. The Evolution of Behavior. W. W. Norton and Co. New York. 1975.
Cowley, M. The View form 80. Penguin Books. New York. 1980.
Cutler, R. G. 1976. Evolution of longevity in primates. J. Human Evol. 5: 169–202.
Darwin, C. Expression of the Emotions in Man and Animals. John Murray. London. 1872.
Dewhurst, J. Female Puberty and its Abnormalities. Churchill-Livingstone. New York. 1984.
Fries, J. F. 1980. Aging, natural death, and the compression of morbidity. New Engl. J. Med. 303: 130–135.
Fullard, W., and A. M. Reiling. 1976. An investigation of Lorenz's »babyness«. Child Devel. 47: 1191–1193.
Gannon, L. R. Menstrual Disorders and Menopause. Praeger Scientific. New York. 1985.
Gadner, B. T. and L. Wallach. 1965. Shapes of figures identified as a baby's head. Percp. Motor Skills. 20: 135–142.
Gassier, J. A Guide to the Psycho-motor Development of the Child. Churchill-Livingstone. New York. 1984.
Gedda, L., and G. Brenci. Chronogenetics: The Inheritance of Biological Time. Charles C. Thomas, Publ. Illinois. 1978.
Ginsburg, N., and S. Opper. Piaget's Theory of Intellectual Development. Prentice-Hall, Inc. New Jersey. 1969.
Gordon, I. Forensic Medicine: a guide to principles. Churchill-Livingstone. New York. 1983.
Gould, S. J. The Panda's Thumb. W. W. Norton and Co. New York. 1980.
Grumbach, M. M. 1980. The neuroendocrinology of puberty. In: Neuroendocrinology. (D. T. Krieger and J. C. Hughes, Eds.) Sinauer Assoc. Sunderland, Mass. pp. 249–258.
Hamilton, W. D. 1966. The moulding of senescence by natural selection. J. Theoret. Biol. 12: 12–45.
Hayflick, L. 1970. Aging under glass. Exp. Geront. 5: 291–303.
Kohn, R. R. Principles of Mammalian Aging. Prentice-Hall, New Jersey. 1978.
Kolata, G. 1984. Puberty mystery solved. Science. 223: 272.
Lifting the Curse of Menstruation. (Golub, S., Ed.) The Haworth Press. New York. 1983.
Manning, A. An introduction to Animal Behavior. Addison-Wesley Pub. Co. London. 1972.
Marshall, R. K. Virgins and Viragos: A History of Women in Scotland from 1080 to 1980. Academy Chicago Ltd. Illinois. 1983.
Pommerville, J. C., and G. D. Kochert. 1981. Changes in somatic cell structure during senescence of Volvox carteri. Europ. J. Cell Biol. 24: 236–243.

Reitz, R. Menopause: a Positive Approach. Chilton Book Company. Radnor, Pennsylvania. 1977.
Review of Biological Research in Aging. Vol. 2. (M. Rothstein, Ed.) Alan R. Liss, Inc. New York. 1985.
Rothbart, M. K. 1973. Laughter in young children. Psychol. Bull. 80: 247–256.
Stott, L. H. Child Development: An Individual Longitudinal Approach. Holt, Rinehart and Winston, Inc. New York. 1967.
Tanner, J. M. Foetus into Man. Harvard University Press. Massachusetts. 1978.
The Menopause. (H. J. Buchsbaum, Ed.) Springer-Verlag. New York. 1983.
Wickler, W. The Sexual Code: the social behavior of animals and men. Anchor Books. Garden City. 1978.

Kapitel 9

Ayala. F. J. 1987. Two frontiers of human biology: what the sequence won't tell us. Issues Sci. Tech. 3(3): 51–56.
Barnes, D. H. 1987. Defect in Alzheimer's is on chromosome 21. Science. 235: 846–847.
Bazell, R. Gene of the week. The New Republic. March 23, 1987.
Biotechnology & Biological Frontiers. (P. H. Abelson, Ed.) AAAS Publ. Washington, D. C. 1984.
D'Alessandro, A., J. H. Southard, M. Kalayoglu, and F. O. Belzer. 1986. Cryobiol. 23: 161–167.
Davis, B. D. 1980. Frontiers of the biological sciences. Science. 209: 78–89.
Dulbecco, R. 1986. A turning point in cancer research: sequencing the human genome. Science. 231: 1055–1056.
Fahy, G. M. 1986. The relevance of cryoprotectant »toxicity« to cryobiology. Cryobiol. 23: 1–13.
Fox, J. L. 1984. Injected virus probes fetal development. Science. 223: 1377–1378.
Gilbert, W. 1987. Genome sequencing: creating a new biology for the twenty-first century. Issues Sci. Tech. 3(3): 26–35.
Hood, L., and L. Smith. 1987. Genome sequencing: how to proceed. Issues Sci. Tech. 3(3): 36–46.
Jacobsen, I. D., and D. E. Pegg. 1984. Cryopreservation of organs. Cryobiol. 21: 377–384.
Kavaler, L. Freezing Point. John Day Co. New York. 1970.
Kneteman, N. M., R. V. Rajotte, and G. L. Warnock. 1986. Long-term normoglycemia in pancreatectomized dogs transplanted with frozen/thawed pancreatic islets. Cryobiol. 23: 214–221.

Kolata, G. B. 1979. Developmental biology: where is it going? Science. 206: 315–316.
Kolata, G. 1985. Genes and biological clocks. Science. 230: 1151–2.
Kolata, G. 1982. Grafts correct brain demage. Science. 217: 342–344.
Kolata, G. 1986. Researchers hunt for Alzheimer's disease gene. Science. 232: 448–450.
Krauthammer, C. The ethics of human manufacture. The New Republic. May 4, 1987.
Lewin, R. 1986. Molecular biology of Homo sapiens. Science. 233: 157–8.
Marx, J. L. 1987. Developmental control gene sequenced. Science 236: 26–27.
Marx, J. L. 1982. Transplants as guides to brain development. Science. 217: 340–342.
Miller, J. A. 1985. Redesigning molecules nature's way. Science News. 128: 204–206.
Pegg, D. E., I. A. Jacobsen, M. P. Diaper, and J. Foreman. 1986. Optimization of a vehicle solution for the introduction and removal of glycerol with rabbit kidneys. Cryobiol. 23: 53–63.
Polge, Smith and Parkes. 1949. Revival of spermatozoa after vitrification and dehydration at low temperatures. Nature. 164: 666.
Schneider, K. Science debates using tools to redesign life. The New York Times. June 8, 1987.
Today a frozen dog, tomorrow the iceman. 1987. Discover. 8(6): 9.
Watson, J. D. Molecular Biology of the Gene. W. A. Benjamin, Inc. London. 1976.
Zimmerman, M. R. 1985. Paleopathology in Alaskan mummies. American Scientist. 73: 20–25.

Anhang

Cell Membranes: biochemistry, cell biology & pathology. (G. Weissmann and R. Claiborne, Eds.) HP Publishing Co., Inc. New York. 1975.
Locke, D. M. Enzymes – The agents of life. Crown Publ., Inc. New York. 1969.
Molecules to Living Cells. W. H. Freeman and Co., San Francisco. 1980.
Rawn, J. D. Biochemistry. Harper and Row, Publ. New York. 1983.
Srivastava, D. K. and S. A. Bernhard. 1986. Metabolic transfer via enzyme-enzyme complexes. Science. 234: 1081–1086.
Strand, F. L. Physiology: a regulatory systems approach. Macmillan Publ. Co. New York. 1983.
Stryer, L. Biochemistry. W. H. Freeman and Co. San Francisco. 1981.
Wolfe, S. L. Biology of the Cell. Wadsworth Publ. Co. Belmont. 1981.

Quellennachweis der Abbildungen

Seite 12 T. W. Torrey and A. Feduccia, Morphogenesis of the Vertebrates, 4th ed., copyright © 1979 by John Wiley & Sons, Inc. Reprinted by permission of John Wiley & Sons, Inc.

Seite 33 Kimble, Garmezy, Zigler, Principles of Psychology, 6th ed., copyright © 1984 by John Wiley & Sons, Inc. Reprinted by permission of John Wiley & Sons. Inc.

Seite 44 T. W. Torrey and A. Feduccia, Morphogenesis of the Vertebrates, 4th ed., copyright © 1979 by John Wiley & Sons, Inc. Reprinted by permission of John Wiley & Sons, Inc.

Seite 77 Burke, Human Biology in Health and Disease, copyright © 1975 by John Wiley & Sons, Inc. Reprinted by permission of John Wiley & Sons, Inc.

Seite 79 F. L. Strand, Physiology: A Regulatory Systems Approach, 1st ed., copyright © 1978 by F. L. Strand. Reprinted by permission of MacMillan Publishing Co., Inc.

Seite 93 F. L. Strand, Physiology: A Regulatory Systems Approach, 1st ed., copyright © 1978 by F. L. Strand. Reprinted by permission of MacMillan Publishing Co., Inc.

Seite 101 Thorpe, Cell Biology, copyright © 1984 by John Wiley & Sons, Inc. Reprinted by permission of John Wiley & Sons, Inc.

Seite 120 Wellcome Institute Library, London.

Seite 146 F. L. Strand, A Regulatory Systems Approach, 1st ed., copyright © 1978 by F. L. Strand. Reprinted by permission of MacMillan Publishing Co., Inc.

Seite 157 Patten, Human Embryology, 3rd ed., copyright © 1968 by McGraw-Hill Book Company.

Seite 177 Kimble, Garmezy, Zigler, Principles of Psychology, 6th ed., copyright © 1984 by John Wiley & Sons, Inc. Reprinted by permission of John Wiley & Sons, Inc.

Seite 243 Kimble, Garmezy, Zigler, Principles of Psychology, 6th ed., copyright © 1984 by John Wiley & Sons, Inc. Reprinted by permission of John Wiley & Sons, Inc.

Seite 246 Kimble, Garmezy, Zigler, Principles of Psychology, 6th ed., copyright © 1984 by John Wiley & Sons, Inc. Reprinted by permission of John Wiley & Sons, Inc.

Seite 249 Kimble, Garmezy, Zigler, Principles of Psychology, 6th ed., copyright © 1984 by John Wiley & Sons, Inc. Reprinted by permission of John Wiley & Sons, Inc.

Danksagung

Als ich mit der Arbeit an diesem Buch anfing, dachte ich naiverweise, vor mir läge ein glatter, ebener Weg. Was sollte schon schwierig daran sein, herauszufinden, wie lange es dauert, wenn man niest, oder warum die Pubertät gerade dann anfängt, wenn sie es tut?

Als ich jedoch in die entsprechende Literatur eintauchte, wurde mir bald klar, daß es schwierig werden würde, die Zeitparameter für eine Vielzahl von wichtigen Abläufen im Körper zu finden. Die neuere Literatur zitiert ältere Studien und nimmt an, daß der Leser bereits bestens mit dem Hintergrund vertraut ist (was bei mir nicht zutraf). Nur allmählich fand ich beim Blättern in vergilbten Zeitschriften und beim Entstauben vergessener Bücher die Informationen, nach denen ich suchte.

Die Aufgabe war in der Tat riesig. Zum Glück hatte ich die Unterstützung der Bibliothekare zweier Büchereien in New York, nämlich der zur Universität gehörenden Bost Library und der von der Stadt betriebenen Public Library. Immer wenn ich meine Arme vor Verzweiflung in die Luft werfen und die Flucht nach Hause antreten wollte, haben sie mich festgehalten und gerettet. Die literarischen Detektive aus New York konnten dann auf einmal lächeln und mir das Buch aushändigen, das ich für meine Arbeit gerade brauchte. Ich bin ihnen allen sehr dankbar.

Ich möchte auch den folgenden Professoren der Universität von New York danken: Walter Scott, William Cotty, Irving Brick, Gary Aston-Jones und Efrain Azmitia, und zwar für ihre Hilfe, ihre jahrelange Ermutigung und für die Zeit, die sie investiert haben, um die Karriere eines kleinen Doktoranden zu fördern.

Ich bin auch all meinen Kollegen von der New Yorker Universität zu Dank verpflichtet. Besonders hervorheben möchte ich dabei Judith Gibber für ihre Hinweise auf das Verhalten von Primaten und Pandas; Robert Preti für seine allgemeinen weisen Ratschläge; Maryann Huie sowohl für ihren Input zum Blut und zum Immunsystem als auch für den stets frischen Kaffee und unsere Unterhaltungen dabei; Vince Pieribone und Matt Ennis für ihre fachlichen Tips zum Gehirn und Neal Azrolan für seine methodischen Hinweise. Meinen ganz besonderen Dank entbiete ich Martha Davila und den Damen im neunten Stock für ihre moralische Unterstützung und ihr wärmendes Lächeln. Annabell Segarra, Ruth Frischer und natürlich Jean King gehört mein tiefster Dank. Sie haben das Leben im Labor zu einem Vergnügen gemacht (und sogar über meine Witze gelacht). Ich werde ihre Freundschaft immer zu schätzen wissen.

Meine herzlichsten Grüße gehen an Ronit M. für ihre nie nachlassende Unterstützung und ihre Liebe.

Das Manuskript selbst hätte nicht ohne den Genauigkeit einfordernden Einfluß und ohne die äußerst nützlichen Tips meines Lektors David Sobel geschrieben werden können. Seine Finger umklammerten entweder stets einen Bleistift oder einen Telefonhörer, der mit meinem verbunden war. Er hat jede Fassung des Textes sorgfältig gelesen und viele logische Sprünge und Auslassungen bemerkt. Ich bin ihm dafür sehr verbunden.

Ich möchte meine Anerkennung auch Jane Brenning aussprechen, deren herrliche Zeichnungen jedes Kapitel einleiten; Ruth Greif, die das Buch durch die Publikationswege geführt hat; Nancy Marcus Land, die es hervorragend produziert hat; und Corinne Mc Cormick beim Wiley Verlag, die große Anstrengungen unternommen hat, um die Illustrationen zu sammeln.

Meiner Agentin Barbara Bova und ihrem Mann danke ich eigentlich für alles, und sie wissen, was ich meine. Und wenn ich schon dabei bin, kann ich auch meine Achtung und meine Liebe für Claudine, Skip, Cathy und Stephanie Marquet ausdrücken, meiner zweiten Familie.

Sie waren von Anfang an dabei, als ich noch ein armer Student war, der mit einem verbeulten roten Toyota nach einer Bleibe suchte.

Schließlich muß ich meine tiefste Dankesschuld gegenüber Dr. Fleur Strand abtragen. Ihre Unterstützung, Führung und vor allem ihre Geduld bei dieser schweren Prüfung waren unschätzbar wertvoll. Ich wage zu sagen, daß ich dieses Buch ohne ihre Hilfe niemals abgeschlossen hätte. Darüber hinaus habe ich meine Fähigkeiten als Wissenschaftler und meine Geschicklichkeiten als Lehrer dadurch erworben, daß ich ihr zugesehen habe. Dafür ist Dankbarkeit ein zu blasses Wort.

Kenneth Jon Rose, New York City

Register

XENIA, MALIN, DR. PHILIP BARO UND ALL DIE ANDEREN BITTEN EUCH: LEST DIESES BUCH, VERDAMMT!

336 Seiten, geb. mit Schutzumschlag, DM 39,80

»Ein dramatisches, beklemmendes Buch. Mehr Prognose als Fiktion. Es braucht immer weniger Phantasie, um sich vorzustellen, daß sie wahr werden könnte«

GREENPEACE

Biologie im dtv

Vitus B. Dröscher:
Überlebensformel
Wie Tiere Umwelt-gefahren meistern
dtv 30043

Nestwärme
Wie Tiere Familien-probleme lösen
dtv 10349

Wie menschlich sind Tiere?
dtv 30037

Geniestreiche der Schöpfung
Die Überlebenskunst der Tiere
dtv 10936

Magie der Sinne im Tierreich
dtv 11441

Adrian Forsyth:
Die Sexualität in der Natur
Vom Egoismus der Gene und ihren unfeinen Strategien
dtv 11331

Karl von Frisch:
Du und das Leben
Einführung in die moderne Biologie
dtv 11401

Matthias Glaubrecht:
Wenn's dem Wal zu heiß wird
Neue Berichte aus dem Alltag der Tiere
dtv 11482

Matthias Glaubrecht:
Duett für Frosch und Vogel
Neue Erkenntnisse der Evolution
dtv 30308

Stephen Jay Gould:
Die Entdeckung der Tiefenzeit
Zeitpfeil oder Zeit-zyklus in der Ge-schichte unserer Erde
dtv 30335

Hans Hass / Irenäus Eibl-Eibesfeldt:
Wie Haie wirklich sind
dtv 10574

Theo Löbsack:
Das unheimliche Heer
Insekten erobern die Erde
dtv 11389

Unterm Smoking das Bärenfell
Was aus der Urzeit noch in uns steckt
dtv 30312

Konrad Lorenz:
Er redete mit dem Vieh, den Vögeln und den Fischen
dtv 30053
So kam der Mensch auf den Hund
dtv 30055
Das Jahr der Graugans
Mit 147 Farbfotos von Sybille und Klaus Kalas
dtv 1795

Josef H. Reichholf:
Der Tropische Regenwald
Die Ökobiologie des artenreichsten Natur-raums der Erde
dtv 11262
Erfolgsprinzip Fortbewegung
Die Evolution des Laufens, Fliegens, Schwimmens und Grabens
dtv 30320
Das Rätsel der Menschwerdung
Die Entstehung des Menschen im Wechselspiel mit der Natur
dtv 30341

Natur und Umwelt

Maureen & Bridget Boland
Was die Kräuterhexen sagen
Ein magisches Gartenbuch
dtv 10108

Jügen Dahl:
Nachrichten aus dem Garten
Praktisches, Nachdenkliches und Widersetzliches aus einem Garten für alle Gärten
dtv / Klett-Cotta 11164

Die Erde weint
Frühe Warnungen vor der Verwüstung
Hrsg. v. Jürgen Dahl und Hartmut Schickert
dtv / Klett-Cotta 10751

Dieter Heinrich / Manfred Hergt:
dtv-Atlas zur Ökologie
Mit 116 Farbtafeln
dtv 3228

Henry Hobhouse:
Fünf Pflanzen verändern die Welt
Chinarinde, Zucker, Tee, Baumwolle, Kartoffel
dtv / Klett-Cotta 30052

Edith Holden:
Vom Glück, mit der Natur zu leben
Naturbeobachtungen aus dem Jahre 1906
dtv 1766

Die schöne Stimme der Natur
Naturerlebnisse aus dem Jahre 1905
dtv 11468

Das Horst Stern Lesebuch
Herausgegeben von Ulli Pfau
dtv 30327

Liselotte Lenz:
Kleines Strandgut
Farbstiftzeichnungen
dtv 11281

Barry Lopez:
Arktische Träume
Leben in der letzten Wildnis
dtv 11154

Frederic Vester:
Unsere Welt – ein vernetztes System
dtv 10118

Neuland des Denkens
Vom technokratischen zum kybernetischen Zeitalter
dtv 10220

Ballungsgebiete in der Krise
Vom Verstehen und Planen menschlicher Lebensräume
dtv 30007